說寫辨賞學語文

说写辨赏学语文

【傅炳民 汪欣 著】

武汉大学出版社
WUHAN UNIVERSITY PRESS

图书在版编目(CIP)数据

说写辨赏学语文/傅炳民,汪欣著.—武汉:武汉大学出版社,2006.6
ISBN 7-307-04982-1

Ⅰ.说… Ⅱ.①傅… ②汪… Ⅲ.语文课—中学—教学参考资料 Ⅳ.G634.303

中国版本图书馆 CIP 数据核字(2006)第 028915 号

责任编辑:夏敏玲　　责任校对:陈小宜　　版式设计:支 笛

出版发行:**武汉大学出版社** (430072 武昌 珞珈山)
(电子邮件:wdp4@whu.edu.cn 网址:www.wdp.com.cn)
印刷:武汉凯威印务有限公司
开本:880×1230 1/32 印张:14.625 字数:390千字 插页:1
版次:2006年6月第1版 2006年6月第1次印刷
ISBN 7-307-04982-1/G·811 定价:22.00元

内容简介

本书适合初中、高中学生及语文教学工作者阅读。

本书所载短文分语言技巧篇、写作津梁篇、语词辨识篇、诗文鉴赏篇等四部分解说相关的语文知识。

语言技巧篇重在讲解说话技巧，意在使读者认识口语表达的重要性，锻炼、提高其口语表达能力，尤其是可以学习在特定的场合或面对特定的对象，如何运用得体的方式、技巧来传递信息、表情达意，使所言收到上佳的表达效果；写作津梁篇引用教材与生活实例，多角度地介绍写作技法，从文章的选材、立意、结构、表达以及拟题技巧等方面，给读者以实实在在的指导；语词辨识篇讲解的是读者需要了解与掌握的语词知识，以及生活中需关注的语言现象，这部分大量选取生活中的语用实例，从语意、语法、修辞、标点等方面进行解说与辨正，以增强读者语词辨识的能力，做到正确、规范地运用祖国的语言文字；诗文鉴赏篇侧重对古今部分脍炙人口的诗句、富含生活哲理或写作特点的文章（段）进行鉴赏，旨在帮助读者了解诗文鉴赏的方法，激发阅读名句、时文的兴趣，提高诗文鉴赏能力。

书中各部分内容均紧扣现行中学教材和中学生的学习实际，同时，又紧密结合了社会生活实际，具有较强的针对性、实用性和知识性；解释说明时，平实的语言与生动的语言交互使用，因而本书又具有通俗性和趣味性。

目　录

写作津梁篇

语词辨识篇

诗文鉴赏篇

序

中小学教育是我国的基础教育，很多人认为，大学生的基础如何，相当程度上受限于其中小学的学习和教育。

一个人从小学启蒙读到大学本科毕业，一般需要 16 年时间，而其 12 年是在中小学度过的。中小学所受的教育如何，对一个人一生都有十分重要的影响。对中小学教育的重视，是对一个人一生的重视。

如果仅就知识学习而言，小学是要把知识教“对”，完成知识及其规范教育；中学是要把知识教“懂”，完成知识及其理解教育；大学是要把知识教“透”，完成知识及其来源（包括怎么创造）的教育。中学老师要把知识教懂并不容易，一是自己懂了，并不一定能把学生教懂，二是自己不懂，以其昏昏，使人昭昭，那不仅教不懂学生，简直是在折磨学生。

前些年我在师范院校工作，常带学生到一些中学实习，看到有些老师把全班学生留得很晚。观察发现，这些老师留下学生的目的不是讲课，而是训人：或批评学生不注意听讲，或批评其很不用功，甚至说学生很蠢云云。其实通过调查，发现不全如那些老师所云，有很多时候是老师没有讲好。可能出于老师的责任感或某种良知，我和那些老师讨论过其所讲的知识以及他们的讲法，然而其中不少老师认为他们所讲的内容是出版社的编者编的，其解说是权威参考资料上写的，其教学程序是大家讨论过的。老师只是根据课本的内容、教研组讨论的程序，把参考书的解说转达给学生。如果学生不懂，负责的老师就多花点时间重复几遍。仅此而已。这种情况可能只是我们中学教学消极的一面，但从这一面看，如果教书是这样操作，那中学老师就太好当了，其知识含金量也太低了。

其实，真正好的中学老师，在教学时间上则应刚刚相反。如果是相同的知识，张老师需要两堂课达到教学目标，而李老师只需要一堂课让学生掌握，那李老师应比张老师高超。好的中学老师应做李老师。要做李老师，不仅需要把功夫花在课堂内，而更重要的是要放在课堂外，吃透你要教的知识，研究怎么因材施教，怎么用最简明通俗的语言，在最短的时间内让学生掌握你要讲的知识和内容。而要做到这一点，中学老师是要结合教学进行研究的，特别要做服务于教学、面向中学生的学术研究。并且，如果其研究用以教学，取得不错的效果，最好拿出来发表，让整个社会能够共享。

武汉大学附中的语文老师傅炳民同志是我十几年前的学生，他的精神就在于教研不辍，十几年如一日。十多年来，他先后在《演讲与口才》、华南师大《语文月刊》、华中师大《语文教学与研究》、郑州大学《语文知识》、江西师大《读写月报》、上海文化出版社《咬文嚼字》、湖北教育学院《语数外学习》、江汉大学《学语文报》及中国教育学会中学语文教学专业委员会会报《语文报》等近20家专业报刊上发表教学论文200余篇，内容涉及作文教学、说话技巧、语法释疑、修辞例说、词义辨正、病句修改、标点运用、新词新语、名著欣赏等各个方面。去年冬，他把这些文章拿给我看，打算出一个集子，作为献给中学教育和师生的礼品，我特别支持。

由于时间关系我未能通读他的全部文章，但从已读文章看，行文简洁，道理通透，不枝不蔓，受益甚多。至此我更加坚信，好的中学教研成果，不仅对中学老师和学生有益，而且对于我们这些从事大学教研的老师也会有不少启发。由于时代的特殊，造就我们这代人中不少人特殊的经历。比如对我来说，除了幼儿园没教过外，教过小学、初中、高中、师范、专科、本科、硕士、博士和博士后，就学生类型看，有全日制学生、函授生，中国学生和外国学生。由于这种特殊经历，我常常琢磨跟教育和教师有关的一些表述，尤其是赞美我们老师的两个比喻：辛勤的园丁和革命的红烛。

关于园丁的比喻，我会常常为我们的工作对象是祖国和人类的花朵而十分欣慰，对于人们在园丁前冠以“辛勤”二字，我既感到人民的肯定，更感到我们不能有丝毫的懈怠。但是对于红烛，可能是因为“燃尽自己，照亮别人”的表述太过悲壮，我不知从何时起就有一种不肯苟同的情绪，因为我觉得红烛的燃烧不只是一种牺牲，它本身还包括一种实现。它的实现就是完成从红色柱状的固体，带着激动的泪泥和超越原态的温度，变成了照亮黑夜和自己的光的过程。这个过程，是一种彻里彻外的自我实现，是一种彻头彻尾、没有剩余的物质升华。我想，作为红烛的老师，是在完成工作中燃烧岁月，不断努力、钻研、耕耘而实现知识和人格的自我升华的，他的知识和人格状态也会随着一届届学生的更替而不断提高和更新。

老师是一个光荣的职业，尊师重教是中华民族的光荣传统。老师受人尊重，教育受到重视，除了它自身的性质外，希望能越来越多地包含有我们老师自己的不断努力和自我升华。这一点，和炳民，和所有教师朋友共勉。

受炳民所托，写了上面一些话，不知妥否。是为序。

萧国政

2006年2月1日

于武汉大学

语言技巧篇

说话并不是一件容易事。天天说话，不见得就会说话；许多人说了一辈子话，没有说好过几句……人生不外言动，除了动就只有言，所谓人情世故，一半儿是在说话里。

——朱自清

学点说话的技巧

某镇上一户人家新居落成，主人为了不让别人在墙上乱写乱画，便用毛笔在墙上写道：墙上不准画。有个调皮的小青年看后心里不服气，趁主人不在时，提笔写了一句：那你怎么画？主人见有人责问自己，便又写上一句：此墙是我的。那小青年看后更是不快，拿笔又在后面补了一句：你画我也画。结果洁白的墙面被涂写得乱七八糟。这当然是个笑话。然而笑过之后，我们是否能从中悟出点什么呢？那房屋主人想保持自家墙面干净自然无错，但他的做法和说法就欠妥了。他写在墙上的话，语气强硬，给人居高临下之感，这不免刺激他人的情绪，引起别人反感，结果当然适得其反。其实，说话有技巧。欲制止他人某种不正当的行为，使其接受自己的主张和要求，一般来说，不宜使用命令（如“严禁”等）或警告（如“违者罚款”等）之类的语言。修辞学上有种方法叫婉曲，即不是直接明白而是含蓄曲折地把自己的意思表达出来。运用婉曲手法，可以拉近双方感情上的距离。用委婉的言辞来表达善意的提示，对方容易接受。这样，往往能收到比严厉的命令或警告要好得多的效果。

我们不妨来看两个例子。

在公共场所乱扔果皮纸屑的行为令人生厌。用什么办法去制止呢？坦桑尼亚的国家公园不是采取警告、罚款的形式，而是在公园入口处贴上了一张语气非常温和的提示：“不要让别人说，你没来的时候这里的一切都是美好的，那样对你来说是一种耻辱。”文明的提示，使这个公园尽管游客如云，但地上没有一点纸屑垃圾。人受到尊重时总是容易听取意见的，运用文明、委婉的语言正是尊重别人的表现。如果坦桑尼亚国家公园中的提示换成“禁止乱扔果皮纸屑”或“不准乱扔果皮纸屑”之类刺目的字眼，带上命令的语气，结果恐怕就会不一样了。

位于重庆市巫山县境内的龙门峡、巴雾峡、滴翠峡，被人称做“小三峡”。这里的峡谷风光美丽奇特，是绝妙的旅游胜地。游人到此无不感叹到了“天下绝境”。“巫山小三峡旅游纪念券”上印有这样的文字：除了回忆，请你什么也别带走；除了足迹，请你什么也别留下。这句话既热情诚恳，又婉转含蓄，堪称文明用语的典范。它成功地运用婉曲手法，得体、准确地传递出景区管理者的意旨：提醒游人自觉爱护自然景观，不要采摘花果，不要丢弃任何垃圾。句中不见“不许”、“严禁”、“罚款”等刺目的、语气强硬的字眼，有的只是委婉的告诫与和蔼的提示。品嚼纪念券上的话语，如同饮下一杯甘露，心中畅快极了。你看，“请”字如春风扑面，“什么也别带走”、“什么也别留下”启人沉思，激人自律。看到景区这文明的提示语，谁还忍心摘花采果，乱扔垃圾，损坏美丽无比的小三峡风景呢？

人都是有自尊的，都希望自己的人格得到社会和他人的尊重。在对公众有要求时，文明婉曲的用语能使人家心悦诚服地接受你的要求或主张，并能自觉照着去做，反之，则会刺激对方，引起不快，就更谈不上别人的配合了。

说话有“术”

语言是极为重要的交际工具，运用语言是一门学问，也是一门艺术。有的人缺少“嘴”上的功夫，说话乏“术”，因此，言谈表达往往“话不投机”，以致很难把事情办好，有时甚至还会将好事办砸；而有的人则深谙说话之“术”，能得体地运用语言，准确地传递信息、表达情感；有的人甚至能点“语”成金，使所言收到奇佳的表达效果。

相传，有父子两人冬日在镇上卖便壶（俗称“夜壶”，旧时男人夜间或病中卧床小便的用具），父亲在南街卖，儿子在北街卖。不多久，儿子的地摊前有了看货的人，其中一个看了一会儿，说道：“这便壶大了些。”那儿子马上接过话茬：“大了好哇！便壶大装的尿多。”人们听了这话，觉得很不顺耳，便扭头离去。在南街的父亲也遇到了顾客说便壶大的情况。当听到一个老人自言自语说“这便壶大了些”后，那位父亲马上笑着轻声地接了一句：“大是大了些，可冬日天冷夜长啊！”好几个顾客听罢，都会意地点了点头，继而掏钱买走了便壶。

父子两人在一个镇上做同一种生意，结果迥异，原因就在会不会说话上。我们不能说儿子的话说得不对，确实，“便壶大装的尿多”，他是实话实说。但不可否认，他的话说得欠水平，粗俗的语言难以入耳，令人听了很不舒服。本来，买便壶并非丑事，但毕竟还有些私秘性的因素在内。人们可以拿着脸盆、扁担等大大方方地在街上走，但若拎着个便壶走在街上，就多少有些不自在了。此时，儿子直通通的大实话怎不使买者感到几分别扭？而那个父亲则可算得上是一个高明的推销商。他先赞同顾客的话（“大是大了些”），以认同的态度拉近与顾客的距离，然后，又以委婉的话语说“冬日天冷夜长啊”，这句看似离题的话说得实在高明，它无丝毫强卖之嫌，却又富于启示性。其潜台词是：冬天天冷夜长，夜解次数多，人们怕冷不愿意下床，大的便壶正好派上用场。这设身处地的善意提醒，顾客不难明白。卖者说得在理，顾客买下来也就是很自然的了。

儿子一句话砸了生意，父亲一句话盘活了生意，这不正说明了“善讲”重要吗？

据说，初春的一天，一个双目失明的小姑娘坐在路边乞讨。她面前铺了一张白纸，上写：“好心人，请可怜可怜我吧！”大多数人上前只是看了一眼便离开了。半天下来，她几乎没有得到什么。一个大作家路过此处，见状，对小姑娘说：“我把你的话改一下吧。”于是，铺在盲姑娘面前的纸上出现了这样的文字：“春天来了，可我什么都看不见。”过往行人看了上面的话，不少人都给小姑娘留下了钱币。

作家一句话使盲姑娘果有所得，他的话魅力何在呢？细细分析一下，那白纸上先后出现的话确实有俗雅之别、高下之分。先前的话，是人们司空见惯了的乞讨者的哀求之语，其意仅在乞求人们施舍；而作家的话则完全避开哀求乞怜之意，他是从一个新的角度来述说的。你看，一句“春天来了”，使人们很快想到那阳光明媚、百花盛开的美景，而“我”这个盲姑娘却无法看见大自然美好的景色（“可我什么都看不见”），这该是何等的不幸啊！作家的话，使现实中自然的美景与现实中盲童的不幸形成了巨大的反差，怎不激人同情、促人施与呢？盲姑娘的不幸与乞求，经作家的“点化”，以全新的内容和语气出现在行人面前，自然能给人以震动，博得同情。作家化平淡为神奇，仅一句话就帮助了盲姑娘，我们不能不赞叹他遣词用语技巧的高超。

说话有“术”，“能说会道”也是一种本领。古有“一语千金”之说，也有“妙语退敌兵”之事。可见，会说、巧说是何等重要。我们应重视“说”的作用，讲究“说”的艺术。在日常生活中，注意语言的学习与积累，针对不同的场合和对象，选用最得体、最恰当的语言来表情达意，力争获得最佳的表达效果。

说话要讲究场合

场合指在一定的时间、空间内，由一定的人物关系所构成的生活场景。同一个人处在不同的场合，受不同人际关系、环境氛围的影响，接受他人语言信息的心理是有区别的。换个角度讲，同样的话语，使用的场合不同，所产生的效果也是不相同的。有些人说话重视语句是否通顺，表意是否清楚，而忽视语言的使用环境，致使所言效果不佳，有的甚至还惹出种种麻烦。

某市一新建公园的草坪上，立有一块标牌，上写："除了脚印，请什么也别留下。"游客见后，疑惑不解。有个调皮的小青年，边有意地来回在草坪上走动，边自语道："我来留下几个脚印。"小青年的做法，固然应受到批评，但那标牌上写的话，实在是一种误导。不久，该市一家晚报刊登了有关照片，同时指出，"这块标牌该换换了"。小青年为何敢在草坪上走？媒体为何呼吁换标牌？原因很简单，这块标牌用错了地方。从语法、语意的角度讲，标牌用语没有问题，"除了脚印，请什么也别留下"是以诙谐的语言提醒游客，路经此处，不要随手扔瓜皮纸屑等垃圾，但它立于草坪上，问题就出现了。游客可以这样理解：此处草坪上可以行走，只是不能丢任何东西。然而，草坪怎能让人行走践踏呢？显然，这有悖立牌者的本意。用语不讲场合，结果弄巧成拙，留下笑柄。

《民间文学作品选》中有这样一个故事：朱元璋昔日的一个朋友，见同伴在朱元璋面前一番叙旧，即被授封，便也效法之。他见到朱元璋，一声"我主万岁"后，便直通通地讲起他们小时候替人家放牛时的事。他说，有一次在芦花荡里，他们用瓦罐煮偷来的豆子，还没等煮熟，大家便抢着吃起来，结果把罐子打破了，豆子撒了一地。又说朱元璋当时只顾从地上满把地抓豆子吃，不小心连红草叶子也送进嘴里，叶子哽在喉咙口，苦得朱元璋哭笑不得……未等这人说完，朱元璋便大声叫道："推出去斩了！推出去斩了！"同样的事情，一个说了受封，一个说了被斩。结局何以天壤之别？细细思考一下，不难找到答案。有人说，那人被砍头是因为他太不会说话了。其实那人说的是大实话，并无什么错处，错的是他不懂得说话要讲究场合，没有考虑特定场合中的听者对语言的要求，而当着众人的面，直白粗俗地叙说往事。试想，朱元璋贵为一国皇帝，在大庭广众之下，被一个穷困的乡下人抖出早年贫寒的身世和寒酸的经历，岂不因颜面丢尽而尴尬不已？那人丝毫不顾全皇帝的体面，说话不讲场合，口无遮拦，被杀头也就不难理解了。如若无旁人在场且又恰逢朱元璋高兴之时，两人真情叙旧，或许会是另外一种结果了。

日常生活中，常有人说"此处不是说话的地方，咱们换个地方说"，可见，说话对场合是有选择的。一般来说，带有私秘性的话，人们不会在公开场合或不知心者面前讲；对人的声誉、心理可能造成伤害或产生其他不利影响的话，人们不会当着此人甚至其亲友讲；对人有所要求或期望的话，不在此人缺场时讲……这样做，遵循的就是"说话要讲究场合"这一语言表达要求。

俗话说，"到什么山上唱什么歌"，这句话用在语言表达上，有一定的借鉴意义。它是要求人们要充分认清不同场合中不同人物的性格特点及语言需求，根据特定的语言环境去"唱歌"（别有用心的阿谀奉承不在此列），这样，"唱"出的"歌"人们才愿意听、爱听。说话讲究场合是语言得体的重要内容之一。日常交际中，注意根据场合的不同，有针对性地选择恰当的语言表达方式，方能使自己所言收到上佳的表达效果。

"打圆场"的技巧

人们在日常交际中常会遇到这样的情况：因一方说话不当或某些举动的失误，令另一方心生不快，此时，那有失误的一方也就自然而然地处于了被动而又尴尬的境地。面对这种情况，强言辩解或默不作声，都会加重对方心理上的反感，使气氛更加紧张，而如若有人选准时机和角度，运用得体的语言来"打圆场"，则能有效地调节气氛，打破僵局，使被动者迈出难堪的泥沼。

"打圆场"有别于"和稀泥"，它是从善意的角度出发，以特定的话语去缓和紧张气氛、和谐人际关系的一种语言行为，在日常生活中有着积极的意义。"打圆场"有技巧。如何才能使之收到最佳的效果呢？这里，不妨先听一个小故事：

有个理发师傅带了个徒弟。徒弟学艺 3 个月后正式上岗。这天，他给第一位顾客理完发，顾客照照镜子说："头发留得太长。"徒弟不语。师傅在一旁笑着解释："头发长使您显得含蓄，这叫藏而不露，很符合您的身份。"顾客听罢，高兴而去。

徒弟给第二位顾客理完发，顾客照照镜子说："头发剪得太短。"徒弟不语。师傅笑着解释："头发短使您显得精神、朴实、厚道，让人感到亲切。"顾客听了，欣喜而去。

徒弟给第三位顾客理完发，顾客边交钱边嘟囔："剪个头花了这么长的时间。"徒弟无语。师傅马上笑着解释："为'首脑'多花点时间很有必要。您没听说'进门苍头秀士，出门白面书生'么？"顾客听罢，大笑而去。

徒弟给第四位顾客理完发，顾客边付款边埋怨："用的时间太短了，20 分钟就完事了。"徒弟心中慌张，不知所措。师傅马上笑着抢答："如今，时间就是金钱，'顶上功夫'速战速决，为您赢得了时间，您何乐而不为?"顾客听了，欢笑告辞。

故事中的这位师傅，真是能说会道。他机智灵活，巧妙地"打圆场"，每次得体的解说，都使徒弟摆脱了尴尬，让顾客转怨为喜，高兴而去。他成功"打圆场"的经验，给了我们诸多的启示。

一、"打圆场"要善用吉言

以动听的话语来打动顾客，求得顾客的欢喜，是师傅成功"解围"的首要诀窍。吉言顺耳，爱听吉言几乎是人们共有的心理。师傅巧妙地利用人们的这种心理，在顾客抱怨时，有针对性地择用其易于接受的语词来表情达意。第一次，他用"含蓄"、"藏而不露"来描摹头发长给人的美好感觉；第二次，他用"精神"、"朴实"、"厚道"、"亲切"等多个褒义词来形容和褒扬对方，激活对方的兴奋点，诱使对方对他所说的话产生认同心理，从而使自己的解释更具有感染力。这样，顾客的抱怨消释了，先前不快的心理得到吉言的"熨抚"，"欣喜而去"也就是很自然的了。

二、"打圆场"应"扬长避短"

生活中的任何事情都包含着两重性，其中的对与错、利与弊都是相对的。辩证地看待问题，得体地"扬长避短"，是"打圆场"的又一技巧。就理发而言，顾客说的"头发留得太长"、"头发剪得太短"、"剪个头花了这么长的时间"、"用的时间太短了"这种种意见，都属实情。他们从自身不同的角度发牢骚、表示自己的不满，都是正常的、可以理解的。师傅针对各种不同的情况，采取"扬长避短"策略，用巧妙的语言去解释，收到了很好的效果。以第一位顾客说的"头发留得太长"为例，师傅在承认"头发留得太长"是事实的基础上，突出地讲"头发留得长"的好处。他的"头发长使您显得含蓄，这叫藏而不露，很符合您的身份"这番话，将"头发长"的优点具体化，通过"扬长"，引领对方换个视角，对先前不满意的事来一番变位思考，让对方从一个新的角度去体会“头发长”的佳妙之处，从而高高兴兴地接受师傅的观点。

三、“打圆场”用语需幽默

幽默是化解尴尬的良方，幽默的话语常能令人转怨为喜，开怀大笑，并且能使人在笑声中有所悟，有所得。如故事中这位师傅使用的“首脑”一词就颇为幽默。将“头”说成“首脑”，寓谐于庄，调侃中不失文雅，庄重中又含风趣，从某种意义上讲，还在一定程度上“提升”了顾客的身份，顾客能不开心地大笑吗？再看那“进门苍头秀士，出门白面书生”之语，更是幽默诙谐、妙语解颐。至于“如今，时间就是金钱，‘顶上功夫’速战速决，为您赢得了时间，您何乐而不为”的解释，幽默的话语中又含带了“与时俱进”的因素，颇有时代气息，这就大大地增加了说服的力度，更易为对方所接受。

“打圆场”不是不着边际的奉承，也不是油腔滑调的诡辩，它是一种语言的艺术。认真学习并掌握这种艺术，注意在特定的场合中察言观色，适时得体地“打圆场”，能有效地帮助他人摆脱尴尬和烦恼。

“答非所问”亦传神

在日常的对话交谈中，回答他人的提问，要有“针对性”，即要扣住他人所“问”，清楚准确地作“答”，所“答”要能释所“问”。如若背离他人问话的指向，答非所问，则会令听者莫名其妙，甚至受到他人指责。因此，从一定意义上讲，“答非所问”是对话的大忌。然而，世界是纷繁复杂的，生活是丰富多彩的，对“答非所问”不能一概否定，因为它在特定的场合，往往能起到特殊的表达作用，甚至能成为交谈制胜的“法宝”。

20 世纪 60 年代初，国民党的一架美国 U-2 飞机窜入我国江西南昌上空，被我中国人民解放军空军部队击落。一时间，国际舆论大哗。我国台湾及西方的军事专家和新闻记者，一直在费尽心思地猜测，解放军空军是使用何种武器击落先进的 U-2 飞机的。一次记者招待会上，一名西方记者不怀好意地向时任外交部长的陈毅同志提问：“请问，你们是用什么武器把美国的 U-2 飞机打下来的？”此语一出，会场气氛顿时紧张起来。因为这名记者的问题实在令陈毅同志难以回答：实话实说不行，高级军事机密，岂可外泄？闭口不答或曰“无可奉告”也不行，它有失陈毅同志外交家的风度，还会遭到提问记者的嘲笑。众人极为紧张之时，陈毅同志却不慌不忙，幽默地答道：“我们是用木棍把它捅下来的。”话音刚落，会场上响起了热烈的掌声。陈毅同志答其问（问话），而非答其所问（问题），使在场的中方人员大大松了一口气，而令那名提问的西方记者备感难堪。细细分析，陈毅同志这种有意的“答非所问”，实在妙极了，他机智地保守了国家的机密，不露丝毫痕迹；回击记者的恶意发难，分寸把握得体，适时地“幽”了那记者一“默”，充分显示了一个外交家的机敏和睿智。在这一特定的场合，“答非所问”发挥了特殊的作用，它维护了言者的形象，将尴尬抛给了对方。

杜鹏程的小说《夜走灵官峡》中有这样一个情节：“我”在去材料场的途中，被大风雪困在绝壁上的石洞里，在此结识了小主人公成渝。相互熟识之后，成渝爬在我的膝盖上，伸长脖子，望着“我”的眼睛问：“叔叔！明天还下雪？说呀，叔叔！明天还下？”“我”把他那冻得发红的小鼻子按了一下，说：“天上要通电话，我一定给你问问。可是——”这里，成渝发问，就是想听到“下雪”或“不下雪”这种直截了当的回答。而“我”却故意绕弯子，答非所问。“我”的这种回答，他显然不满意，因此，“他恼啦！一蹦起来，站在离我几步远的地方，皱着眉头，偏着脑袋，把我上下打量了一番，说：‘你！哼，还哄我！你口袋装着报纸。报上有天气哩。’”作者在这段故事情节的叙述中，答非所问手法的运用，恰到好处。“我”的回答看似“答非所问”，实则是作者匠心独运。正是这一幽默风趣的“答非所问”，才使文章再掀波澜，推动了情节的发展，将一个聪明可爱、关心工地建设的小主人公的形象推到了读者的面前。如若“我”针对成渝的问话，直接告诉他明天“下雪”或“不下雪”，那语言、情节就乏味得多，更无助于人物性格的塑造和发展。

上述两例“答非所问”，都是表述者有意而为之。“答非所问”亦传神。它在特定的场合或对象面前，有特殊的表达作用：或使人摆脱窘况，步入新境；或用来调侃戏谑，活跃气氛；或掀起波澜，丰富情节……正确认识“答非所问”的功用，掌握这种特定的答话技巧，对丰富我们的语言、提升语言的表现力和感染力，不无裨益。

巧用妙语解尴尬

五彩纷杂的生活中，有时难免遇到尴尬场面。有人面对突然出现的尴尬，无化解之术，只得被动承接，结果窘相尽现，使本已沉闷的气氛更添几分压抑；有人却有这样的本事，面对尴尬，不露声色，轻轻地说上几句，马上就步出了尴尬的泥沼。

一位著名的钢琴家去某市演出，发现座位多半空着，不免尴尬。于是，他先平静地看了一下场内，然后向听众说道："我想这个城市的市民一定都很有钱，我看到你们每个人都买了两三个座位的票。"话音刚落，大厅里顿时充满了笑声。音乐会就在和谐的气氛中开始了。著名钢琴家的演出吸引不了听众，着实令他难堪。可以想象，钢琴家看到剧场内的情景，心中该是何等的不快，而如若将这种情绪"挂"在脸上，无疑会增加场上压抑的气氛，这样不但会影响他演奏的效果，而且有失其身份和形象。钢琴家深知此时此地自己的言行情态对听众的感染作用，适时得体地进行了机敏的调侃，他的开场白闪烁着智慧的光芒，活跃了场上的气氛。尴尬的场面因他幽默、巧妙的话语而变得轻松、愉快，使人不得不佩服钢琴家高超的语言技巧。

我国台湾知名学者余光中，著作等身，名扬四海。他把诗作、散文、评论、翻译称为自己"生命的四度空间"。曾有一次，在台湾一项重要文艺大奖中，获奖者大都是黑头发的晚辈，只有余光中年届花甲，两鬓染霜，非常醒目，这难免给人英雄迟暮之感。此情此境中的余光中，自然有几分不自在。然而机敏的余光中竟用巧妙的话语将尴尬驱逐殆尽，使自己步上了一个有利的台阶。在致词中，他风趣地说："一个人年轻时得奖，应该跟老头子一同得，表示他已经成名；但年老时得奖，就应该同小伙子一同得，表示他尚未落伍。”这两句话充满诗意，又充满哲理，赢得满堂喝彩。余光中的话，并不是一般的应景之辞，琢磨起来，能给人以深刻的启示。他巧妙地将“年轻时”与“年老时”这两个年龄段置于同一个比较的平台，同时，除去“小伙子”、“老头子”本有的内涵，赋予其新意：“小伙子”代表着年轻活力，“老头子”言其老成持重。一个人年轻时同年长者一同得奖，表明他年轻有为，成就不凡，这就更令人羡慕；而一个人年老时同年轻人一同得奖，则说明他青春仍在，宝刀不老，这样的老者岂不更加让人敬佩？明白了这两句话的内涵，听者发出的是会心的微笑，进而是由衷的佩服，当事人哪还有丝毫的尴尬？

生活中，遇到尴尬不可怕，重要的在于会用巧妙的语言去化解它。钢琴家和余光中的巧言妙语，为我们化解尴尬提供了借鉴。遇到尴尬，莫紧张，莫遮掩，紧张会使自己“失措”，遮掩会欲“遮”弥彰，其后果是更加强烈地刺激听（观）众的注意力，强化听（观）众的观望值，使自己陷入愈加难堪的境地。正确的态度是坦诚地直面现实，及时用或轻松幽默、或富含哲理的话语自我“解脱”，以最大限度地淡化对方的观望值，将听（观）众的注意力引导到一个新的期望或思考的层面上。

常言道：一句话说得人哭，一句话说得人笑。可见说什么，怎样说，大有学问。遭遇尴尬时，莫乱“方寸”，讲究说话的技巧，注意用巧妙得体的语言“救”自己出“困境”，这样，便可使自己在尴尬面前不尴尬。

请讲温馨雅语

语言是传递信息、交流情感的工具。在日常人际交往中，注意语言修养，去鄙俗，尚高雅，是人类文明进步的象征。语言表达有讲究，一般来说，在非原则的问题上，选择使用温馨的、富有人情味儿的语言，能在一定程度上淡化相互间的陌生感，缩短言者与听者间的距离，收到意想不到的表达效果。

《武汉晚报》2002 年 8 月 31 日第 4 版载文报道，以前，火车站为儿童补票是个难题。工作人员多是对照车门口的一条身高标示线，对身高超过规定而未购票的孩子或其家长喊道："补票！要补票！"有的甚至埋怨加训斥："这么高了，怎么不买票?!"这冷冰冰的话语，虽然也能起到让乘客补票的作用，但更多的是会引起乘客的不快，激化双方的矛盾，这势必影响城市"窗口"的形象。针对这一情况，武昌火车站在改进服务形式的同时，注意讲究语言表达的艺术。他们用"小朋友，恭喜你长高了"的温馨图示，替代了生冷的标尺牌。遇到个儿超过规定而未购票的儿童，工作人员边用手指向身高标示线，边亲切地说："小朋友，恭喜你长高了。你看——"亲切的话语辅以友好的提示，令乘客备感温馨，他们也就心悦诚服地掏钱补票了。如此一来，出站口的不愉快减少了许多。

在许多医院里，对住院病人的称呼一直是以"××床"来代称其名。如："7 床，要打针了。""15 床，这是你的药。"据说，一位性情耿直、喜欢较真的老者对这种称谓颇反感。一次，他因病住院，被安排在第 13 病床上。每当听到医生或护士喊"13 床"，他心里就很不高兴。一天，他实在忍不住了，对喊他"13 床"的护士发了火："我有名有姓，怎么到这儿就成'13 床'了呢？你跟我说说，'13 床'是什么意思？"老者怒冲冲的质问令那个护士极为难堪，无言作答。不难想象，此时的医患关系该是多么的紧张。而有家医院则不同。这家医院教育医护人员，与病人交谈时既要注意态度和蔼，又要讲究用语文明。他们根据病人的年龄、性别、职业等来称呼病人，如："杨磊小朋友，来，我们测量体温。""刘老伯，您该打针了。""王姐，您的化验结果下午就出来了。""李老师，你明天就可以出院了。"这些称谓，如和煦的春风，轻柔温馨，使患者真切地感受到医护人员对自己的尊重与关爱，大大和谐了医患关系。

温馨雅语为何有如此之大的功用呢？这要从心理学的角度去寻找答案。人是有感情的，都有爱与被爱的需求。语言作为传递情感的工具，温馨的话语洋溢着言者尊重他人、关爱他人的真情实感。"良言一句三春暖"，当他以真心、爱心去对待对方时，他温馨的话语定会让听者耳顺、心顺，二者之间的距离必然会迅速拉近，自然，他的话语、他善意的要求或行为必然会得到对方的认可和赞同。要说明的是，温馨雅语，丝毫不含虚假、欺骗的成分，也不同于一味地讨好奉承，它的前提是双方的平等和互相尊重。背离了这一点，很难说出真情的温馨雅语，更谈不上收到应有的效果。生活中，类似上述车站儿童补票、医院称谓病人的现象还有很多，它们都有一个如何使用温馨雅语、使事情得以圆满解决的问题。青少年学生要学会交往、学会做人，不妨从小事开始，做生活的有心人，掌握说话的艺术，力争使自己的语言收到最佳的表达效果。

语言表述不是小事。交际中使用何种语言，与一个人的素质、修养有关。语言修养非忌说某些话语那么简单，也绝非一日之功。这里，最关键的是要认识到讲究语言文明的意义。当然，日常生活中的许多事情，大都不是几句文明的话语就能够解决的。但是，言出如风轻，恶语会伤人。雅语与恶语，有高下之别、文野之分，它从一个方面反映了人们文明的程度。因此，在人际交往中，只要不是敌对的关系，不是原则的问题，还是请你讲温馨雅语。

话说“潜台词”

潜台词是戏剧、影视等的表演技巧术语，九年义务教育初中语文教材中这样诠释：台词含蓄的意思，称为“潜台词”。具体地说，潜台词指角色的内在实质，包括说话的目的、言外之意和未尽之言等。在戏剧、影视等作品中，人物的意志情感主要是通过语言来表现的，然而，由于剧中特有的规定情景或特定的表达需要，人物通常都不必或不便将自己的意旨、情感和盘托出，而是或讲得少而想得多，或言在此而意在彼，或说的与想的恰恰相反，这就使得人物的道白含带了潜台词。

作品中有丰富的潜台词，有助于人物性格的塑造，能增强人物语言的表现力和感染力，这样，作品才引人深思、耐人寻味。而一些作品中人物的语言缺少必要的潜台词，凡事让人物说得到边到角，清清楚楚，这样的语言必然缺少深度和张力，因而，也就很难感染和打动读者。

剧作家沙叶新的话剧《陈毅市长》中陈毅的话语即有丰富的潜台词。这些潜台词与人物的道白结合起来，很好地塑造了人物的性格特点。如初中教材节选的“夜访齐仰之”这一场戏中，陈毅由一开始吃闭门羹到被允许进屋三分钟，进得屋来——陈毅（打量房间）“齐先生就住这里?”“这里”怎样？他为何提出这样的疑问？原来，此句中话里有话。陈毅要说而未说出口的是：房屋这么破旧，这么简陋，与你（齐仰之）海内外知名的化学家的身份太不相宜了。读者联系上下文，根据人物的性格特点去揣摩分析，不难找出陈毅市长的这句潜台词。再如当齐仰之笑着称“陈市长真不愧是共产党人的化学家”时，陈毅马上接道：“我哪里是什么化学家哟！我只是一个剂，是个催化剂。”这里，陈毅的话语中又有未尽之意。仔细品味一下，可知其潜台词是希望齐先生和共产党能够快速发生“化学”反应，帮助政府筹划在上海建立全国第一个盘尼西林药厂。这一潜台词，含蓄地表达出陈毅市长对爱国知识分子的无比重视和殷切希望。

阅读作品，只有认真理解潜台词，才能弄清话语的真正含义，明了作者的真实意图，这样才能读出“味”来。一般来说，潜台词是对人物道白的诠释、补充和深化。阅读理解时，应注意认真“咀嚼”道白，由已知推未知，准确地找出道白含蓄的意思（潜台词）。补出的潜台词应紧跟道白，中间不能添加其他任何无关的内容，否则，会破坏语意的完整，造成语言上的隔离。仍以《陈毅市长》为例来说明这个问题：①陈毅（看表）：“已经谈了三十分钟了。”潜台词是“怎好继续打扰呢”。②齐仰之：“……一是我对共产党人的革命化学毫无所知，二是……二是我这个知识分子身上还有着不少酸性……”潜台词是“有时太清高，太固执，甚至看不起人”。将这些补出的潜台词贴加在人物道白后，语句顺畅，语意连贯，恰当地诠释了人物道白的真实意图。而如若道白与潜台词之间加了其他的话语，势必显得内容散乱，影响意思的表达，更不利于人物性格的刻画。

潜台词作为一种表演技巧术语，早已从其专业领域步入人们的日常生活。那些与潜台词有关的“话到笔端留半句”、“给文章来点‘空白’”等写作技法，往往能在很大程度上产生“不尽之意，见于言外”的艺术效果。写作中，重视潜台词的功用，根据刻画人物性格的需要，有意略去人物言谈中的某些话语，留下语言“空白”，让读者通过思索、想象，补出未尽之言、未说之意，更有助于读者对作品中人物性格的理解与把握，同时，也能大大增强文章的含蕴力和感染力。

一语多解话“歧义”

《楚天金报》2003年12月12日第6版刊载这样一条消息：一则“男人该换换口味了”的广告语，在襄樊市引起了争议。日前，发布该广告的路神公司被当地工商部门责令限期改正。据贵州醇酒厂驻襄樊的一位负责人介绍，这则广告是由全国颇有名气的北京平成广告公司创意、设计的，目的是推广该厂首创的奇香型白酒。“换口味”是指“换酒的香型”。厂家觉得这一说法形象、贴切，很有特点。而当地工商部门则认为，广告词对女人有歧视之嫌，尤其是“换口味”之说含带了不健康的成分，与社会主义的道德观念、价值观念相违背。

对同一则广告词，为什么会有两种截然不同的理解呢？究其原因，是由词语的多义性造成的。汉语表义丰富，同一词语在不同的语境中可以有不同的含义，即或是在同一语境中，如果从不同的角度去分析，也可以有不同的理解。这就是人们常说的“一语多解”的歧义现象。

一般来说，人们在口头或书面交际中，为了准确地表情达意，都尽量做到用词准确、限制周密，力避歧义产生，以免他人误解或产生其他负面影响。然而，任何事物都不是绝对的，对歧义句的认识和使用也是这样。在日常生活中，我们不时可见这种情况，有人有意地利用词语的多义性使语句产生歧义，造成“一语多解”的语言现实，致使对方产生这样或那样模棱两可的理解。表述者的目的或是为了让人钻入他预设的歧义“陷阱”，或是为了造成某种修辞效果，满足特定的表达需要。

从前有这样一个故事。有个巧嘴媒婆，极会撮合婚姻，竟将一对相貌各有缺陷（姑娘是豁嘴、小伙儿无鼻子）而又要求对方没有残疾的青年给说合了。她先对小伙子说："我介绍的这个姑娘没有别的毛病，就是嘴不好。"小伙子说："嘴不好不算毛病，可以慢慢改嘛！"她又对那姑娘说；"这小伙子不错，就是眼下没有什么。"姑娘听了笑了笑说："只要人好，眼下没什么不要紧，我陪嫁多点就是了。"巧嘴媒婆见两人都同意了，便叫他们把各自说的话写下来，免得日后反悔。完婚那天，双方一见面，方知上了当，但想到自己写下的话，只好自认倒霉。

巧嘴媒婆有意利用了词语的多义性，撮合了一桩婚姻。她对小伙子说的"嘴不好"这句话，既可指"爱絮叨、喜欢多嘴多舌"，又可指"嘴巴有毛病"。急于娶媳妇的小伙子把它理解为前者。她对姑娘说"眼下没有什么"，这里的"眼下"可以是指"目前"，也可以是指眼睛下面的部位（鼻子）。姑娘把"眼下没有什么"理解为"目前没有多少财产"。这样，小伙子和姑娘就都进了媒婆所设的"笼子"。

就媒婆而言，她肯定强调自己是在"实话实说"。但她的"实话"有意含糊其辞，"实说"耍了点儿花招。她巧妙地利用了语言意义上的联系，使一句话同时关涉两个事物，造成歧义"陷阱"，致使男女双方都作出了与事实相悖的错误理解。

歧义句可以成为某些人有意捉弄人、蒙骗人的手段，也可成为人们贬抑邪恶、抨击丑陋的武器。运用恰当，能产生非同一般的表达效果。

抗战时期，日寇进犯广西，国民党广西省主席黄旭初闻风丧胆，坐卧不宁，假托归乡为母扫墓，先行遁逃。《新华日报》对此事作了报道，引题为"桂林危机声中"，正题为"黄旭初扫他妈的墓"。这个正题可谓巧用歧义的典范。它含有两层意思，第一层是实指黄旭初为他母亲扫墓，第二层则是一句骂人的话了。作者有意利用"他妈的"的不同内涵，形成歧义，巧妙地斥责了反动官吏，骂得痛快淋漓。

歧义句在增加了理解难度的同时，也增加了语言表意的灵活性和丰富性，因此，在具体的语用实践中，对含有歧义的句子不可一概否定。正确认识“一语多解”的语言现象，力避陷入歧义“陷阱”，学会在特定的语言环境中，恰当地利用词语的多义性来准确而又有特点地传递信息、表达感情，是一项重要的语言基本功。

两类比较　两种幽默

比较是人们认识事物的方法之一，具体地说，是就两种或两种以上同类的事物辨别异同或高下。有比较才会有鉴别，有鉴别才便于取舍。生活中的许多时候或场合，都要用到比较。有人深谙比较之“术”，运用恰当，使所言收到了特定的表达效果；也有人不懂得比较的要求，随意使用，结果弄巧成拙，事与愿违。

据说，有一位做生意的老者，特别擅长运用比较之法推介他所卖的物品。起初卖梨时，他这样吆喝：“又脆又黄的大黄梨喽，只卖个萝卜的价钱!”不几天，他改行卖萝卜，他又喊：“又甜又脆的大萝卜，比梨还甜哟!”这样，无论是卖梨还是卖萝卜，他的生意都出奇的好。

老者的生意好，固然是以他所卖物品的质量有保证为前提的，但与他精于动脑、巧作比较不无关系。他恰到好处地将物品的质量同高一档次的物品比较，价格按低一档次物品的价钱说，使质量同价格形成错位，这就紧紧抓住了人们既求质量好、又图价格便宜的购物心理。综观老者的吆喝，无论是反过来还是倒过去，都表示了物美价廉的意思。比较中凸现出精明，精明中不乏幽默。这是他成功的秘诀。

生活中，也有人常常使用一些拙劣的、本不该进行的比较，其后果如何，可想而知。

一女青年在某地方台唱过一首歌之后，激动得气喘吁吁：“我真的好想好想做个普通人。”听了她的这句表白，不由得让人浑身起鸡皮疙瘩，继而向她投以鄙夷的目光。某单位一位副股长到食堂买饭，问他要什么菜，他很认真地说：“没关系，没关系，和大家一样好了!”一个正在进餐的小伙子马上接了一句:“不，不，您怎么能跟我们大家一样呢?”言语中，满含着讥讽的意味。唱歌的女青年与买饭的副股长的话，何以令人反感?原因就在于他们不恰当地使用了比较。准确地说，是他们的话语中不该使用比较这种方法。试想:在地方台唱首歌算得了什么?即便是唱五首、十首，你仍然是名普通的歌手，没有谁认为你已经“红”得不得了，不再是普通人了。你为什么要人为地拔高自己，把自己当做特殊的人呢?“副股长”到底是几品官，笔者未作考察，但他将自己与“大家”作比较，且郑重其事，着实可笑。他们俩用不恰当的比较，将自己置于“普通人”、“大家”之上，实在是幼稚之极。

比较的范围、对象是极其宽泛的，比较也是有一定的规则的。上述老者的吆喝，是物与物的比较。老者无论比较哪两种物品的高下优劣，都不会伤及他人，不会招来众人的不满;而那女青年、副股长的话，进行的是人与人的比较，且比较的双方就是言者与听者。既然是比较，必然会分辨出双方的异同与优劣高下。明白人都知道，这类比较的使用者，绝不会贬抑自己、褒扬他人。而褒己损人(敌对关系除外)的比较，在造成对方内心不快的同时，给自己带来尴尬也是难以避免的。这无疑犯了比较之大忌。

老者的吆喝，是拿本已有高下之别的两种事物来作比较，借“彼”来说“此”，言“此”而不毁“彼”;而那女青年与副股长的话，则是把本没有区别的同类人，人为地分为有高下之别的两类(其中暗含了比较)，他们两人的话，看似十分谦虚，实则是自鸣得意、自我陶醉。他们所用的比较，从某种角度讲，是以贬低他人为前提的，是一种扭曲了的比较。

就老者的吆喝以及女青年、副股长的“表白”所产生的效果来看，如何运用比较，或许能给我们提供一些有益的启示。

幽默的功用

幽默是以轻松、戏谑但又含有深意的笑为其主要特征的艺术手法，它在一定程度上反映了言者的机敏与睿智。幽默的语言具有丰富的表现力和感染力。日常交际中，针对不同的对象，根据表情达意的需要，适时得体地“幽”上一“默”，常能收到通常手法难以达到的表达效果。幽默有多种类型，无论哪种幽默，运用得体，都能在引人发笑的同时，引导人们对笑的对象进行深入的思考，从中获得一定启示、教益和警示。一句话，幽默是人们生活中不可或缺的“怪味豆”、“开心果”，我们应当重视幽默的特定功用并努力掌握其语言表达技巧。

一、自我解嘲

一位美术教师的画技和教学业务能力都很出众，但貌不惊人。一次他上美术课，讲到色彩对比这一美学常识时，幽默地说：“我是从来不与长得漂亮的人一块上街的，因为我的形象本来就有些对不起观众。”一句话逗得学生哄堂大笑，加深了学生对对比效果的理解。这位老师的幽默类比，除了增进学生对知识的理解外，还是对一般人都具有的护短心理的大胆挑战。这种恰到好处的自我嘲解，不同于自我作践。它是心理健康的表现，显示了教师超脱世俗虚荣的胸怀，对学生具有积极的示范效应。

二、轻松调侃

一位中学教师认真地对她的男朋友说：“你上次写的信我给编进语文期中考试卷了。这道题能全面检验学生们的语文水平。”男朋友听了，很是高兴，便带着几分得意的语气问道："你是让他们分析语法，还是解释成语?"女教师答："我让他们改错。"女教师的话，机智而又得体，她先有意说出可两解的话，诱男友入"笼"，尔后，一句"我让他们改错"，让人捧腹，而令听者尴尬不已。女教师轻松调侃，以极度诙谐的话语，"幽"了男友一"默"，对其男友因知识欠缺而书写、表达存在错误，给予了善意的嘲笑与委婉的批评。

三、严正警告

《拿破仑传》中写道，拿破仑初为统帅时，一个身材比他高一头的下属经常违抗他的命令。拿破仑就警告他："将军，请您注意，如果今后您再违抗我的命令，我马上消除我们之间的差别!"幽默是柄双刃剑，它既可用做解嘲与调侃，又可用于正告和讽刺。此例中拿破仑即是借幽默的话语表达严正警告，"我马上消除我们之间的差别"一句，听似语气轻松平和，实则语气极为严厉，是实实在在的"言轻意重"。拿破仑要砍一个不听话的军官的头，也表达得如此幽默，令人不能不佩服拿破仑的大将风度和高超的语言表达技巧。

四、辛辣讽刺

他说："我们乡下有个阔佬，许多人都想攀附他，甚至以和他谈过话为荣。一天，一个要饭的奔走告人，说是阔佬和他讲了话了，许多人围住他，追问究竟。他说：'我站在门口，阔佬出来啦，他对我说：滚出去!'"听讲故事的人莫不大笑起来。（唐弢《琐忆》）

鲁迅寓辛辣的讽刺于极度的幽默调侃中。借"要饭的"盲目附庸"阔佬"的无知言行，辛辣地讽刺了国民党反动派卖国求荣的政策和自欺欺人的本性，入木三分，令人叫绝。

幽默五法

幽默是别具一格的语言交际艺术，它采用有趣或可笑而意味深长的话语来传情达意，以求达到特定的表达效果。交际中缺少幽默，如同生活中缺少色彩一般，语言就显得单调而乏味。了解并掌握一些幽默的方法，对增强语言的表现力和感染力，有着重要的作用。

一、巧换内涵

汉语具有丰富的表义功能，同一词语往往有着不同的内涵。利用汉语内涵的多重性，巧换内涵，有意识地造成人们理解上的错位，可收到一般语言无法达到的效果。

一次宴会上，著名国画大师张大千向京剧艺术大师梅兰芳敬酒时说："你是君子，我是小人，我先敬你一杯。"梅兰芳不解其意，众宾客也莫名其妙。张大千含笑解释说："你唱戏动口，所以你是君子；我绘画动手，所以我是小人。"一句话说得满堂宾客大笑不已。

张大千巧用"君子"（品格高尚的人）、"小人"（人格卑鄙的人）这两个褒贬色彩鲜明的词语在人们头脑中形成的思维定势，令听者产生疑惑：著名国画大师何以如此赞人贬己？然后，借用俗语"君子动口，小人动手"来作诠释，"你唱戏动口，所以你是君子；我绘画动手，所以我是小人"，原来，国画大师暗中转移了词语的内涵，来了个"实话实说"，让"君子"、"小人"完全除去其含带的情感色彩。听者错位的理解产生了喜剧因素，言者幽默的话语洋溢着诙谐意趣，难怪满堂宾客听了解释后，茅塞顿开，个个大笑不已。

二、巧用谐音

利用字词读音相同或相近的特点，在特定的场合中，巧妙地将本来毫无关联的两类事物联系在一起，能使幽默产生意外的喜剧效果。

一次，热闹的婚礼正在进行，爆竹在新娘身边燃放，不料烧焦了礼服的衣边，新娘既觉得不吉利，又很难堪，因而很沮丧。这时，一小伙子口出妙语："恭贺新娘，烧去衣边说明咱们的新人将是'新服（幸福）无边'啊！"话音刚落，众人便报以热烈的掌声。

谋图吉利，喜听吉言，是人们共同的心理。那小伙子利用"新服"与"幸福"的谐音，陈情解说，宽慰新人，声声美意，化解不快。调侃者关键时刻的巧妙解说，着实令人佩服。要说明的是，此类幽默关键在一个"巧"字，即事物联得巧、字音同得巧。如若两类事物间缺少必要的结合点，字音也同得很勉强，那就不能强行"从事"，否则，只能给人留下笑柄，而称不上是幽默了。

三、不动声色

这是一种寓庄于谐的幽默法。言者一本正经，不露声色，其语气和表情很难让人想到幽默，然而妙处也正在此。当你细嚼其言，深思其意，弄明白那话中之"话"后，方会感悟到幽默的神奇和言者的机敏。

一位旅行家向海涅讲述他所发现的一个小岛上的情况，突然说道："你猜猜看，这个小岛有什么现象最使我感到惊奇？""什么现象？"海涅问。旅行家神秘一笑："小岛上竟没有犹太人和驴子！"作为犹太人的海涅立刻明白了旅行家的意图，十分镇静地说："如果真是那样，那么，我和你到小岛上走一趟，就可以弥补这个缺陷了！"

那位旅行家心术不正，将"犹太人"和"驴子"并在一起来说，意在以贬低犹太人来轻侮海涅。海涅敏锐地识破了他的意图，不动声色地说出“我和你到小岛上走一趟，就可以弥补这个缺陷了”，瞬间便化被动为主动，将对方置于不利的境地。海涅的话语平淡而极富幽默趣味，那旅行家“偷鸡未成反蚀一把米”，该是何等的尴尬。

四、巧妙易位

巧妙易位是根据特定表达的需要，有意让相关的对象发生位置上的变易，藉以产生幽默的效果。

维门特是哈佛大学毕业的著名律师。有一次，他穿着乡下人服装到波士顿某旅馆，被一群绅士、淑女看到了，他们想戏弄他。这时，维门特对他们说道：“女士们，先生们，请允许我祝愿你们愉快和健康。在这前进的时代里，难道你们不可以变得更有教养、更聪明些吗？你们仅从我的衣着看我，不免看错了人，因为同样的原因，我还以为你们是绅士、淑女。看来，我们都看错了。”

维门特先说“你们仅从我的衣着看我，不免看错了人”，其潜台词是“不能以衣貌取人”，然后巧妙地将“你们”易为“我们”，把自己也拉入以衣貌取人者的行列，得出“看来，我们都看错了”这一结论。他不直说“你们不配称绅士、淑女”，而说“我们都看错了”，对那些自恃高贵的男男女女们进行了辛辣的嘲讽。这种巧妙易位的幽默，比直接辩白自己是什么样的人要高明得多。

五、反唇相讥

反唇相讥是锋芒毕露的幽默，它适用于对那些恶意挑衅者的回击，这种幽默在显示言者聪明机智的同时，还透露出其不可侵犯的凛然气势。

丹麦著名的童话作家安徒生常戴一顶破帽子在街上散步。一次，有个人嘲笑他：“你脑袋上边的那玩艺是什么东西，能算是顶帽子吗？”安徒生毫不客气地回敬道：“你帽子底下那个玩艺是什么东西，能算个脑袋吗？”

很明显，那个人是蓄意挑衅，他的问话充溢着强烈的轻蔑与嘲弄之情。此时，忍让会令对方更加嚣张，辩驳又难免使自己处于被动。于是，安徒生没有回答那人的责问，而是套用他的问话，反过来质问道："你帽子底下那个玩艺是什么东西，能算个脑袋吗?"这一反唇相讥式的幽默，不仅维护了自己的尊严，而且给了对方狠狠的一击。

数字的使用技巧

在不少人看来，数字的作用仅是表示事物的数量，其义单一，用法简单。其实，这是一种误解。在语言交际中，只要认真掌握数字的表义特点，讲究数字的使用技巧，便能有效地激活数字的内在魅力。如此一来，你的文章或话语将增色不少。

一、对应比较

“今年二十，明年十八。”（白丽香皂广告语）乍看，逻辑错乱，不合事理：人的生理年龄岂会越活越小，无论今日科学如何先进，世上仍尚无能返老还童之人；细想，夸张有度，情理之中。广告语巧妙地将数字“二十”与“十八”对举，从而达到了广告宣传的目的：提醒公众，白丽香皂具有美容功用，经常使用，可显得年轻一些。如果弃数字而直接说使用百丽香皂能使人年轻，其宣传效果则要抽象得多、逊色得多。

这则广告语从一个角度启示我们：数字虽然是枯燥的，但它一旦进入比较的领域，便能变得活鲜生动，魅力四射。

二、精细列举

《青年文摘》里有篇文章这样写道：有个从未管过自己孩子的统计学家，在一个星期六下午妻子要外出买东西时，勉强答应看管4个年幼好动的孩子。当妻子回家时，他交给妻子一张纸条，上面写着：擦眼睛11次；系鞋带15次；穿、脱衣服9次；给每个孩子吹玩具气球各5次，每个气球平均寿命10秒钟；警告孩子不要横穿马路26次，孩子坚持要穿过马路26次；我还想再过这样的星期六0次。

这段话中，作者打破常规，运用精细列举法，出人意料地使用了一系列十分精确的数据，刻画了统计学家书生气、迂腐气的形象，给人感觉新奇、风趣、幽默、诙谐。这些精确的数字组合在一起，使语句产生了强烈的讽刺效果。

三、巧用算式

在第二次世界大战时，有一次，德国法西斯头目之一戈林问一瑞士军官：

"你们有多少人可以作战？"

"50 万。"

"如果我派 100 万大军进入你们国境，你们怎么办？"

"那我们就每人打两枪。"

这位瑞士军官可谓谙熟数字的使用技巧。你看：如果 100 万德军同 50 万瑞士军人作战，瑞士士兵就每人打德军两枪。瑞士军官运用算式，巧妙作答，不仅很好地回敬了纳粹主义者的挑衅，而且表达了爱好和平的瑞士人民与德军纳粹主义血战到底的大无畏英雄气概。

四、巧用确数

数字有约数、确数之分，它们各有其特定的使用要求。无论约数还是确数，运用恰当，都能收到上佳的表达效果。

在一次制定美国宪法的会议上，有位议员坚持他的观点："在宪法里要规定一条：常规部队任何时候都不得超过 5 000 人。"一时间，众议员都不知如何说服他。这时，华盛顿开口了："这位先生的建议的确很好，但我认为还要加上一条：侵略美国的外国军队，任何时候都不得超过 3 000 人。"显然，华盛顿的话是非常有力的。他以退为进，先肯定那位议员的建议"的确很好"，然后巧妙地运用确数做文章，提出"侵略美国的外国军队，任何时候都不得超过 3 000 人"。试想，谁能保证外国入侵部队任何时候都不超过3 000人呢？而要是不能保证这一点，那么，又怎么能保证在任何时候美国常规部队都不得超过5 000 人呢？华盛顿的话，绵里藏针，有力地凸现了那位议员话语的荒谬性，其主张也就站不住脚了。这一切，全得益于确数的巧妙运用。

实话实说也传神

汉语言是动态发展的。在漫长的语用实践中，人们为满足表情达意的需要，往往在词语直义（字面上的意义）的基础上，附加了比喻义、引申义等多种语意。词语添加的这些义项，不仅得到社会的认可，而且有的还从附属地位上升到主流地位，其影响远远大于词语的直义，以致人们使用和理解这些词语时，往往会直取其比喻义或引申义，而将其基本义忽略。于是，一些词语的直义逐渐"隐退"，渐至让人感到陌生。这种现象在语用实践中极为普遍。

遣词用语是一门艺术，为文高手常能独出心裁、不拘一格地选用词语。根据表达的需要，有意避开人们熟知的词语的比喻义、引申义，来个实话实说，不仅能有效地表情达意，有力地凸现事物的特征，而且会给人以新颖别致、耳目一新之感。

请看：

①有路不走 偏要"踏青"（文题）（刘勇，载《楚天金报》2003 年 4 月 1 日 8 版）

②老虎屁股可以随便摸（正题）这家"动物园" 如此搞创收（副题）（刘中灿，载《楚天都市报》2004 年 2 月 9 日 23 版）

③公交调度员岗上"犯晕"（文题）（张冲，载《武汉晚报》2004 年 3 月 5 日 6 版）

④河南一农妇爱捅马蜂窝（文题）（载《楚天都市报》2004 年 2 月 17 日 11 版）

⑤10 年不洗澡 "臭"名昭著（引题） 肯一懒汉被强行沐浴（正题）（载《武汉晚报》2004 年 3 月 13 日 9 版）

例①说的是武汉某高校校园内，一些游人为少走十几米的弯路，竟跳下石坎，在草坪上行走。有人还边走边说“两点间直线距离最短”。古称清明节前后到郊外散步、游玩为“踏青”（青：青草）。“有路不走 偏要‘踏青’”中的“踏青”，显然不是人们通常所说的“踏青”。文题直用“踏青”的字面义（踏踩青草），曝光了某些人损公利己的做法。一句直说的大实话，严厉斥责了部分人缺少社会公德的行为，作者的不满与鄙夷之情跃然纸上。

“老虎屁股摸不得”是一句歇后语。它形象地告诫人们，不要随便去招惹那凶狠强悍者，其潜台词是：否则会招来不测。武汉市某公园曾出现过这样的事：一只老虎被铁链锁着颈部，任人抚摸。游人可以坐到虎背上照相，每人次收费5元。“老虎屁股可以随便摸”，这可是天下奇闻。如此揽客，着实让人心惊。既对老虎“不敬”，又很不安全，一旦将老虎惹烦，后果不堪设想。例②的作者将人人熟知的歇后语稍加改造，用“老虎屁股可以随便摸”来实述其事，不仅引起读者的惊讶与关注，还含纳了对此项活动主办者利欲熏心、置游人安全于不顾的做法的否定。

“公交调度员岗上‘犯晕’”，看了例③这个文题，你想到了什么？笔者曾专门就此文题作了一个调查。被调查者竟无一例外地说是这个调度员工作时犯迷糊，出现了差错。而当他们看了文章内容时，又都醒悟似的笑了。原来，该文说的是这么一件事：电车公司调度员廖玲是一位稀有血型者（血型为RH阴性）。这天中午，她在武汉广场前登上一辆献血车第二次无偿献血。医生郑重地告诉她，回去后一定要保证足够的休息时间。谁知她献完200毫升血后，径直打的赶到公司上班，以致差一点晕倒。在“公交调度员岗上‘犯晕’”这一文题中，作者取用的明明是“犯晕”的字面义，读者却偏偏从“犯晕”引申义的角度去理解，怎能不出现误解？作者利用人们共有的语用习惯，巧出“新牌”——直用词语本义，反给人以新奇、别致之感，增强了题目的趣味性和吸引力。

人们常用“捅了马蜂窝”来形容某人闯下大祸。可见“马蜂窝”捅不得。可例④中的村妇杜玉洁却是一个让人备感诧异的人：她专爱捅马蜂窝。可别误解为她好惹是非，她捅的是实实在在的马蜂窝。据当地村民说，凡是发现马蜂窝，杜玉洁都敢徒手摘掉，打死飞舞的马蜂后，窝里的蜂蜜和马蜂蛹都成了她的美食。《楚天都市报》的记者用“河南一农妇爱捅马蜂窝”为题报道这一奇闻，实话实说，简洁干脆，语言平淡但不乏诙谐，语意直白却颇有意趣。在一定程度上说，这一文题可称妙笔，比其他任何形式的表述都要好得多。

肯尼亚北部卡伯里镇52岁的单身汉卡·扎孔格，10多年来没洗过一次澡，致使众乡邻都不堪其臭，见了他都要捂鼻绕行。无奈的村民经过商量，制定了计划：等卡·扎孔格从地里干完活回家时，将他捆起来强行沐浴。洗浴整整进行了4个小时才初见成效。成语“臭名昭著”指“坏名声谁都知道”，其中的“臭”是“坏”之义，这是引申义。而例⑤中的“臭”却是直用“恶臭”的字面义。用“‘臭’名昭著”来形容10多年不洗澡、浑身泛恶臭的卡·扎孔格，实在是恰当极了，话语极富韵味，且不乏别致、诙谐的色彩。

实话实说也传神。在词语比喻义、引申义大行其道的情况下，有意弹点“反调”，巧用词语直义，反能给人以新奇、别致之感。取用词语直义作为语言表达的一种技巧，运用恰当，对增强语言的表现力和感染力，不无裨益。因此，在特定表达的情况下，你不妨实话实说。

婉说容貌意趣多

婉说是曲折地表情达意的一种语言技巧，它舍弃对人、物直白的描说，用与之有某种关联的词语含蓄地传情表意。婉说运用恰当，能收到特定的表达效果。譬如对人的容貌的婉说，就可以大大增添语意的内涵与趣味。

容貌是人的第一张名片。那面容娇好的青年男女，被人称做“帅哥”、“靓妹”，这些人无论走到哪里，总会有人对之多看几眼。“我爱上的人长得不安全”，这是《武汉晚报》2005 年 1 月 18 日第 41 版刊载的一篇文章的题目。“长得不安全”这一说法，别具一格。为何“不安全”？言者的弦外之音是“我”爱上的人“长得太漂亮了”。貌美者自然会引起他人的关注，这是因为“爱美之心，人皆有之”。“长得不安全”是委婉的说法，它摒弃了直白而平俗的赞美，流露出言者浓浓的自得之情。

然而，世上的美人毕竟是少数，假如某人的容貌平平甚至有点“那个”，也不必自馁自弃，主动出击，恰当地来一番婉说，即可除却诸多烦恼。2004 年春节晚会上，一位其貌不扬的东北二人转演员，一出场便来了一段自我调侃：“我这个人长得实在抱歉，今天在这里我有幸地见着了大家，大家不幸地见到了我。”这段开场白一下子转移了观众对其容貌的关注，赢得了观众友善的笑声与热烈的掌声。这位演员之所以能迅速拉近与观众的距离，并使自己快速占据主动的位置，与其风趣地婉说自己的容貌有很大的关系。生活中，这样的事例并不少见，请看：

①“长得‘违章’不怨自己，但不修饰一下就是自己的过错了。”(《冰城男生流行“突击整容”》，载《楚天金报》2004 年 7

月26日11版)

②她的坦率颇具特色。比如我问她如何看待自己的容貌时，她的回答无遮无掩：我觉得自己长得比较含糊。(《吴虹飞　生来是歌手和写作者》，载《武汉晚报》2005年4月28日7版)

③一身黑西服，招牌式的抿着酒窝的“坏坏”笑容，颁奖台上的王志那同样堪称“招牌”的提问本领再次得到了发挥——环环相扣、针针见血。于是，就连有点“贫困”的相貌，“搁”在他那儿也是魅力四射。(《王志：本报记者与王志“面对面”》，载《武汉晚报》2005年2月8日9版)

乍看起来，用“违章”、“含糊”、“贫困”等词来描摹容貌，似显得别扭而费解，然而细细琢磨，便会感到这些词语运用得实在巧妙：既委婉地表达了容貌不佳之意，又比直说容貌“丑”、“难看”要高妙得多，风趣得多。例①、例②的言者得体地运用婉说自嘲，既阻止了别人的嘲讽，也使自己快速步出尴尬的境地。这是人自信与豁达的表现，更让人觉得可爱与大气。例③是对央视主持人王志的相貌进行描述，相貌“有点‘贫困’”的说法，婉说中有直语，机智中现幽默，非但没有贬抑之意，反而凸现了双方亲密无间的友好关系。

婉说是曲折地表情达意的一种语言技巧，它的适用范围相当广泛，非但描摹容貌可以用，其他方面也可以用。运用得当，可使你的语言平添魅力，收到非同一般的表意效果。不信，你试试。

“曲语”也需巧用

“曲语”与“直言”相对，它的特点是不直接说出本义而用婉转的话语来烘托暗示，使对方间接地体悟到言者本来所要表达的意思。“曲语”有特定的功用：或使语句幽默、诙谐，或帮助缓解气氛，避免产生尴尬，或使听者有所领悟、警觉，从而收到预期的表达效果。然而，由于听话人的经历、学识、性格、修养等有差异，“曲语”对不同的人来说，效果不尽相同。即使是经历、学识、性格、修养相近，而由于听话时的场合或听话人的心情等的不同，“曲语”所产生的效果也会有区别。因此，“曲语”的运用，必须视人、事、时、地而选择。一句话，“曲语”也需巧用。

鲁迅在《阿长与〈山海经〉》中说，自己儿时的保姆长妈妈，人胖，睡相也不好。“一到夏天，睡觉时她又伸开两脚两手，在床中间摆成一个‘大’字，挤得我没有余地翻身，久睡在一角的席子上，又已经烤得那么热。推她呢，不动；叫她呢，也不闻。”“我”向“母亲”“多回诉苦之后”，“母亲”便委婉地问她：“长妈妈生得那么胖，一定很怕热罢？晚上的睡相，怕不见得很好罢？”“母亲”不直接要长妈妈晚上睡觉时“多给我一些空席”，而是旁敲侧击，用“曲语”来提醒她。然而，“夜里，我热得醒来的时候，却仍然看见满床摆着一个‘大’字，一条臂膊还搁在我的颈子上。”“母亲”的话为何收不到应有的效果呢？这是因为长妈妈没有认真去想“母亲”的话中之“话”。这也难怪，长妈妈没有文化，又是一个性格粗放之人，不免粗俗，她来“我”家做事也不知收敛，一味适情任性。正因为如此，她没有听出“母亲”所言的本义，当然也就依然故我了。细细思忖，长妈妈陋习不改，

“母亲”是有几分责任的，因为“母亲”说话不看对象。须知，对长妈妈这种性格的人，有话宜直说，“曲语”无作用。这也告诉我们，“曲语”使用要有选择，对那些大大咧咧、性情外向之人，“曲语”不如“直言”。

一次德育工作会上，听到这么一个事例：某中学一对住读的双胞胎兄弟，品行表现、学习成绩都还可以。他们对外界事物反应敏感，很在意别人对自己的看法。有段时间，两人学习中出现了同样的问题：晚自习做作业精力不集中，时常犯困，导致成绩滑坡。老师们很着急，于是，语、数老师分别找这兄弟俩谈话。数学老师找到当弟弟的，严肃地说：“现在学习时间这么紧，你还一做作业就打瞌睡？这样下去怎么行呢？”数学老师是实话直说，但这个当弟弟的仔细品味“你还一做作业就打瞌睡”这句话，觉得老师对自己有了看法，老师是认为自己厌学，不免产生了几分抵触情绪，学习的劲头再也没有提起来。语文老师找当哥哥的谈话，他这样说：“现在的学习时间很紧，但你晚自习打瞌睡还坚持学习，你可要处理好学习和休息的关系啊！”语文老师的话是“曲语”，既有对学生学习的肯定和对其生活的关心，又含蓄地指出了不足。这个当哥哥的从“你晚自习打瞌睡还坚持学习”一句中，获得了这样的信息：老师对自己是肯定的、关心的，同时也意识到晚自习打瞌睡不对，于是，学习也就认真自觉了。语、数老师的话，所用语词差别不大，但不难看出，“直言”和“曲语”的效果大不一样。语文老师巧用“曲语”，使敏感的学生听中有悟，悟中有得，进而自觉地改正了缺点，学习也有了进步。可见，“曲语”巧运用，功效不一般。

要说明的是，“曲语”之“曲”，不能仅仅片面地理解为说话时语音轻细或语调舒缓，应看是否曲折地表达了本义。

明代隆庆年间，李乐为官清正廉洁。有一次，他发现科考舞弊，立即写奏章给皇帝，皇帝对此事不予理睬。他又面奏，结果把皇帝惹火了，以故意揭短罪传旨把李乐的嘴巴贴上封条，并规定谁也不准去揭。封了嘴巴，不能进食，就等于给他定了死罪。这时候，旁边站出一位官员，走到李乐面前，开口便责骂道："君前多言，罪有应得！"一边大骂，一边"啪啪"打了李乐两记耳光，当即就把封条打破了。由于他是帮助皇帝责骂李乐，皇帝当然不好怪罪，李乐也因此得以活了下来。这位官员厉声斥责的话语，看似很难与"曲语"挂上钩，其实，这是非常机智、巧妙的"曲语"。言者利用特定的"曲语"来表达在当时场合中根本无法直说的本义：你怎么这样大胆，竟敢一再直言，难道不要命了？这位官员是李乐的学生，关键时刻，他"曲语"逢迎（并及时辅以"啪啪"两耳光），巧妙地救下了自己的老师。此事被后人传为"'曲语'救师"的佳话。

李乐的这位学生，不仅懂得"曲语"的特定功用，而且懂得运用"曲语"的特定要求。他看准时机，"曲语"救师，实在聪明之极。这一史实，相信能给读者带来一些启示。

问话的“单刀直入”与“迂回推进”

在日常交际中，不少人十分注意答话的技巧，他们回答问题，讲究应答之术，力求使自己的答话用语得当，表意准确。其实，问话同样不可忽视。向人提问，是获取信息的重要途径，有时甚至是达到某种预设目的的重要手段。如何提问，在一定程度上反映着问话者的智慧与机敏。生活中，有些问话适合直接提出，有些问话“单刀直入”则效果不佳。不仅如此，直接发问还常会使问话者陷入被动、尴尬的境地。这就要仔细思考问话的内容、答话者的有关情况等，巧妙发问——变“单刀直入”为“迂回推进”。这样，方可使问者占据主动，使问话达到预设的目的。

甲和乙是好朋友。一天，甲问乙：“我一直在想，祷告的时候，抽烟是不是合适?”乙回答：“我觉得没有什么不合适的。你如果不放心，就去问问牧师。”于是，甲去见牧师。

甲问：“牧师，请你告诉我，我祈祷的时候能不能抽烟?”

牧师面呈不悦，回答道：“不，你不可以那样做。很显然，那是极大的不尊重!”

甲将牧师的话说给乙听，乙不以为然地说道：“我一点都不惊讶。牧师这样说，只是因为你问了一个错误的问题。你看我的。”

乙来到牧师面前，问道：“牧师，我是一个虔诚的教徒，无论做什么事情，我都想祷告一下。比如抽烟的时候也想祷告，这样好吗?”

牧师脸上露出满意的笑容，答道：“好孩子，你做得非常好!”

甲、乙都是就“祈祷时能否抽烟”这一问题发问，甲的问话“单刀直入”，使得牧师“面呈不悦”，明确地告诉他，“不可以那样做”，“那是极大的不尊重”；乙的问话含蓄委婉，牧师听了，“脸上露出满意的笑容”，称赞他：“好孩子，你做得非常好!”牧师对甲、乙的反应何以截然不同？这个问题值得思考。甲、乙两人所言，看似所提问题不同，其实只是问话的形式有别。甲直白地问“祈祷的时候能不能抽烟”，让牧师一听便觉得他祷告时用心不专一；而乙先表白“我是一个虔诚的教徒，无论做什么事情，我都想祷告一下”，从心理上赢得牧师的好感，接着以此为铺垫，“迂回推进”，巧妙地问“抽烟的时候也想祷告，这样好吗”，这就表现出他对祷告极端虔诚的态度。于是，他得到了牧师的赞扬。他的成功，在于他深谙问话之术，委婉中隐含着睿智，朴实中透露出狡黠，因此，他的问话达到了预设的目的。

生活中，由于不同思想观念与习惯习俗的影响，在一些人看来，有些问题几乎成了问话的“禁区”，比如对方的年龄、体重、收入等，是不宜直接询问的，尤其是对女性。不讲究问话方式，直接询问，不仅显得问者无知与粗俗，还常会惹人反感。然而，有些时候又需要对相关对象的这些情况有所了解，这可是个两难的问题，问吧，对人不礼貌；不问，工作又难以开展。在这种情况下，巧妙地换个话题，换种问话方式，则可免除“单刀直入”带来的尴尬，易于对方接受与配合。

谢惠是商场化妆品销售部经理，为了向顾客推荐合适的化妆品，不可避免地要询问对方的年龄。化妆品的消费者以女性居多，而女性的年龄是一个敏感的话题，因此，谢惠往往会先把话题引向属相，然后伺机顺势推进，问对方是属什么的，对于属相，对方一般不会拒绝回答。知道了对方的属相后，就很容易推算出其年龄了。而依不同的年龄段推荐不同的化妆品，针对性就大大地增强了。她“迂回推进”式的问话，避免了尴尬的产生，比直接问年龄效果好得多。

某科技公司总经理刘凯，在和陌生的伙伴交谈时，多采取间接询问法“迂回推进”。他常会提起自己的学生时代，然后适时地询问对方是哪一年毕业的。谈到大学生活，双方就有了许多共同的话题，即使女士也不回避这个问题。而根据毕业时间，就大致知道对方的年龄了。对于这种间接询问年龄的方法，有时当事人即使知道是“圈套”，也非常愿意回答，因为这种委婉的提问方式，不仅拉近了双方的距离，还能保持和谐、融洽的交谈氛围。

问话有诀窍，妙问效果好。发问前，认真思考问话的内容，讲究问话的艺术，对“症”发问，问话就能收到上佳的效果。

称呼“提拔”：和谐人际关系的润滑剂

称呼是人与人之间打招呼时用的表示彼此关系的名称。称呼运用得妥帖，不仅可以迅速、有效地展开话题，而且还可以和谐与他人的关系，为自己赢得不少印象分。如何使用称呼，大有学问。这里介绍一种有助于和谐人际关系的语言技巧——称呼“提拔”。这种技巧的突出特点是，有意地将交际对象的称呼予以“提拔”，以满足其在特定场合中的心理需要，收到特定的表达效果。称呼“提拔”主要有以下两种：

一、身份“提拔”

武汉有家名叫“红高粱”的餐馆，人气一直很旺。除其厨师烹饪技术高、员工服务周到外，他们对来客别具一格的称呼，也是重要原因之一。不少食客说，来这里就被“高看”了，心情备感舒畅。请看：

两位小姐刚走到门口，服务员便高声喊道：“欢迎‘格格’光临本店，您二位里边请。”二位女士先是一愣，接着便高高兴兴地入内就坐。四个前来吃宵夜的男士刚下“的士”，店门前服务员的吆喝就跟了上来：“‘英雄’4位，雅座伺候。”当来客兴致勃勃地吃完，提出想见见该店老板时，服务员马上就喊：“‘首长’！请‘首长’面见4位‘英雄’。”一时间，整个店堂充满了快活的气氛。

“格格”、“英雄”本有其特定的内涵。前者是清代皇族女儿的专用称呼，后者是旧时用来称呼江湖上才能出众、勇武过人的义士的，现在是指那些不怕困难、不顾自己、为人民利益而英勇斗争的人物。“格格”出身皇室，身份高贵，世人羡慕；“英雄”或者本领非凡，或者品质高尚，让人敬仰。总之，被人称做“格格”、“英雄”都有备受尊敬的感觉。餐馆服务员将含有特定意义的称呼巧妙地用于进店的客人身上，有意“提拔”客人的身份，使之产生了奇妙的表达效果，让客人感到如饮甘醇一般畅快无比。这充满善意而又有几分幽默感的称呼，可谓一箭三雕：既“提升”了来客的身份，又拉近了双方的距离，还给人留下愉快而难忘的印象。至于来的人是不是真的“格格”、“英雄”，那老板算不算得上是“首长”，又有谁去细究呢？人们来餐馆就餐，图的是个心境，那幽默时不乏严肃、搞笑中稍见戏谑的称呼，听着别致，想着高兴。顾客兴致高了，消费自然也就痛快。如此一来，餐馆的生意也就红火了。

二、相貌“提拔”

不知你注意到了没有，如今在不少地方，“美女”、“靓姐(妹)”、“帅哥”的称呼已悄悄进入人们的生活。这种友好而又有亲切感的叫法，在一些场合可以说是“大行其道”。不少人表示，这种时髦的称呼会让他们心情愉悦。

在成都一家软件公司，“美女”、“靓姐（妹)、“帅哥”这样的称呼在上下级之间大行其道。一次，笔者有事来到这个公司，只听一名男员工对女副总喊道：“靓姐，我把文件放到你桌上了!”我正诧异时，女副总笑道：“我跟大家年纪差不多，要是他们叫我‘副总’，我会有距离感，叫‘靓姐’多亲切，听起来都开心。”笔者发现，这名女副总叫起下属来，也是左一个“靓姐（妹)”，右一个“帅哥”，整个办公室里工作氛围显得格外轻松、融洽。

从事销售工作的吴小姐，每天都要和不同的人打交道，记住客户的名字成了她最大的难题。当她碰到熟面孔、一时却想不起对方姓甚名谁时，“美女”、“靓姐（妹)”、“帅哥”的称呼便成了她的“杀手锏”。一次逛街，迎面走来一位年轻的女士，明明记得这是自己的客户，却怎么也想不出对方的名字，情急之下，她朝客户轻松地打了声招呼："美女，也来逛街啊?"对方听后，微笑地回应了她。如此一来，可能产生的尴尬便在无形中巧妙地化解了。

别去认真地研究那些女士究竟美还是不美、男士帅还是不帅，别去刻意地考证他们是否配称"美女"、"靓姐（妹）"、"帅哥"。这种源自相貌角度的称呼，在很大程度上改变了它原有的语意内涵，而且已经加进了对被称呼者的尊重与喜爱。

当然，对相貌有明显缺陷的人，就千万不能用这种"提拔"，那样很可能会产生误解，让人家误以为你是在有意取笑，效果自然是适得其反。

称呼"提拔"，是特定环境中和谐人际关系的润滑剂，是摒弃了虚假的奉承和恶意的嘲弄，毫不矫揉造作的独特的语言技巧，其功用不可低估。交际中，注意场合和语气，选择合适的角度对特定的对象给以恰当"提拔"，可以收到特殊的交际效果。你不妨一试。

言外之意　生成有术

人们在分析某人的话语时，常用到这样一句俗语："听话听声，锣鼓听音。"这里的"声"，不是人物所说的话，而是其"话中话"，即言外之意。就含纳言外之意的话语而言，人物所说的话只是外在的语言形式，其言外之意才是言者的本意。交际中，常会遇到这种情况，因特定场合或其他某种因素的限制，言者不便或不愿直接说出其本意，此时，有效的办法就是通过"话中话"来传递所要表达的信息或情感，让听（读）者通过思索、联想，体味出言者那未尽之语、未言之意。使话语含纳言外之意，是交际中应当掌握的一种语言技巧。怎样才能使话语含纳言外之意呢？

一、旁敲侧击法

旁敲侧击指的是说话、写文章故意绕弯子，不从正面直接回答，而从侧面曲折地说出来。因其表意具有"曲折"、"绕弯子"的特点，所以，它是使话语含纳言外之意的最常用的方法。

一天，法国著名的幽默作家贝尔纳去一家饭店吃饭，对那里的服务很不满意。付账时，他对饭店经理说："请拥抱我。""什么？"经理不解地问。"请拥抱我。""到底是怎么回事？先生。""永别了，以后您再也别想见到我了。"

饭店服务差，顾客肯定不满意，于是，牢骚抱怨、同服务人员争执、向经理投诉甚至索要赔偿等情况常会出现，而贝尔纳的做法则与众不同。他旁敲侧击，迂回表意，轻松、诙谐地"幽"了饭店经理一"默"。一句"永别了，以后您再也别想见到我了"，初听让人惊讶，然而仔细琢磨其言外之意，你就会发出会心的笑声。

这里的“永别了”，已不再是人们通常所熟知的含义，而是说“我永远不会再光顾你们的饭店了”。这言外之意，经理不难咀嚼出来，因此，他感到不安与尴尬，则是十分自然的了。

二、形象比喻法

比喻的功能在于使语言生动、形象，给读者留下鲜明而深刻的印象。借用形象的比喻使话语含纳言外之意，能进一步增加语句表意的力度。

1995年，联合国成立50周年，由于次年将是秘书长改选年，因此，人们都在想方设法打听“小道消息”。在一次联合国记者招待会上，有记者突然问当时任秘书长的加利：“你是否考虑过将参加竞选连任下届秘书长？”只见加利微微一笑，慢条斯理地答道：“古埃及有一句谚语：‘旧鞋好穿。’”他的话语一落，全场当即为之一震。

那记者的提问，虽无恶意，但却让加利难以作答。因为肯定回答不免显得唐突，而否定回答则又有悖自己的本意。于是，机敏的加利巧妙地运用比喻手法，使自己摆脱了两难的境地。他的回答实在高明：谚语中“旧鞋好穿”之“旧鞋”，用在此处无丝毫自贬之意，加利是用“旧鞋穿惯了，合脚”这一生活常识，来喻说自己担任过联合国秘书长，有经验。这个比喻具有四两拨千斤的功效，它胜过任何形式的自夸与表白，形象、幽默地表现了加利的优势和自信，准确、恰当地表达了他“参加竞选，希望连任”的意愿。

三、巧用借代法

借代因其代指的功能而增加了表意的含蓄性，它能充分地显示出言者的睿智与幽默，同时，还有助于启示听（读）者进行拓展联想，进而准确地体味出话语的言外之意。

巴勒斯坦与以色列的冲突由来已久，争取和平是两国人民的共同心声。在一次联合国会议上，巴勒斯坦领导人阿拉法特发表了一篇著名的演说，最后一段是：“我是带着橄榄枝来的，也是带着一个自由战士的枪来的。请不要让橄榄枝从我手中滑落。”

对阿拉法特这番话的理解，仅停留在语言的层面上，那就愚笨且肤浅了，惟有读懂其言外之意，才算领悟了它的“真谛”，才会由衷地感叹他说话技巧的高妙。橄榄枝是和平的象征，人人知晓。这里，阿拉法特运用借代手法，以橄榄枝来代指“和平的愿望”，用枪代指“武装斗争”。阿拉法特的演讲，表明了他对今后巴以关系的鲜明态度，每一句话都有言外之意且意味深长。从中，读者可以得到这样三条相关的信息：巴勒斯坦人民爱好和平（“我是带着橄榄枝来的”）；巴勒斯坦人民坚决同一切侵略行为作斗争（“也是带着一个自由战士的枪来的”）；希望联合国能促成巴以和平，不要让双方再起争斗（“请不要让橄榄枝从我手中滑落”）。

四、一石数鸟法

汉语有着极其丰富的表意功能，简简单单的一个词语或一句话，在不同的语境中，也会因言者的语意指向不同而具有不同的内涵。而如若再使之含上言外之意，其表意则更加丰富。

“这通身的气派，竟不像老祖宗的外孙女儿，竟是个嫡亲的孙女，怨不得老祖宗天天口头心头一时不忘。”这是红楼梦中王熙凤当众夸奖林黛玉的话，是含纳了言外之意的经典语句。表面上看，王熙凤是在称赞林黛玉的风姿，实际上却是在阿谀贾母。“竟是个嫡亲的孙女”，又巧妙地使在场的迎春、探春这些嫡亲的孙女们得到安慰并感到自豪。真是一石数鸟，圆滑之极！品味王熙凤这“话外话”，就可知其圆滑世故的个性，也就不难明白她能成为荣国府当家人的主要原因了。

五、点到为止法

点到为止是在叙述事情时，只是提起一个话头而不再往下言讲，“话到嘴边留半句”，有意留下语言的“空白”，它所含纳的言外之意，由听（读）者自己去分析、揣摩。

孙犁的小说《荷花淀》中有这样一个情节：小苇庄的游击组

长水生和一些男青年参军后，他们的媳妇都十分惦记，都想去看看他们。一天，四个青年妇女来到水生家里，纷纷谈论起各自的丈夫来，但谁都不好开口说自己想去看丈夫。后来，水生嫂开了口："听他说，鬼子要在同口安据点……"水生嫂的这句半截话，耐人寻味。她提出了大家都没有想到的问题，提醒大家去的路上不一定安全，但却没有讲出来去不去。这一语言"空白"，含而不露地表达了她既希望看到丈夫，又担心大家的安全的矛盾心理。

使话语含纳言外之意的方法很多，笔者只是撮其要者而说之。根据特定的表达需要，在特定的场合中运用含纳言外之意的话语，能收到言此意彼的表达效果，能大大增强语言的表现力和感染力。言外之意，生成有术。它表现了言者的机敏与睿智。日常生活中，注意加强语言的锤炼与修养，注意掌握说话的技巧，你的交际能力将能越上一个新的台阶。

丘吉尔的幽默

英国首相温斯顿·丘吉尔不仅是一位声名卓著的政治家、军事家，而且也是一位机敏睿智的幽默大师。他思维敏捷，语言机智，常常用幽默的语言化被动为主动，维护自己的形象和声誉。

丘吉尔的幽默，特点独具。他能巧妙地改造或借用对方的语言形式，准确地融入特定的内容，得体地表达自己的情感和意愿，及时化解许多被动的局面。

丘吉尔参加保守党期间，一次，与他共事的保守党议员威廉·乔因森希克斯在会议上发表演说，看到丘吉尔摇头，心中很是不快，便提高嗓门说："我想提醒尊敬的议员注意，我只是在发表自己的意见。"丘吉尔是不同意他的话而摇头，还是另有原因，不得而知，但威廉·乔因森希克斯的话，显然表现出对丘吉尔的不满。他的一句"我只是在发表自己的意见"，无疑是想博得众人的理解，而给丘吉尔施加压力。此时，众议员纷纷将目光投向丘吉尔，只听丘吉尔不慌不忙却又语气坚定地说："我也提醒演讲者注意，我只是在摇自己的头。"听了这话，那位演讲的议员张口结舌，无言以对。丘吉尔的话，绵里藏针，柔中有刚，不卑不亢地回击了威廉·乔因森希克斯的非难。的确，别人"发表自己的意见"，有人却在一旁"摇头"，自然会令言者难堪和反感，然而，你有"发表自己的意见"的自由，我为什么不能有"摇自己的头"的自由？丘吉尔机敏地借用威廉·乔因森希克斯的话语，扔出一句"我只是在摇自己的头"，及时而有力地使自己摆脱了被动的局面。丘吉尔巧言善辩，用语幽默，可见一斑。

著名作家萧伯纳和丘吉尔都是 19 世纪英国很有影响的人物，

两人交往较深，又都有几分傲气，因而见面后免不了打嘴仗，即便是通信也是如此。萧伯纳的幽默以尖刻著称，对丘吉尔就更不藏其锋芒了。有一次，萧伯纳派人送两张戏票给丘吉尔，并附上短笺："亲爱的温斯顿爵士，奉上戏票两张，希望阁下能带一位朋友前来观看拙作《卖花女》的首场演出，假如阁下这样的人也有朋友的话。"萧伯纳的来信，奚落重于邀请，尤其是"这样的人"耐人寻味。"假如阁下这样的人也有朋友的话"，其潜台词是：你这样的人，哪会有朋友呢？萧伯纳的嘲讽，可谓尖刻之极。丘吉尔看过来信后，不甘示弱，马上写回信予以反击："亲爱的萧伯纳先生，蒙赐戏票两张，谢谢！我和我的朋友因有约在先，不便分身前来观看《卖花女》的首场演出，但是我们一定会赶来观赏第二场演出，假如你的戏也会有第二场的话。"丘吉尔的回信实在高明。他先表示感谢，然后陈述情况，最后套用萧伯纳来信的语言形式，同样来了个假设——"假如你的戏也会有第二场的话"。这句话才是丘吉尔复信的真实目的。其隐含的意思是：你这样低档次的演出，是不会有第二场的。丘吉尔用机智幽默的语言，还以"颜色"，巧妙地回击萧伯纳的奚落，为后人留下了一段经典的幽默。

机敏中蕴含诙谐，幽默中透出睿智，灵活地借用对方的语言形式，巧妙地回击对方的责难、奚落，使自己由被动变为主动。这就是丘吉尔的幽默。

拉姆斯菲尔德的“啰嗦”

“啰嗦”指语言繁复，它是将简单的内容颠来倒去地重复叙说。语言啰嗦，耽误听（读）者的时间和精力不说，还因它不能简洁、准确地传情达意而让人不得要领，不胜其烦。清人李汝珍的长篇小说《镜花缘》中有这样一个故事：林之洋、唐敖几个人在淑士国一家酒楼喝酒，酒保错把一壶醋给了他们。林之洋喝了一口，忙喊：“酒保，错了，把醋拿来了。”这时，旁座的一个老儒连连摆手，示意他不要喊，接着，便滔滔不绝地讲了起来。这个老儒将三言两语便能说清的道理，作了许多分析和假设，洋洋洒洒地说了一大通废话（216 字，其中“之”字就有 54 个），为后人留下笑柄。

说话啰嗦是一种语病，历来为人们语言交际所忌，但任何事物都有两面性，交际中的啰嗦也不例外。啰嗦的语言在特定的时间和场合，有时往往能产生特定的功用，收到一般话语无法达到的效果。因此，在某些特定的场合，为了特定的表达需要，你不妨有意地“啰嗦啰嗦”。

现任美国国防部长拉姆斯菲尔德就深谙啰嗦的特定功用，运用“啰嗦术”也胜人一筹。有一段时间，美军虐待伊拉克战俘事件闹得沸沸扬扬。媒体曝光的美军虐俘的照片和录像，令世界舆论哗然，使布什政府极为被动和难堪。在美国国会参、众两院军事委员会举行的长达 6 个多小时的两场听证会上，国会两院数十名议员，多次就虐俘之事质问拉姆斯菲尔德。面对他们的猛烈攻势，一向给人以“老谋深算”印象的拉姆斯菲尔德，先是以谦和的态度主动表示道歉，继而，他利用“啰嗦术”，开始为自己辩解，为布什政府开脱罪责。他说，照片在电视曝光前他并没有看到，他只是在一些文字报告中知道有这回事。接着，他便在新闻发布会上发布了这样一番“不知道”的演说：

正如我们知道的，
有些事情大家都知道，
有些事我们知道我们应该知道。
我们也都知道有些事情我们不知道，
那就是说——
我们知道有些事情我们不知道。
但有些事情我们都不知道，
那些我们不知道的事情，
我们就是不知道。

（见《楚天都市报》2004年5月14日26版）

比之清代老儒的那通废话，拉姆斯菲尔德的这段演说则高明得多。他巧妙地扣住对“有些事情”的“知道”与“不知道”来做文章，以话语翻新之形，行饶舌废话之实，巧妙地回避了问题的实质。听之他在耐心解释，思之他实际上什么也没说——他知道的，别人都知道；别人不知道的，他也不知道。他以“知道”、“不知道”这样一番绕轴话来搪塞，适时、机智地为自己表白，为布什政府辩解。这样既保守了军事机密，又维护了美国的利益——这就是拉姆斯菲尔德的“啰嗦”的特定功用。也正因为他这段演说特点独具，美国旧金山两位音乐家将之谱了曲，还邀请女高音歌唱家沃尔来演唱。

如果说清代老儒的那通废话有着浓浓的学究气，充斥着酸酸的迂腐味，那拉姆斯菲尔德的“不知道”，则表现出了他无比的机敏和狡黠。看来，要售出“啰嗦”这枚“涩果”，还得会“吆喝”才行。

闲话“口头禅”

“口头禅”原指有的禅宗和尚只空谈禅理而不实行，也指不明禅理，只袭取禅宗僧人常用语作为谈话的点缀；今泛指常挂在嘴边的词句。凡能进行口语交际的人，几乎都有自己的口头禅。一般来说，一个人口头禅的形成，最初大都不是有意而为之，只是因为对某个词句多次地使用，时间久了，则成为了他的口头禅。口头禅可以从一个侧面折射出言者的性格特点，也可对人们的口语交际产生一定的影响。因此，认清生活中各类口头禅的利弊功过，正确对待口头禅，有助于准确地表情达意，使语言交际收到应有的表达效果。

一、垃圾口头禅

生活中，“啊”“嗯”“那么”“这个”“是不是”“对不对”等口头禅最为常见。一些人言谈时，“啊”或“嗯”不时从其口中蹦出，严重的几乎能让人的耳朵听出茧来；有的人似乎对“那么”、“这个”特别钟爱，无论语意表达是否需要，都把“那么”或“这个”拉来使用，让人不得不对之侧目。

一次乘公交车，听到两个中学生这样的对话：甲：“我们的物理老师有个外号。”乙：“叫什么?”甲：“是不是。”乙：“怎么这样一个外号?”甲：“他特爱讲‘是不是’。前天上课，有个同学为他统计了一下，一节课他说了205个‘是不是’。”乙：“哇！你们真是受罪呀。”甲、乙的对话，将他们对“是不是”（对不对）这类口头禅的反感之情，表现得充分之极。细加分析，有“啊”、“嗯”口头禅的人，有的是以言谈上的捏腔拿调来显示派头，有的则是思维比较慢，或是怕说话出错，而借这个间歇时间来思考；说“那么”、“这个”一类口头禅的人，有的是忽视了自己与听众平等的地位，说话有几分小视听众的意味，有的则是错误地把它们当做时尚语词来使用；而“是不是”、“对不对”这类口头禅，并不是在向你提问，更没有要你回答之意，在很多的情况下，只是一种无意识的发音而已。不管怎么说，上述口头禅都是语言垃圾，它们非但无助于情感的表达、信息的传递，反而在一定程度上割裂了语言，肢解了语意，使语言表达不精确、不简洁，听者也深受其害。毫无疑问，此类语言赘疣应当坚决清除。

二、消极口头禅

有类口头禅，孤立地分析，其语法、语意都没有问题，但听后总让人感到不快。笔者的一位同事说，他的女朋友很喜欢说“没劲儿”，说这话时，还要做出一副酷酷的、慵懒的表情。约她去打球，她会说“现在还玩这个，没劲儿”；约她吃饭，她又说“什么都吃腻了，没劲儿”；约她去逛街，她会告诉你她应酬太多，需要时间睡觉，末了还要补充一句：“唉！干什么都觉得没劲儿。”这位同事说，一听到她那“没劲儿”的口头禅就心生不快，总觉得满腔的热情一下子全没影儿了，很难再提起精神来。

类似的口头禅，还有“烦心”“烦人”“没意思”“算了吧”等。这是消极类的口头禅。由于它的语意里含纳了自己厌烦且让别人泄气的情感因素，所以，往往会让听者的情绪受到感染，影响听者的心情，干扰听者的思维或判断。所以，此类口头禅少说为佳，如将它从自己的语言中清除，则于人于己都有益处。

三、错位口头禅

错位口头禅是一种用错了场合、对象的口头禅。交际中，往往会因其使用错位而带来某些不良的影响。

雷卿现供职于一家房地产公司，此前，她在一所中学当了8年教师。今年初，她因屡犯咽喉炎而离开讲台，跳槽到了这家公司。

初到公司时，同事们对她很友善，吃饭等着她，她遇到不懂的问题，大家也很热情地帮助她。但半个月后，雷卿发现自己与同事的关系发生了微妙的变化：吃饭时她不主动叫别人，别人就很少叫她；平时在办公室闲聊时，大家也很少主动和她说话。雷卿以为自己做错了什么，才引得同事们的不快。正当她百思不得其解时，同事无意间喊的一声“雷老师”提醒了她。原来，因做久了老师，雷卿平时说话有了“你懂了吧”、“你明白了吧”之类的口头禅，在办公室里也不例外。如今同事喊她“老师”，说明她这有“好为人师”之嫌的口头禅，已引起了大家的反感。

此事说明，口头禅有一个使用环境、使用对象的问题。环境、对象变了，而你在先前环境中使用的口头禅却照用不误，那就错位了。难怪雷卿因改变不了当老师时的口头禅而遭遇同事关系危机了。这是一个口头禅错位使用的典型例子，如果仔细分析生活中的实际情况，你会发现，错位的口头禅还真不少。为避免尴尬或不快的产生，口语交际时，一定要注意所处的环境、对象有无变化，切莫让口头禅错位了。

四、积极口头禅

在特定的场合，有意识地使用一些有指导意义和特色的语言，久而久之形成口头禅，传播开来，有助于形成良好的文化氛围或人际关系。这是积极类的口头禅。

一名数学课代表学习刻苦，成绩优异，他帮助同学不仅热情，而且严格。见同学做题时有畏难情绪，就说“别放过这道题”。说得多了，就形成一句口头禅，慢慢地，“别放过这道题”在班上传播开来，成为大家共同的口头禅，而且有谁在解题时遇到困难想放弃时，这句口头禅就立即在其脑海中浮现出来，激励他克服困难，认真解题。

笔者一位做家电维修生意的朋友，技术精湛，热情豪爽，客户的要求，只要他能办到的，他都会积极帮助解决，因而深得客户好评。尤其是他那“没问题，你放心”的口头禅，更给人一种安全感、信任感。因此，他的朋友多，生意做得很红火。究其原因，那含纳了积极意义的“没问题，你放心”的口头禅，不能说没有起到作用。

明晓了口头禅的种类、功过，如何对待口头禅，如何使自己的语言交际能更大限度地趋利除弊，想必你心里多少有些“谱”了。

浅说三则提示语

提示语是用来提醒公众或特定对象，对没想到或想不到的问题引起注意的话语。提示语作为一种用于公众场合的语言，在人们的日常生活中有着重要的作用。针对不同场合、不同对象的特点，拟好、用好提示语，有助于准确地传递信息和表达情感，而忽视提示语的表意功用和社会效果，不注意提示语的仔细推敲和恰当使用，则提示语非但起不到提醒的作用，甚至还会产生某些负面的效果。

一、被司机抱怨的提示语

近年来，随着我国高速公路建设的飞速发展，有关交通安全的提示语日渐增多，其警示作用不可低估，然而，湖北省却发生了这样的事情：驾驶员投书报社，诉说对一则提示语的反感之情。

“连日来，不少驾驶员向本报反映：（武）汉宜（昌）高速公路往宜昌方向76公里处，路边标语牌上写的是：‘超载违章，当心命丧。’这一提示语让人看着刺眼，想着更不舒服，希望能有温馨用语取而代之。”（蔡青，《司机期盼温馨用语》，载《楚天都市报》2004年2月9日8版）可见，这则提示语对司机的心理伤害远远超过其警示的作用。的确，驾车行驶在高速公路上，任何违章行为都潜伏着安全隐患，重大或恶性事故随时都可能发生。提醒司机遵守交通规则，谨慎驾驶，是交管部门的责任和义务。他们为司机和乘客着想，树立标牌给以提醒，完全必要，但“超载违章，当心命丧”这类实话直说的提示语，不但缺少人情味，而且过于生硬，引发的只是司机们的反感，起不到警示的作用，也就有悖于提示的初衷了。祈盼平安，愿听吉言，是人们的普遍心理，而那

“命丧”二字却让驾车人感到刺目和惊怵，他们怎么能不抱怨。对服务的对象使用文雅、温馨的提示语，是精神文明的象征，是社会进步的标志。讲究提示语的锤炼和选择，让带有“罚款”、“拘留”、“命丧”等字眼的语句“下岗”，换上充满期待、规劝的温馨雅语，诸如“母念妻等娇儿盼，愿君平安把家还”、“为了你和他人的幸福，请注意交通安全”等，驾驶员们定会望之如沐春风，思之颔首称是。善意温馨的提示，令他们心情舒畅，备感亲切，自然也促使他们加倍重视或珍惜自身生命安全与家人的幸福。如此以来，提示语的作用不就达到了吗？

二、旅客有争议的提示语

湖南岳阳火车站门前的治安岗亭有一醒目的提示语：警方提示：各位旅客请注意，为了您的旅途安全，请不要和陌生人说话。这一提示语中的“不要和陌生人说话”引发了争议，人们对此褒贬不一。有人认为，出门在外，最重要的是安全，小心提防陌生人没错。有人则认为这种提示不妥。长沙一市民说自己在火车站遇到困难的时候，曾经获得过陌生人的帮助，她说“当时正是陌生人的帮助，让我感到人性的温暖”。到底该如何看待这一提示语，人们一时不会有一致的观点，但从提示语表意的角度讲，这一提示语值得推敲。不错，出门在外，见到的大都是陌生人，谨慎一点是应该的，但作为人民警察，时刻告诫人们“不要和陌生人说话”，就有失偏颇了。“陌生人”的范围很广，其中确有不法之徒，但将所有的“陌生人”统统视为“另类”，则不合实情。这一“特别警示”鼓励人们画地为牢，忘记了人间除了欺诈，更多的应该是理解、温情与互助。提示语的受众是社会民众，用语如若以偏概全，将一些负面的东西当做主流看待或宣传，并对公众提出警示，搞得人人自危，那它产生的消极影响是不可低估的。

三、乘客窝心的提示语

“当日上午 8 时 30 分，记者在葫芦岛车站乘大客车回老家，当所乘坐的客车经过某地时，一路上有说有笑的人们突然被乘务员的大嗓门镇住了：‘大家请注意了，过会儿有几个扒手要上车，请大家做好防盗准备。’‘怎么会这样呢?’车内乘客顿时哗然，人人备感窝心。”（《“下一站将有小偷上车”》，载《楚天金报》2004年2月2日11版）乘客何以感到“窝心”？原因在于乘务员此时这种“防范在先”的提示，在一定程度上败坏了乘客们的兴致，也给他们带来了心理压力。乘务员进行“扒窃”预报，其善意应当肯定，但总给人一种“正不压邪”的感觉。难怪有乘客说：“你们怎么不报警？现在却让我们来作防盗准备。”或许乘务员有其难言之隐，或许有人会因偷窃分子难以清除干净而赞成乘务员的做法，但不可否认，这类提示语实在算不得高明，因为这是一种可悲又消极的选择。“扒窃”预报事件告诉我们，建立在消极被动层面上的提示语，难免让听众产生不满或逆反的心理，也就更难起到提示的作用了。因此，使用这类提示语应慎之又慎。

他为何连续碰壁？

有这样一则笑话：

从前，有个人去肉铺买肉，见几个大大的猪舌头（俗称“口条”）摆在摊位上，便随口对卖肉的说：“您这猪舌头好大呀！”那卖肉的原本面带笑容，听他说这话，脸顿时拉了下来，白了他一眼，不理他了。这个人见状，只好满脸尴尬地离开了。事后，邻居对他说：“卖肉的最忌讳‘舌头’这个词，你怎么当面说他的猪舌头大呢？”

“那不叫‘舌头’叫什么呢？”这个人不解地问。“叫‘赚头’（赚头：利润。湖北、湖南部分地区将屠宰后的牛、猪的舌头称为“赚头”。“赚”与“折”意思相对），这才是他们喜欢听的话”，邻居说。第二天，这个人家里来了客人，他又去买肉。这次，他记住了邻居说的话。来到肉铺，买了几斤肉，临走时，他看到有几个不大的猪舌头摆在肉摊上，便想与卖肉的套近乎，以此消除头天的尴尬。于是，他讨好地说：“呀，您今天卖的猪‘赚头’不大哦！”卖肉的一听，气不打一处来，从他手中夺过肉，恼怒地说道：“真不会说话！这肉我不卖了，你走吧！”说着，把钱扔给了他。这个人久久地呆立在那儿，没有说话。他不明白，那卖肉的为什么不卖肉给他，而且还发那么大的脾气。

此人买肉为何连续碰壁呢？原因很清楚——说话不得体。

我们先看他第一次说的话。“您这猪舌头好大呀！”这是一个感叹句，实话实说中含带了言者的几分惊讶。然而，此时此地，这种惊讶的成分愈浓，听者愈反感。这是因为言者的大实话在一定程度上伤害了听者。说话有技巧，用语要得体。说话要讲场合，要看对象，要注意分析不同听者的心理。不同地域和行业的人，往往有不同的语言喜好和禁忌。日常生活中不乏这样的现象，不少人无论说话还是听话，喜欢图吉利，讨彩头，以求听得舒服，进而获得心理上的安慰与满足。如广东人爱吃、爱说“发菜”（一种野菜，与“发财”谐音），驾船出海的人忌讳说“帆船”（“翻船”之谐音），不少人不愿要带“4”（与“死”谐音）的门牌、车牌、电话号码等。明白了这一点，不难理解，在卖肉者面前，直言赞其卖的猪舌头大有什么不妥了。虽然言者无丝毫恶意，但对方听了却不高兴，因为“舌头”与“折（shé）头（物品或商品数量上的损失）”谐音，听起来不顺耳。试想，生意场上人人都希望赚钱，又有谁愿意生意折本呢？说他的猪舌头大，不等于是在咒他么？因而，“白了他一眼，不理他了”是自然的。

话要说得得体，要说得听众愿听、乐听，言者必须了解对方的心理需求和喜好，以增强自身语言的针对性和技巧性。不知晓对方的语言“禁忌”，口无遮拦，难免碰壁。因此，从一定意义上讲，说话也有一个“入乡问俗”的问题。平时，要多了解不同地域、不同行业人们的语言禁忌和公众趋同的语言表达方式、习惯，尽量避免使用听者忌讳的语词，不讲容易引起听者反感的话，这样才能使自己的话达到应有的表达效果。

如果说买肉者第一次碰壁是因其说话不讲场合、不看对象、不注意听者感受所致，那么他的第二次碰壁则是由于他不注意语言的搭配、没考虑语言的实际表达效果而造成的。买肉者吸取了第一次遭白眼的教训，将“舌头”换成了“赚头”，看起来是一个进步，但他却忽视了词语搭配也是语言表达的重要问题。“赚头”与“不大”结合，组成主谓短语，其意思是“没什么钱可赚”。须知，这同样是生意人不爱听的话啊！买肉者自以为这次聪明了，实则是他不明白在特定的语境中，错误地搭配词语也是语言的大忌，以致弄巧成拙，使自己再次陷入尴尬的境地。

买肉者两次碰壁，都是“舌头”惹的祸，是自己的“舌头”（嘴巴）未说好有关“猪舌头”的事。根子在于他不懂得特定场合中语言表达的基本要求。“话不投机半句多”，这则笑话告诉我们，说话之事，不可小视。注意场合，看清对象，用语得体是口语表达的基本要求。说话有讲究，诸位可别因说话不当引出烦恼来。

写作津梁篇

读书是走别人的思想路线，而写作才是走自己的思想路线，只有经过自己的思想路线，把读书得来的知识消融掉，才会变为自己的东西。

——叔本华

选材“三要”

选材是写作前对手中的材料进行筛选取舍。材料选择、使用得当，能有效地突出中心，增强文章的表现力和感染力。反之，文章就会平平淡淡，毫无特色，有的甚至拖沓、松散，漫无中心。可见，选材是写作的重要一环。

如何选材呢？

一、材料要扣题

每篇文章都有一个中心，这个中心就是通常所说的主题。选材的第一个标准就是看它与主题有无关系，能否烘托、说明、表现主题。将与主题关系密切的材料留下，与主题关系不大甚至偏离主题的材料，哪怕是再具体、生动、感人，也要毫不吝惜地舍弃。初学写作者常常忽视扣题选材的重要性，面对所占有的材料不忍割爱，觉得弃之可惜，结果是文章材料罗列，中心被淡化。

有位同学写《助人为乐的好班长》一文，记叙了四件事：①班长上门为生病的同学补习功课；②班长离学校较远，他常常跑步赶到学校上课；③雨中，班长将伞让给小同学使用；④班长午休时间为班级修理桌凳。很明显，这篇作文存在着选材不当的毛病。其中事例②写班长遵纪守时，与“助人为乐”的主题毫无关系，而事例④写的是班长关心集体，爱护公物，也没很好地扣住主题。文章选材上“鱼目混珠”，结果那“珠”（①、③两个事例）也因此失去了光泽。

二、材料要典型

典型材料是指具有代表性、能深刻揭示事物本质的事例。选用的材料典型与否与文章中心是否突出有直接的关系。写作中，根据主题的需要，精心选择最具有典型性的材料，能以少胜多，大大增强文章的表现力，深化文章的中心。魏巍的通讯《谁是最可爱的人》是选材典型的范例。为了表现“谁是最可爱的人”这一主题，他收集了一百余个志愿军战士英勇作战的例子。在此基础上，他写了通讯《自豪吧，祖国》，文中用了二十多个例子，同志们看后，感到没有特点。于是，他对这二十几个例子进行筛选，写《谁是最可爱的人》一文，只用了五个例子。写完后，再次斟酌，又删去了两个。现在我们见到的这篇通讯，只保留了“松骨峰战斗”、“马玉祥火中救儿童”、“在防空洞中与战士谈话”三个事例。这三个例子极具典型性，分别展示了三个不同的场面：枪林弹雨中壮烈的群体战斗场面；熊熊烈火中紧张的个体救人场面；防空洞中平静、感人的谈话场面。这三个典型事例从不同侧面表现了志愿军战士的革命英雄主义、国际主义和爱国主义精神，有力地突出了“谁是最可爱的人”这一主题。

三、材料要新颖

选择材料还要讲究新颖。“新颖”是新而别致之意。能给人以新鲜感、新奇感的材料才能吸引人，打动人，才能使文章充满生动活泼的气韵。“老生常谈”，众人常用的材料只会引起读者厌倦和抵制的心理。朱自清的纪实散文《背影》表现的是父子之爱，这是一个人们常写的主题，要写出新意极其不易，但作者选材有独到之处而使该文成为传世名篇。他没有像一般文章那样记叙父亲的经历，没有像人们写最熟悉的人那样记叙父亲的几件感人的事例，而是从一个独特的角度，选择了人们熟识而又未予关注更未表现过的材料——父亲的“背影”来集中描绘，抒发了特定环境下的思想感情，因而取得了强烈的艺术效果。即使不看内容，“背影”这个新颖的题目已令人击掌叫绝了。多少年来，《背影》一直被选做语文教材，哺育了几代人，其选材之新颖起着至关重要的作用。

心理描写方法例说

心理描写是对处在一定环境中的人物内心活动的描写。读者可以借助文章中的心理描写，深入到人物的精神领域，透视人物的感情和理智，认识人物的内心世界。所以，心理描写是揭示人物精神面貌、刻画人物性格特点的重要手段。

心理描写的方法主要有以下几种：

一、通过人物的内心独白、回忆等形式直接展现人物的内心世界

如："我想：希望是本无所谓有，无所谓无的。这正如地上的路；其实地上本没有路，走的人多了，也便成了路。"（鲁迅《故乡》）这段人物独白，坦陈心迹，直接表露了"我"对"希望"的看法，将渴望改造旧社会、创造新生活的强烈愿望和信心极为准确而得体地表达出来了。

二、直接对人物内心活动进行描述、解剖

如："坐了好久，他心里腻烦了。既不敢出去，又没事可作，他觉得天气仿佛成心跟他过不去。想出去，可是腿真懒得动，身上非常软，好像洗澡没洗痛快那样，汗虽然出了不少，心里还是不舒畅。"（老舍《在烈日和暴雨下》）这段话是对祥子在烈日下拉了第一趟买卖后的心理活动的直接描述。作者通过细致的剖析，将此时祥子烦躁、矛盾的心理鲜明地凸现在读者面前。

三、通过人物的语言、动作、神态以及环境等的描写展示人物内心世界

阅读时，应注意从人物所处的特定环境去分析这些描写的内涵，把握人物的性格特点。

1. 通过语言描写表现人物心理。

“言为心声。”人物语言是人物内心世界的流露，听其言可明其心，即或是“不由衷”之言，也不例外。

如：“老孙头在一旁嚷道：‘别摸它呀，这家伙不太老实，小心它踢你。我才挑上它，叫它摔一交。样子也不好看，玻璃眼睛，乍一看去，像瞎了似的。’”（周立波《分马》）这是老孙头在“慷慨”地表示“我那玻璃眼倒也乐意换给她（老王太太）”后，老王太太走近去摸“玉石眼”时所说的一段话。从中，读者不难看出老孙头唱了高调后又害怕老王太太真的把“玉石眼”牵走的紧张心理。

2. 通过动作描写表现人物心理。

人的行为举止受人的思想、品德、性格等方面因素的制约，同时，它也是人的思想、品德、性格等最直接、最具体的体现。人们可以通过一个人的行为举止了解其精神面貌，洞察其内心世界。

如：“呵！他恼啦！一蹦起来，站在离我几步远的地方，皱着眉头，偏着脑袋，把我上下打量了一番……”（杜鹏程《夜走灵官峡》）句中的“恼”“蹦起来”“皱”“偏”“打量”等一系列描写人物动作的词语，将成渝这个七八岁的小男孩因感到受了欺骗而不满、气恼的心理淋漓尽致地表现出来了。这段动作描写的作用，是“成渝不高兴了”、“他很生气”等直陈式语句远远不能达到的。

3. 通过神态描写表现人物心理。

古语有“喜形于色”、“怒形于色”，“喜”、“怒”之情为何一定要“形于色”？这是因为脸庞是情感的载体。一般来说，观察人的面部表情，可以了解其内心世界。因而，描写人物的神态也是表现人物心理活动的方法之一。

如：“一股悲愤的感情涌上鲁迅先生的心头，他目不转睛地看完这封信，苍白的脸色越来越严肃了。”（唐弢《同志的信任》）这段对鲁迅先生神态的描写，深刻地表现了他读信时的专注神情及读信后对国民党反动派暴行的极度愤懑之情。

4. 通过景物描写表现人物心理。

景物描写是展示人物心理活动、引发人物情感的手段，它可以烘托人物的情感，起到景中寓情、借景抒情的作用。

如：“时候既然是深冬；渐近故乡时，天气又阴晦了，冷风吹进船舱中，呜呜的响，从篷隙向外一望，苍黄的天底下，远近横着几个萧索的荒村，没有一些活气。”（鲁迅《故乡》）这段对故乡萧条现状的景物描写，烘托了“我”目睹旧中国农村日益破败的景象后的悲凉心情。

5. 通过叙述梦境表现人物心理。

如：“这天夜里，我做了个奇怪的梦，梦见自己变成一只小蜜蜂。”（杨朔《荔枝蜜》）这段话字面上是写梦中的情景，实则表现了“我”要像蜜蜂那样辛勤劳动，同广大劳动人民一起去建设社会主义新生活的决心。魏巍在《我的老师》一文中，对“梦里寻师”的记叙，则表现了他对蔡芸芝先生无限热爱和思念的感情。

描写人物心理活动的目的在于表现人物在特定环境中的思想感情，以求刻画出具有鲜明性格特点的人物。人物心理描写的方法很多，明了各种心理描写方法的不同特点及作用，准确而得体地将其运用于写作中，有助于作者多方面、多角度地揭示人物内心世界，塑造性格鲜明的人物形象。

侧面描写

侧面描写又称间接描写，是与正面描写相对的一种迂回描写方法。这种描写不直接描绘所要表现的对象，而是采用“折射”的方法，借助对有关的人、事、物的描写，达到烘托所要表现的特定对象的目的。

侧面描写具有很强的表现力。这种描写方法多用于刻画人物，如果运用得当，那么，不论作者对被表现对象着墨多少，也不论被表现对象是否出场，都能给读者留下鲜明、深刻的印象。这是因为侧面描写是“言在此而意在彼”的描写方法，它着笔在正面描写的对象，着意在侧面描写的对象。

侧面描写运用得好，与正面描写有异曲同工之妙。作者在正面描写的同时，兼以侧面描写，既会使文章别开洞天，给读者耳目一新之感，又使文章的描写方法呈现出灵活性和多样化。如何为的散文《第二次考试》中有这样一段话：

当陈伊玲镇静地站在考试委员会的几位声乐专家面前，唱完了冼星海的那支有名的《二月里来》时，专家们不由得互相递了递赞赏的眼色。按照规定，应试者还要唱一支外国歌曲，她唱的是意大利歌剧《蝴蝶夫人》中的咏叹调《有一个良辰佳日》。她那灿烂的音色和深沉的感情惊动了四座。一向以要求严格闻名的苏林教授也颔首赞许，在他严峻的眼光里，隐藏着一丝微笑。

这段描写正面交代陈伊玲演唱中外歌曲《二月里来》、《有一个良辰佳日》，又适时转换描写角度，写声乐专家们“互相递了递赞赏的眼色”，写苏林教授“颔首赞许”，“严峻的眼光里，隐藏着一丝微笑”。这些描写评委们神态、动作的语句，即是从侧面表现陈伊玲令人赞叹的演唱技艺。文章这样正面描写与侧面描写结合使用，不仅改变了描写角度的单一性，也使被表现对象的特点更加鲜明、突出。

在某一时间、空间内，或者故事的某一情节中，如果对某种特定的对象不便直接描写而又需要表现时，运用侧面描写，可以收到含而不露的效果，使作品的主题含蓄而深刻。小小说《鞋》即通篇运用侧面描写的手法刻画了一个因在战斗中负伤而被锯掉双腿的大个子军人的形象。小说写小鞋匠张望了一个多月，等待“高大的身影出现”，写小鞋匠的询问“怎么大个子没来?”写瘦瘦的军人回答“……上前线去了”。“用不着了，他的双腿，已经在前线医院里……他特意来信嘱咐我把钱送给你，谢谢你了!”小说的主人公大个子军人根本没出场，但读者读罢全文不难看出，大个子军人不仅是个勇于献身的爱国英雄，而且还是个诚实廉洁、严守纪律、可亲可敬的子弟兵。主人公形象如此鲜明生动，得益于侧面描写手法的成功运用。

运用侧面描写刻画人物，要注意处理好以下关系：

一是正面描写对象与侧面表现对象的身份关系。二者应是一个层面内对应或其他类型的关系，相互间应彼此了解、熟悉或能产生某种影响。也就是说，正面描写对象应具有感染或烘托侧面表现对象的条件或基础。如《夜走灵官峡》正面描写的是成渝，成渝受到父辈们的教育影响，因而课文折射出的是工人阶级在社会主义建设中不畏艰险、忘我劳动、一心为公的革命精神。成渝与其父母和工人们是晚辈和长辈之间的关系。《第二次考试》中的陈伊玲与苏林等专家们，是应试者与主考者的关系。《鞋》中的鞋匠与大个子军人是摊主与顾客的关系，瘦瘦的军人与大个子军人是战友关系。如果不具备这种关系，那么，侧面表现的对象就立“足”不稳，缺少信度。

二是正面描写对象与侧面描写对象的性格关系。运用侧面描写时，必须注意正面描写人物的语言、动作、心理等的描写，应保持其原有的特征，符合其身份、处境以及思想感情的发展变化，不能因为要从侧面表现某一特定对象，而改变其自身特征，使其“失真”。反之，侧面表现对象的思想性格特征，也不能因为正面描写人物的主观感情色彩而改变，不能因正面描写人物的主观感情色彩扭曲其形象或遮掩其“真面目”，而必须是个性鲜明的“这一个”。如果不是这样，侧面描写就成了“败笔”。

三是着笔与着意的关系。从某种意义上讲，侧面描写是一笔描摹两个形象。着笔在正面描写的对象，着意在侧面表现的对象。着笔是表象，是手段；着意是本质，是目的。因此，侧面描写能给读者留下更广阔、更丰富的想象空间，增加人物的层次感和文章主题的含蕴力。作者对正面描写人物的语言、动作或神态、心理的描写，要服从并服务于侧面表现人物的性格刻画和形象的塑造，要有利于读者通过正面描写人物的言行，去把握着意人物的性格特征，看清其“真面目”。这就要求作者深入观察、研究描写对象，处理好着笔与着意的关系，以借助对正面描写对象的刻画，达到烘托所要表现的特定对象的目的。

环境描写

环境描写是对人物所处的具体环境或事件发生的具体背景所作的形象描绘。人物活动的环境包括自然环境和社会环境，因此，环境描写也就可分为自然环境描写和社会环境描写。前者叫景物描写，又称“风景画”，后者称“风俗画”。

环境描写在文章中有着重要的作用。它既可交代故事发生的时间、地点和条件，显示社会背景，又可衬托人物的内心活动和性格特征，还可深化主题，增强作品的真实感。成功的环境描写，是能够准确地体现出地方色彩、季节差异、政治氛围的，是能够真实地反映出时代气息和社会风貌的。深知环境描写重要性的作者，总是特别注意把对“风景画”、“风俗画”的描绘与刻画人物、表现主题有机地结合起来，从而使文章情景交融、浑然一体，具有感人的艺术力量。

文章体裁不同，环境描写的要求和作用也不尽相同。小说以塑造人物形象为中心，通过故事情节的叙述和环境的描写来反映社会生活，小说中的环境描写要力扣中心，为塑造人物服务。要能通过对人物活动、事件处所、周围景物等的描写或对人物、事件所处的时代、社会背景等的描写来表现人物思想品质、性格特征以及命运结局。因而，小说中的环境描写是刻画人物的一种辅助手段，它写的是环境，而表现的是人。如“中秋过后，秋风是一天凉比一天，看看将近初冬；我整天的靠着火，也须穿上棉袄了。”（鲁迅《孔乙己》）这段孔乙己最末一次出场时的环境描写，写的是秋天的凉意，却给孔乙己的末路增加了一种悲凉的气氛；说“靠着火”、“穿上棉袄”，又反衬了孔乙己只穿一件破夹袄的凄凉。这简短的环境描写，为深受封建科举制度和封建文化教育戕害，一生穷困潦倒，即将走到生命尽头的孔乙己的人生轨迹抹上了可悲的一笔。这段环境描写暗示了人物（孔乙己）的悲惨结局，是环境描写的成功范例。

写景散文的环境描写是作品表现的直接对象和主要内容，是表现主题的主要手段。峻青的《海滨仲夏夜》是一篇优美的写景文。作者在文中以细腻的笔触，抓住海滨仲夏夜的特征写景，描绘了特定地点（威海海滨）、特定季节（仲夏）、特定时间（夜）的景色，将太阳落山不久至月到中天这一时段内光线和色彩的变幻融人五幅画面中，抒发了对美好生活的赞美之情。全文自始至终不离环境描写。不难看出，这类文体中的环境描写，既是文章的“肌肉”，又是文章的“骨骼”，可以这样说，写景文离开了环境描写，那是不可想象的。

抒情散文中的环境描写是引发和表达感情的手段，其作用在于揭示作品所要表达的思想、感情，深化文章的主题。如：

那是力争上游的一种树，笔直的干，笔直的枝。它的干通常是丈把高，像加过人工似的，一丈以内绝无旁枝。它所有的丫枝一律向上，而且紧紧靠拢，也像加过人工似的，成为一束，绝不旁逸斜出。它的宽大的叶子也是片片向上，几乎没有斜生的，更不用说倒垂了。它的皮光滑而有银色的晕圈，微微泛出淡青色。”（茅盾《白杨礼赞》）

这段景物描写，先用“力争上游”这一人格化的语言总括出白杨树外貌形态上的基本特征，然后从干（“绝无旁枝”）、枝（“紧紧靠拢”）、叶（“片片向上”）、皮（“光滑”、“有晕圈”、“泛出淡青色”）等方面分说，共同突出白杨树正直、倔强、不屈不挠的性格。“自古写景无闲笔”，这段话以描摹树的外形来表现人的情感，在作者看来，白杨树象征了“北方的农民”，象征了“我们民族解放斗争中所不可缺的朴质、坚强，力求上进的精神”。作者工笔绘白杨，寓情于景，情由景生，得体而深刻地突出了“赞美和崇敬抗日军民”这一中心。

对环境进行描写如同用文字来画画。成功的环境描写让人读了会产生亲临其境之感，有助于读者对文章主题的理解。要使环境描写收到好的效果，写作时应努力做到：

一、紧扣表现主题和刻画人物形象的意旨

分析周围的环境，选择有表现力的对象进行描写，将描绘景物与抒发感情相结合，使环境描写起到烘托气氛、深化主题的作用。有的人在文章中用很多笔墨来描写景物，而这些被描写的景物与发生的事件缺少必要的联系甚至毫无关联，纯粹是为了写景而写景。在描写人物的作品中，环境的描写时常与人物性格脱节，不了解“人创造环境，同样环境也创造人”这一创作原理。这样的环境描写是文章的败笔，不但对表现主题思想、塑造人物形象有影响，还会使文章啰嗦而松散。

二、环境描写要言之有物，要有个性特征

环境描写的对象极其丰富广泛，但各自都有异于他物的具体特点。进行环境描写时，要细致观察被摹写对象，认真分析其独特的个性，做到心中有“物”，然后进行具体、形象的描绘。有的人抓不住描写对象的特点，写出来的事物或千篇一律，或空洞抽象。如写建筑物是“高大宏伟”，写夜景是“夜色迷人”，写校园是“多么可爱”，等等。其原因是平时对环境缺乏深入、细致的观察、分析，写作时无话可说，即或是勉强写出来也不具体、不生动。须知，仅用一些抽象的词句描写环境，无论如何是产生不出良好的表达效果的。

三、环境描写要有总体安排，要按一定的顺序进行

只有这样描绘出的“画面”才会既有整体感，又有层次感。一般来说，进行环境描写时先要选择观察点（作者、观者描写对象的位置），然后根据表达的需要按一定的空间顺序进行描写。如果是移动观察点的环境描写，就更要注意依照顺序写清楚由观察点

的变化所引起的描写对象的变化，以使环境描写条理清晰、层次分明。同时还要注意的是，无论是固定观察点的环境描写，还是移动观察点的环境描写，所描写的景物都应当是观察者视野范围以内的景物。否则，环境描写就会给人“失真”之感，难以起到应有的作用。

肖像描写“三要”

肖像描写是对人物的衣着容貌、神情姿态以及年龄性别等的描写。肖像描写得好，不仅能够生动、鲜明地展示人物的外部形态，而且能以形传神，揭示人物的内心世界，有助于读者由表及里地认识、把握人物的性格特点。

肖像描写有“三要”：

一、要写出特征

描写人物肖像，要注意认真观察，力求用恰当的语句准确地勾画出人物的外部特征。世界上没有绝对相同的两片树叶，也没有绝对相同的两个人，每个人总有异于他人的外貌特点，这就是肖像上的特征。如魏巍《我的老师》一文写蔡芸芝先生的肖像：“右嘴角边有榆钱大小一块黑痣。”这“右嘴角边”“榆钱大小”的“黑痣”，便是蔡老师异于他人的外貌特点，作者把这一特征写出来了，蔡老师便成了独特的“这一个”。再如《一面》中三次描写鲁迅先生的肖像，其中第二次肖像描写是这样的：“他的面孔黄里带白，瘦得教人担心，好像大病新愈的人，但是精神很好，没有一点颓唐的样子。头发约莫一寸长，显然好久没剪了，却一根一根精神抖擞地直竖着。胡须很打眼，好像浓墨写的隶体‘一’字。”这段肖像描写，紧紧抓住了鲁迅先生“瘦”的特征。他的脸色“黄里带白”，头发“约莫一寸长”，“一根一根精神抖擞地直竖着”，胡须“很打眼，好像浓墨写的隶体‘一’字”。很明显，鲁迅先生的脸色、头发、胡须都极富个性特点。这段肖像描写具体、细致，由形入神，形神兼备，写出了人物的气质和特征。

二、要注意扣题

肖像描写是为展示人物性格、表现文章中心服务的。下笔之前，要认真思考文章的主题是什么，选取人物的哪些外貌特征来写才能突出主题，不能为描写而描写。《孔乙己》这篇小说意在通过揭示封建科举制度所戕害的读书人的病苦，对封建科举制度和封建文化教育进行讨伐。为了表现这一主题，作者对主人公孔乙己的肖像作了这样的描写："他身材很高大；青白脸色，皱纹间时常夹些伤痕；一部乱蓬蓬的花白的胡子。穿的虽然是长衫，可是又脏又破，似乎十多年没有补，也没有洗。"孔乙己"身材很高大"，说明他具有谋生的条件；"青白脸色"反映他生活困苦，营养不良；而"皱纹间时常夹些伤痕"则是他受人凌辱留下的印记；穿"长衫"表明他受封建教育毒害之深，不愿放下读书人的架子，不愿与短衣帮为伍；胡子"乱蓬蓬"，长衫"又脏又破"揭示了他四体不勤的性格特点。这段肖像描写，句句扣题，无一闲笔，使一个被封建科举制度毒害得近乎病态的读书人的形象跃然纸上，对突出主题起到了很好的作用。

三、要讲究条理

肖像描写要有条理，对人物衣着、容貌、神情、姿态等的描写，要统筹考虑。写什么、不写什么，先写什么、后写什么，要根据需要合理取舍、安排，不能将几个方面糅到一起说。即或是只对其中一个方面进行描写，也要讲究条理，不能想到哪，写到哪，不能面面俱到，眉毛胡子一把抓。否则，会使描写杂乱无章，人物给读者的印象也是模糊的。冰心的《小橘灯》中对"小姑娘"的肖像描写，就很有条理。"我掀开帘子，看见一个小姑娘，只有八九岁光景，瘦瘦的苍白的脸，冻得发紫的嘴唇，头发很短，穿一身很破旧的衣裤，光脚穿一双草鞋，正在登上竹凳想去摘墙上的听话器。"这段肖像描写，层次清楚。先写人物的性别年龄（姑娘"，"八九岁光景"），再写其相貌（"瘦瘦的苍白的脸"，"冻得发紫的嘴唇”，“头发很短”），最后写其衣着（“穿一身很破旧的衣裤”，“光脚穿一双草鞋”）。对小姑娘的相貌衣着，又按照从上到下的顺序依次写来。这段条理清晰的人物肖像描写，给读者留下了鲜明、深刻的印象。

细节描写

细节描写是指对生活中具有典型意义的情节、场面所进行的生动、细致的描绘，它是记叙类文章描绘人物形象、再现生活图景不可缺少的手段。著名剧作家夏衍说：“出于真情的文字，准确生动地捕捉住人物每一个细微的动作和变化莫测情景的一霎间，使人读来如临其境，如见其人。”夏老所说的“捕捉住人物每一个细微的动作和变化莫测情景的一霎间”，用文字简单表述，就是细节描写。细节是构成完整艺术形象的细胞，无论是表现人物性格、事件发展，还是再现社会环境、自然景物等，都离不开一定的细节。作品如果缺少必要的细节描写，仅是概括地叙述或是鉴定式的评说，那么，只能给人以空洞、干瘪、苍白之感。

细节描写的对象、内容是很广泛的。可以是人，也可以是事或物；既可描写人物言行、心理等的特定情状或过程，也可描写人物外貌或周围事物某一细微的特征。这种对动作和生活情节的细致描绘，不仅可以增强情节的真实性和艺术形象的可感性，还可以增强文章的生动性。尤其重要的是，可以写出人物所独具的特点，表现出人物不同的精神面貌，更为深刻地刻画出人物的性格，从而增强文章的感染力，深化作品的主题。

朱自清的纪实散文《背影》中，“望父买橘”这一情节是细节描写的典范。作者抓住人物形象的一个特征——背影，不惜笔墨作具体细致的描绘：

我看见他戴着黑布小帽，穿着黑布大马褂，深青布棉袍，蹒跚地走到铁道边，慢慢探身下去，尚不大难。可是他穿过铁道，要爬上那边月台，就不容易了。他用两手攀着上面，两脚再向上缩；他肥胖的身子向左微倾，显出努力的样子，这时我看见他的背影，我的泪很快地流下来了。

这段细节描写，层次分明，有很强的感染力。作者写父亲的外貌，写父亲走路的姿态（“蹒跚”），写父亲下月台的动作（“慢慢探身下去”），尤为精彩的是写父亲爬月台的情状。两手的动作用一个“攀”字，表明月台有一定的高度，攀得吃力可以想象；两脚的动作用一个“缩”字，细致地写出了爬的方式；接着又说“他肥胖的身子向左微倾，显出努力的样子”，点出父亲往上爬的艰难。这样多层次的动作描写，犹如电影中的慢镜头，既展现给读者一个清晰、完整的动态过程，又调动了读者的想像力去丰富所观察的形象，深刻而有力地通过特定事件（过铁道买橘子）表现了特定人物的爱子之情，给读者留下了难忘的印象。

“走出大门不多路，一脚踹在塘里，挣起来，头发都跌散了，两手黄泥，淋淋漓漓一身的水。”这是《范进中举》中范进跌入塘中的细节描写。范进见报帖得知自己乡试中举，神情不能自控，喜极而疯，疯而颠跑，跑中跌倒。这个细节设计得很是巧妙。让他“一脚踹在塘里”，既不“失真”，又足以漫画式地加以“丑化”：“头发都跌散了，两手黄泥，淋淋漓漓一身的水”，作者将其内在情感形象化，细写他的头发，他的手，他的全身，由上到下，由部分到整体，将一个深受封建科举制度毒害、为功名利禄而神魂颠倒的读书人的丑态，活脱脱地凸现在读者面前，让人如临其境，如见其人。试想，如果离开了细节描写，能有这种效果吗？

运用细节描写手法，要注意以下几点：

一、细节必须真实

细节描写的作用，在于具体、生动地反映人物的外貌特征和事物的内在本质，增强艺术形象的可感性，增强作品的感染力，但这一切都是建立在细节真实的基础之上的。因此，作品中的细节，不要求一定是生活中已经发生的事，但必须是现实生活中可能发生或会发生的事，也就是说，细节描写必须符合生活的本质及其规律，有可信度，能让读者认同，给人以真实感。不负责任、随意杜撰违背生活真实的细节，只能使作品失去可信度，削弱作品的表现力和感染力。

二、细节应当典型

细节不是作品的细枝末节，可有可无，也不是任何情节都可以当做细节来描写。没有典型意义的细节，只会成为作品中的败笔。因此，所选用的细节应当具有典型性，应是独特的“这一个”，能以其独具的特点感染、打动读者，使读者读有所得。《孔乙己》中，孔乙己教小伙计识字、给孩子们分茴香豆的细节，《七根火柴》中，无名战士临终前艰难地点数火柴、费力地将火柴交给卢进勇的细节等，之所以能给人留下深刻印象，就在于这些细节是典型的，有鲜明独特的个性特征。

三、细节描写必须服从主题的需要

细节描写作为一种描写手法，是为揭示中心、表现主题服务的。写作中，细节描写运用与否，取决于主题表达是否需要，即细节描写作为一种手段，必须服务并服从于塑造人物形象和表现作品主题的需要。《鲁提辖拳打镇关西》的“安良”这部分中，用了一系列的细节描写，如史进、李忠“抱住”鲁达相劝的细节；鲁达嫌李忠“不爽利”，将“二两银子”丢给他的细节；鲁达在“潘家客店”坐守店门，掩护金氏父女逃走的细节等，正是这些细节的有机组合，鲁达这个独具个性的艺术形象才得以逐渐丰满，主题才得以进一步深化。另一方面，还要力避为细节而写细节的倾向，对表现主题无补的细节，哪怕其真实性再强也要坚决舍弃。

四、细节描写用语要精练

细节描写写的是细致的动作或情节，这是一种于细微处见本质的方法。所以，进行细节描写时，要注意用语精练，要言不烦，防止琐屑繁杂，拖沓冗长。具体地说，就是细节描写的语言应当

“细”而不“腻”，要能以简洁的文字、语句，恰当地传递出丰富的信息和准确的情感。而细节烦琐冗杂，用语不精练，只会干扰读者的视线，模糊人物的形象，最终影响作品主题的深化。

场面描写“两结合”

场面描写是对在特定的时间内和场合中人物活动所构成的场景的描写。通过场面描写可以展示广阔的社会生活图画，反映社会风貌，渲染气氛，刻画人物，突出主题。场面描写要注意两个“结合”。

一、“点”“面”结合

“点”指的是人或事物的个体或部分，“面”指的是人或事物的整体或总体。如果只交代一个一个的“点”，则会使场面显得琐碎、单薄，缺乏和谐、统一的效果；而如果仅从总体上写，又必然使场面流于空泛，给人以抽象、模糊的感觉，而且难以写生动。写作中，注意将“点”“面”有机地结合，就能描写出深刻生动的场面，给人以如临其境之感。

有位同学在《今天老师不在校》一文中写了这样一个场面：

星期三下午，语文老师因为要外出听课，给我们布置了点作业就匆匆地离开了学校。开始，同学们还能自觉遵守纪律。十几分钟后，有些同学就开始交头接耳了。于是，课堂气氛逐渐“活跃”起来。有学狗叫的，有学鸡叫的，有学青蛙叫的。一时间，各种动物的声音都汇集到我们班了。有些胆子更大的，竟下位互相斗闹起来，有的扔纸飞机，有的弹珠子，教室里好不热闹。

这里描写的是老师不在时教室里混乱的场面。只有“面”的内容，缺少“点”的交代，所以难以给人留下深刻的印象。再请看修改后的一段话：

星期三下午，语文老师因为要外出听课，给我们布置了点作业就匆匆地离开了学校。开始，同学们还能自觉遵守纪律。十几分钟后，有些同学就开始交头接耳了。突然，不知是谁“喵——”地学了一声猫叫，引起许多同学的大笑。接着，课堂气氛逐渐“活跃”起来。有学狗叫的，有学鸡叫的，有学青蛙叫的。一时间，各种动物的声音都汇集到我们班了。班长出来制止，可那些调皮的男同学根本不理她。你看，刘银金用纸做了个面具，贴在脸上学孙悟空呢。小胖子何健挺着“将军肚”用力吸了一下鼻涕，学着老师的腔调说：“安静了！银金啊，你学习可要认真啊！”说着还拍了拍刘银金的肩膀，结果被刘银金一把推到了一边。

不难看出，这段修改后的场面描写，增加了“点”的内容。“不知是谁‘喵——’地学了一声猫叫”，这个“点”的交代是“风”之源，引发了教室里“有学狗叫的，有学鸡叫的，有学青蛙叫的”。“班长出来制止”这个“点”的交代，从一个侧面表明了班干部的态度。而对“刘银金”、“小胖子何健”这两个“点”的具体描写，则恰到好处地充实了场面的内容。这“点”与“面”有机结合，就将一个具体、生动的场面凸现在读者面前，给读者留下深刻的印象。

二、动静结合

场面描写动静结合，可以改变单一形式的描绘，使场面呈现出层次与活力，增强文章的真实感和表现力。

一位同学的作文《饭厅交响曲》的最初有这样一段场面描写：

这天中午12点不到，饭厅里就热闹异常，里面几乎站满了人，连平时摆放蔬菜的地方也被腾出来站上了人。卖饭的窗口前，排有十余条长龙。长龙般的队伍里，有的聊天，有的嬉闹，有的敲饭盒，好一支热闹的饭厅交响曲。

这段开饭前饭厅内的场面描写，意在说明饭厅人多、嘈杂。其中虽有“聊天”“嬉闹”“敲饭盒”等动作描写，但不难看出这仍只是对一个静止的画面的客观描绘，这些动作停留在同一层面上，因而这个场面不“活”也不“动”。缺少有层次的动态描写的场面，不能算是成功的场面描写。后来作者又作了如下修改：

这天中午12点不到，饭厅里就热闹异常，里面几乎站满了人，连平时摆放蔬菜的地方也被腾出来站上了人。卖饭的窗口前，排有十余条长龙。每条龙的尾巴都还在不断地增长。在长龙般的队伍里，有的聊天，有的嬉闹，排在龙首的男生们还不停地用筷子、勺子敲击着饭盒，好一支热闹的饭厅交响曲。

修改后的这段场面描写，加进了“每条龙的尾巴都还在不断地增长”、“还不停地”等词句，使场面增加了“动”态的成分。这样动静结合的场面描写，使读者从中感悟到时间的推移，事物的发展、变化，而不会认为只是一幅静态的画面的描摹。这样的表达效果不正是得益于场面描写中的“动”与“静”的结合吗？

写好人物对话

对话是文章中人物之间的谈话，它是记叙类文章语言描写（包括人物对话、独白等）的主要形式。写好人物对话，可以使语言生动活泼和增强现实感，有助于凸现人物的性格特点。怎样才能写好人物对话呢？

一、对话要有选择

文章是生活的概括反映，再具体的文章也不能把生活的内容全写进去。对话也一样，对人物的语言不能像录音一样全盘照录，要根据表达的不同需要进行选择和提炼加工，写出精练的、有意义的话。看下面一个初中三年级学生的作文片段：

九月三十日，星期二，一个阳光明媚的日子，教室里弥漫着喜悦的气氛。

“喂，听说国庆节放三天假！”

“哇！太棒了，看来学校还是有善心的。”

“耶！太好了，国庆万岁！”说者兴奋，听者更是雀跃。

“得好好安排一下，放松放松。”

“一定要去娱乐园，看看自然风景，玩玩飞车、蹦极！”

“明天下午打篮球！”

“不知道有什么大片？”

“啊，三天！这下我可以放心睡个痛快了。”

……

（黄镜滔，《国庆心情》，载《学语文报》2003 年 12 月 8 日 4 版）

这一段文字以对话的形式，再现了一个特定的场面。时间：国庆节前一天；地点：初中毕业班教室；事件：同学们获知国庆节放假消息后的反应。的确，面临中考的学生终日埋在题海中，能有放松的机会，谁不欣喜若狂？因此，同学们议论纷纷、欢呼雀跃是必然的。这里，小作者对这种场合中人物的对话描写，有独到之处：虽然没交代言者的相貌衣着、神态举止，但却让读者有闻声见人之感。前三句，每一句开头都用了独立的叹词，“喂”、“哇”、“耶”的使用，不仅极富情趣，而且还含带了浓浓的时尚色彩，这是如今少年生活语言的真实摹写。这三句话，按照一定的逻辑顺序，有代表性地将同学们的喜悦心情表现出来了。后几句写同学们节日中各自的打算，这每一句话，作者都进行了精心的选择。读者从中可以看到爱动者和喜静者的不同身影，其中，喜游玩者以及球迷、影迷的形象尤其鲜明。人物对话能收到这样的表达效果，启示我们，写作中，记录人物对话，一定要有所选择，不具代表性的话或雷同的话要大胆舍弃，只有这样，对话才能有力度，才能增强文章的表现力。

二、对话要有“个性”

“言为心声”，人物语言是人物内心世界的流露。现实生活中的人，他的思想感情、愿望以及所爱所恶，无不在他的言谈笑语中得到反映。即便是简单的三言两语，抑或是更简单的只言片语，只要“个性”鲜明，都能在一定程度上给人留下深刻的印象。因此，写作中要注意选择足以表现人物身份、经历、性格特点的话来写，力争塑造出活生生的“这一个”。请看下面的文段：

老孙头翻身骑在儿马的光背上。小马从来没有人骑过，在场子里乱跑……小猪倌叫道：“老爷子加小心，别光顾说话，——看掉下来把屁股摔两半！”

老孙头说：“没啥，我老孙头赶了29年大车，还怕这小马崽子？哪一号烈马我没有骑过？多咱看见我老孙头摔过交呀？”

……调皮的人们围上来，七嘴八舌打趣他。

“怎么下来了？地上比马上舒坦？”

“这屯子还是数老孙头能干，又会赶车，又会骑马，摔交也摔得漂亮，啪嗒一响掉下地来，又响亮又干脆！”

几个人跑去扶起他来，替他拍掉沾在衣上的干雪，问他哪块摔痛了。老孙头站立起来，嘴里嘀咕着：“这小家伙，回头非揍它不可！哎哟，这儿，给我揉揉。这小家伙，……哎哟，你再揉揉。”（周立波《分马》）

这段关于老孙头骑马摔跤的描写中，人物的对话就极具个性特点。这里，小猪倌对老孙头提示性的警告，内中含带着戏谑的成分，可见小猪倌是个既关心老孙头而又爱和他开玩笑的人；人们七嘴八舌“打趣”的话语，虽有些尖刻，但无丝毫的恶意，善意的调侃充满了诙谐的意味，这也从一个侧面表现出老孙头在屯子里的地位和性格特点：他待人随和而又有些滑稽，是众人“打趣”的对象；而老孙头前后两次说的话，又使一个始而好强吹牛、终而吃亏丢人却又要面子的农民形象跃然纸上。如此鲜明的表达效果，在很大程度上得益于作者富有个性的语言描写。

三、对话要配合得体

既然是对话，就不单是一个人的，而每个人的特性又不同，这就为写他们的对话增加了难度。因此，写人物对话除了要精心选择，要足以表现他们各自的特点外，还要注意双方或多方对话的得体配合，也就是说，人物之间的对话要讲究自然、顺当、精巧。请看下面一段对话：

原来在我出生的那年，爸爸恰巧从天津回来，带回一盆红艳艳、黄灿灿的海棠花……妈妈抱着我看着花说：“这花真好看！”她又看了看怀抱中的我：“要让孩子叫这花名儿该有多好呀。”接着就问花的名字。爸爸说：“这是海棠花。”妈妈皱了皱眉头，说：“女孩家应起个红艳艳的名字，这花名儿恐怕不好听吧？”爸爸说：“这花比菊花洁净、比莲花健壮，给人一种美的享受。让孩子叫这名儿，像海棠一样给人们带来幸福和希望，难道不好吗？”妈妈听了，看看我，又看看那盆充满朝气的海棠花，高兴地说：“行，那

就叫海棠吧！”（熊海棠，《我这个人》，载《中学记叙文优作精评》）

赞花好看——想取花名作孩子的名字——认为花的名字不好听——同意以花名作孩子的名字，这是“妈妈”话语的“轨迹”。语言简短，但其内在联系清晰。而“爸爸”的两次解说，都是在为“妈妈”释疑，并起到了推动情节发展的作用。这段“爸爸”和“妈妈”的对话，交代了“我”起名的原因和经过，同时，也反映了他们各自的思想认识与感情。对话的相互之间、前后之间配合得体，给人以顺势而成、完整无隙之感。

悬念的“设”与“解”

悬念是文章中的“扣子”，这个“扣子”的结与解如果安排得当并富有特色，对增强作品的吸引力、表现力和感染力会起到很重要的作用。运用悬念，要注意把握好“设”与“解”两个环节。

一、悬念的设置要“奇”

设置悬念不是为了故弄玄虚，而是文章布局谋篇的需要，是表达中心意思的需要。悬念的设置要“奇”，指的是用做悬念的材料或情节要“奇”，要有特点，能使人产生悬念感。或用易生疑惑的事件让人感到蹊跷，或用有悖常规的事理使之出人意料，或巧设误会使人感到似是而非，从而牢牢吸引住读者的目光，抓住读者的心理。

王周生的《这不是一颗流星》，写观众在万人体育馆中观看戏熊表演，“我”五岁的儿子始而激动地喊：“妈妈，熊！”继而大声地嚷嚷：“要是这只熊死了，不是有熊皮了吗?”这时，周围的观众都转过头来，诧异地望着他，不知这孩子为什么要咒这可爱的马戏演员死掉。孩子离奇的语言，观众诧异的神态，一时造成了不小的波动。这孩子为什么要咒这可爱的马戏演员死掉呢？无论是观众还是读者，心中不免顿时打了一个大大的问号，悬念也就由此产生了，并成为推动情节发展的重要一环。

又如彭荆风的《驿路梨花》一文，由于悬念设得奇妙，使故事情节出人意料但又在情理之中，大大增强了文章的吸引力。深山月夜，竹篾泥墙，屋内寂静无人，当门板上写着“请进”的小茅屋出现的时候，悬念就出现了。“这是什么人的房子呢?”这个悬念“奇”在环境的神秘与情节的奇妙。“走上一天，路上也难得遇见几个人”的深山中竟然有茅屋，此为一奇；精疲力竭的“我们”在焦急之时竟会遇到茅屋，此为二奇；见到的茅屋却又没有主人，此为三奇。这些悬念起到了引导读者关注故事发展和人物命运的作用，收到了极好的艺术效果。

二、悬念的解释要“活”

悬念的“解”与“设”是同一事物的两个方面，二者有机结合才能使悬念发挥作用。因此，在注意设置悬念的技巧的同时，也要讲究释解悬念的艺术。

一般来说，悬念不宜设后即解，也不宜久设不解。因为前者会淡化悬念感，读起来索然无味，后者不利于把握读者关注的心理，往往会弱化其艺术感染力。除开这两种情况，悬念的释解就要讲究一个“活”字。文章的“扣子”结了之后，何时解开，要视文章结构的需要、情节发展的需要以及中心表达的需要来灵活处理，做到该解“扣”时就解“扣”。

萧乾的散文《枣核》是准确把握解“扣”时机的典范。该文由几枚枣核引出一番叙述，表现一位美籍华人朋友对故乡的深切思念。文章开篇就设下悬念：“动身访美之前，一位旧时同窗写来封航空信，再三托付我为他带几颗生枣核。东西倒不占分量，可是用途却很蹊跷。”朋友远在万里之遥的异国，写信“再三托付”，要几枚枣核，却只字不提作何用场，难免令“我”感到奇怪。用途“蹊跷”是设悬念。此时，若马上解“扣”，交代枣核的用途，那悬念就不“悬”了，文章则会变得毫无光彩。

作者是如何解“扣”的呢？他接下来写“我”和朋友在车站见面交谈的情景：“拥抱之后，他就殷切地问我：‘带来了吗？’我赶快从手提包里掏出那几颗枣核。他托在掌心，像比珍珠玛瑙还贵重。”“他当年那股调皮劲显然还没改。我问起枣核的用途，他一面往衣兜里揣，一面故弄玄虚地说：‘等会儿你就明白啦！’”朋友得到枣核，如获至宝，竟高兴得像个孩子，但当“我”问起枣核的用途时，他却秘而不宣，还故弄玄虚地说“等会儿你就明白啦”，使悬念更引人关注。此时，作者仍不解“扣”，因为一对老朋友半个世纪未曾谋面，一见面直接说枣核用途，未免唐突。更重要的是，如果此时释解悬念，不但叙事显得不自然，而且也与朋友得到枣核如获至宝的心情不合。“我”来到朋友家后，踏访他的后花园时，朋友坦陈了他的思乡情怀：“家庭和事业都如意，各种新式设备也都有了。可是我心上总像是缺点什么。”为解乡愁，他栽垂柳、养睡莲，砌“北海”，追忆当年在北海泛舟的日子。“近来，我总是想总布胡同院里那棵枣树。所以才托你带几颗种子，试种一下。”至此，才道出索要枣核的原因，将悬念解开。

这个“揭密”的时机把握得实在是好，因为文章到此已通过多次蓄势，悬念感不断得到强化，为表现人物的情感作了充分的铺垫；还由于此时的读者对这位海外游子思乡之情的认识有了基础，对他索要枣核以解乡愁的举动有了进一步的理解，“揭密”可谓水到渠成。作者用枣核设置悬念，并很好地把握了解释悬念的时机，使不足千字的短文有张有弛，摇曳多姿，深刻而充分地表现了美籍华人朋友对故乡深切的思念之情。

年轻学子作文，有时也会设置悬念，但不会讲究一个“奇”字，释“悬”也缺乏技巧，往往是直来直去，掀不起波澜。由此看来，认真从名篇佳作中汲取养料，提高自己，是极为必要的。

含蓄手法

含蓄是一种托物寓意、意在言外的写作手法，即不把要表达的意思明白地说出来，而将它蕴含在所写的形象里。含蓄笔法能增强文章的含蕴力，给读者一个深入一步思考的余地，就像吃橄榄那样有回味儿。

我国古典文学作品，有不少是以蕴藉见长的。在封建社会，一些文人学士心中的积怨和郁愤常不能或不便于直接倾诉，而又不吐不快，于是，只得借助含蓄的手法将之委婉地表露出来，并常和讽刺结合，针砭时弊。周敦颐的《爱莲说》是运用含蓄手法托物言志的名文。他用具有高洁品格的“莲”自况，含蓄地表达文章的主旨。文中所写水陆草木之花，无论是写莲，还是写菊、牡丹，都极为含蓄，都有丰富而深邃的象征和寄托。作者明里写物，其实是写人，明写物理而实述人事，含蓄地表达了自己的人生观与处世观。“予谓菊，花之隐逸者也；牡丹，花之富贵者也；莲，花之君子者也。噫！菊之爱，陶后鲜有闻。莲之爱，同予者何人？牡丹之爱，宜乎众矣。”这里，作者慨叹的是隐者少，有德者鲜，趋富者独多，深感自己政治上孤独和苦闷，孤掌难鸣，无法根治趋富逐贵的痼疾，所以他只有发出“莲之爱，同予者何人”的哀叹。末尾用“牡丹之爱，宜乎众矣”作结，隐喻趋炎附势、追求富贵的不正之风，盛极一时，暗讽手法含蓄，意味深长。

准确、恰当地使用含蓄的手法，有助于增强作品立意的深度和表现力。贾平凹的散文《我的小桃树》，通篇运用含蓄的手法写出自己对人生的感悟。作者将小桃树的经历作为明线贯穿全文，同时，还巧妙地设置了一系暗线——“我”的经历。正是这条隐含在文中的暗线，使文章有了深层的含义。作者生于1953年，他的童年时期正是新中国朝气蓬勃、欣欣向荣的时期，也是新的一代充满希望、孕育理想的时期。但是，1966年开始的长达10年之久的“文化大革命”，给我国的社会主义革命和建设带来了巨大的冲击，也同样有损于青年的成长，正像作者笔下的小桃树遭受风雨摧残一样。如果直接写“文革”对青少年的影响，写出的作品势必雷同一般的批判文章，而作者用舍直述而取含蓄的方法，使文章面貌一新，立意更深，更耐人寻味。

准确、恰当地使用含蓄的手法，有助于增强作品的韵味和艺术感染力，给读者留下广阔的想象空间。徐耿的小说《相思子》中，写一个女孩在火车上，不时地望望攥在手中的一粒小小的、美丽的红豆。这是男朋友在送行时给她的。在火车一次突然刹车时，红豆掉下不见了。女孩四下寻找也没找到。车到站了，一个男子把那粒红豆给了她：

“喏，拿着吧！”他的眼里竟然透出一片柔情。他提起沉重的行李走了。临下车时，他又回头笑了一下，笑得有点凄楚、苦涩，“当心点，别让它再失落了。失落了，就真找不回来了。”

红豆是爱情的信物，在作者的笔下，它是爱情的象征。小说正是表现这种美好的感情，启示人们要珍惜它。这话出自一个成年男子之口，许是他经受爱情挫折后的反思，以此告诫正有着纯洁爱情的女孩。文中并没有出现爱情的字眼，但读者读后却不能没有领悟。这就是含蓄的感染力。

含蓄手法的使用，有的是作者受所处时代或特定场合的制约，不便直言，无奈而为之；有的则是作者为使文章有新颖的立意和特色，有意而为之。无论哪种情况，只要用得恰当、得体，含蓄手法都能为文章增色添美。要注意的是，含蓄同隐晦不同。假如文中所描写的对象、所叙述的事件，读者看后如坠五里云雾，不明白其中的寓意，那就不是含蓄，而是隐晦。隐晦是文章的败笔，写作中应努力避免。

伏笔要“伏”

伏笔是写作中叙述描写的一种手法，指作者在叙述、描写的过程中，对将要在作品中出现并与中心事件有必然联系的人物或事件预先所作的提示或暗示。这种手法可使文章收到结构谨严、情节发展自然的效果，能在一定程度上起到深化主题、突出中心的作用。

使用伏笔这种手法，应恪守“伏笔要‘伏’”的原则。伏笔的埋设，看似信手写来、平中无奇，实为作者的匠心独运、刻意安排的结果。近代文学家、小说翻译家林纾在《春觉斋论文》中说：“伏笔苟使人知，亦不称妙”，必须“无意阅过，当是闲笔，后经点明，方知是有用意”才好。伏笔惟有“伏”，方有读者阅读时的“当是闲笔”；惟有先前的“当是闲笔”，方有后来的“知是有用意”，进而称其高、叹其妙。

李元岁的小说《有关拖鞋问题的问题》中的“伏笔”，即是这方面的范例。这篇小说截取现实生活中一个横截面，通过简洁生动的记叙，赞扬了小王科长大胆改革的精神。文章开头交待，因为澡堂丢失拖鞋，新调来的小王科长让刘干事去购50双拖鞋回来。

刘干事面带愠色，嘟囔说：“趁早甭买，买了也不顶用！”“咋回事？”小王科长问。刘干事细说了原委。“要是这样的话，那就暂时别买了！”小王科长听后说。

第二天一上班，小王科长又找到刘干事：“你给我出去买200双拖鞋！”刘干事丈二和尚摸不着头脑：“这……？”“别管，你听我的。快去快回！”小王科长不容分说道。刘干事怏怏地买去了。

这些内容看似是对事件发展过程的客观叙述，但平淡中显露了作者的匠心。文章结尾写道：

三年过去了。除一位职工的拖鞋坏了外（洗澡带自己家的来），再没有发生一起丢拖鞋“事件”。

最近，在县政府换届改选“候选人名单”中，有小王科长的名字。

名单确定不久，市委书记就接到一封告状信，反映小王科长利用职权动用公款乱发实物——给每个职工发拖鞋一双……

读到此处，读者不免心生疑惑：小王科长果断而有效地解决了棘手的丢失拖鞋的问题，为什么还被人诬告？这“告状信”是谁写的？但只要回过头来联想先前刘干事那“面带愠色”地“嘟囔”，后又极不服气、极不满意（“怏怏”）地去买拖鞋的情形，便会得出答案。原来，作者前面写刘干事的言行神情是有用意的，它巧妙地为后文的“告状信”埋下了伏笔，以此来贬斥某些人无所作为却造谣中伤的行径。这一伏笔安排得实在是好，似是信笔写来，不露痕迹，充分体现了伏笔要“伏”的特点。不仅使文章前后呼应，结构严谨，而且直中隐曲，平中见奇，有力地深化了文章的主题。

浅说照应

照应也叫呼应，回应，即对行文中前面讲过的内容所作的关照或再次提及。照应是文章的结构方法之一，运用得当，能使文章层次分明，结构完整，前后呼应，浑然一体。

照应主要有以下三种：

一、结尾与开头照应

结尾与开头相照应，是文章照应的主要形式之一。这类照应，忆叙往事的文章常常用到。如魏巍的《我的老师》开篇写道："最使我难忘的，是我小学时候的女教师蔡芸芝先生。"这句话独立成段，简洁明快，进入回忆。结尾一段是："可惜我没上完初小，就转到县立五小上学去了，从此，我就和蔡老师分别了。"这一结尾与开头相呼应，使得文章首尾结合，形成一个有机的整体，有力地突出了作者热爱、思念老师的真挚感情。又如《一件珍贵的衬衫》首段写道："在我的家里，珍藏着一件白色的确良衬衫……每当我看到它，周总理那高大光辉的形象就浮现在我的眼前；每当我捧起它，就不由得回想起那激动人心的往事。"结尾一段则说："这件事已经过去四年多了。但是，这激动人心的一幕，却一直深深地印在我的脑海里……"这里，作者由对往事的回忆转到对当前情况的叙述，时空转换，水到渠成，结尾呼应开头，使全文成为一个有机的整体。这类结尾与开头的照应，既自然、得体地交代出时间、空间的变化或转换情况，给读者留下清晰的印象，又使文章首尾圆合，结构完整。

二、行文中的照应

结尾与开头的照应表现在文章的总体结构上，行文中的照应运用于文章局部段落中。此类照应，后文的“应”何时应前面的“呼”，没有定规，可视情节发展和内容表达的需要而定。这后文的“应”，或是对前面“呼”的进一步阐释，或是承接前面的“呼”，继续表述事情的发展，使前后形成一个有序的推进过程。

如刘绍棠《榆钱饭》的第一段“我自幼常吃榆钱饭，现在却很难得了”与第二段“小时候，年年青黄不接春三月，榆钱儿就是穷苦人的救命粮。杨芽儿和柳叶儿也能吃，可是没有榆钱儿好吃，也当不了饭”。这相邻的两段中即存有照应。第二段中的“小时候”、“年年”分别与第一段的“自幼”、“常”照应。这前后文字上的照应，大大加强了结构上的联系，使读者读后对作者所叙之事有更明晰、更具体的印象。又如老舍的《在烈日和暴雨下》一文，前有“六月十五那天，天热得发了狂。太阳刚一出来，地上已经像下了火”的交代，后有“正在午后一点的时候，他又拉上个买卖”的承接叙述。这“午后一点”与开头的“太阳刚一出来”照应，点明这是“最热的一天”的“最热的时候”。这种行文中的照应，有层次地表述出事情的发展过程，恰当地凸现出事件的层次。再如鲁迅的《社戏》，先讲了夏间“我”随母亲到外祖母家里消夏，在乡下常常“得到优待”，后面便先后有“因为有了远客，他们也都从父母那里得了减少工作的许可，伴我来游戏”、“这虾照例是归我吃的”两处照应，这后面的“应”，使得前面的“呼”显得更加真实、具体，增强了文章的说服力和表现力。

这类行文中的照应，是作者根据表述的需要精心安排的，其作用不可低估，它既加强了前后文的联系，又使文章内容相承相扣，且层次分明。

三、文章与标题的照应

标题是文章的“眼睛”，对不少文章来讲，这“眼睛”或是其叙事的线索，或是其论说的中心。行文时，注意巧妙地与标题照应，则会使文章呈现出扣题紧、中心突出的特点。

如吴伯箫《记一辆纺车》这篇叙事性很强的抒情散文，作者在叙写了延安大生产运动中纺纱劳动的种种回忆后，最后以与文题完全相同的文字——“记一辆纺车”作结，这是典型的照应标题。这种照应不是对标题简单的重复，而是在一个更深的层面上对文章中心的揭示，有力地突出了文章的中心，促进了读者对文章主旨的进一步认识、理解。又如《谁是最可爱的人》这篇通讯，作者以问句的形式作题，意在引起读者的注意和思考，这个题目本身就是文章要说明的问题。文中数次出现了这样的语句：“谁是我们最可爱的人呢？我们的部队，我们的战士，我感到他们是最可爱的人。”“你不觉得我们的战士是可爱的吗?”“你不觉得我们的战士是最可爱的人吗?”“——他们确实是我们最可爱的人。”这些与标题照应的语句，先后出现在不同的段落中。尽管句式不同，但都照应了文题，回答了标题所提的问题，共同起到了深化中心的作用。

景物描写技法

景物描写是对自然界中山川日月、花草树木等景象的摹写，它是叙事抒情性文章的重要组成部分，其功用是或为人物的活动作环境铺垫，或用来展示故事背景，或用以渲染气氛、抒发情感。景物描写既要真实地再现事物的本来形貌，还要采用行之有效的技法，将所写景物独有的特点准确、得体地表现出来，使之成为独特的“这一个”。景物描写主要有以下几种技法：

一、角度变换

摄影要注意选择立足点和适时地切换角度，描写景物也有如何选择和变换角度的问题。根据需要及时调整或变换观察的角度，有利于表现特定的描写对象，使所描写景物呈现出立体画面，凸现出不同的层次，给人以具体、明晰的印象。如峻青的《海滨仲夏夜》：

月亮上来了。

是一轮灿烂的满月。它像一面光辉四射的银盘似的，从那平静的大海里涌了出来。大海里，闪烁着一片鱼鳞似的银波。沙滩上，也突然明亮了起来，一片片坐着、卧着、走着的人影，看得清清楚楚了。

这是夜幕降临、月上东山时的一段景物描写。作者先写微微抬头遥望东方的夜空：一轮圆月徐徐上升。这是对远景的描写。然后目光下移，平视前方，写大海中缓缓而动的银波，写沙滩上休憩的人们，这是对中景、近景的描写。不足百字的景物描写，注意了有序地变换视角——由抬头望而平视，由远视而近观。这样多角度的描写，再现了仲夏夜海的静谧与人们的祥乐，整个画面给人一种立体的感觉。

二、多感综合

生活中，人们对抽象事物感知的难度大于对具体事物的感知，而描写抽象景物的难度，更是大于对具体景物的描写，所以古有“流云好写，清风难描”之说。欲描写好抽象的景物，就要注意发挥人的各种感官的作用，从不同感官的角度去写景，这样，方能有效地化难为易，使景物描写具体、生动，给读者留下深刻的印象。朱自清的散文《春》中有这样一段关于“春风”的描写：

“吹面不寒杨柳风”，不错的，像母亲的手抚摸着你。风里带来些新翻的泥土的气息，混着青草味儿，还有各种花的香，都在微微润湿的空气里酝酿。鸟儿将巢安在繁花嫩叶当中，高兴起来了，呼朋引伴地卖弄清脆的喉咙，唱出宛转的曲子，跟轻风流水应和着。

这段文字，是“多感综合”的典范。作者调动多种感官，从多个角度去感受、表现春风。他先后从触觉（“吹面不寒杨柳风”，“不错的，像母亲的手抚摸着你”）、嗅觉（“风里带来些新翻的泥土的气息，混着青草味儿，还有各种花的香，都在微微润湿的空气里酝酿”）、视觉（“鸟儿将巢安在繁花嫩叶当中”）、听觉（“唱出宛转的曲子，跟轻风流水应和着”）等不同角度来写，将无形、无味、无色的春风写得有声有色。在作者的笔下，那春风可感可触，可视可听，从而大大增强了春风的形象性，给人十分真切、具体的感受。

三、化静为动

自然界的景物绝大多数是静态的，客观、如实地去摹写这些景物，未尝不可，但这样的描写有时会显得呆板和单调，缺乏特色与活力，更难以满足特定表达的需要。此时，如若改换一下写法，将静态的景物作为动态的景物描写（即“化静为动”），那么，呈现在读者眼前的就是另一番景象了，其表达的效果也就大不相同了。如“小草偷偷地从土里钻出来，嫩嫩的，绿绿的。园子里，田野里，瞧去，一大片一大片满是的。”（朱自清《春》）小草是静态的事物，照实直说，难免落入窠臼。这里，作者静物动写，恰当地运用“偷偷地”、“钻出来”等词语，赋予小草以灵性，准确地表现出小草充满生机与活力的特性，不仅把静物写“活”了，而且在很大程度上增强了描写的生动性。又如：“古老的济南，城里那么窄，城外又那么宽敞，山坡上卧着些小村庄，小村庄的房顶上卧着点雪，对，这是张小水墨画，也许是唐代的名手画的吧。”（老舍《济南的冬天》）老城、山坡、村庄、房顶，这些都是静态的景物，作者两次用动词“卧”，把静态景物作动态景物写，使静态景物变成活生生的感人形象。从这两个例子中，我们不难感受到“化静为动”这一技法的妙处。

四、景中寓情

景物描写对作者来说，是手段而不是目的。古往今来，人们多是借助于对景物的描写，来表达他们特定的情感。即使是古时某些文人无病呻吟的吟花弄月，也在一定程度上表达了他们无所事事、空虚落寞的情感。正可谓“一切景语皆情语”。景物是情感的载体，写景是为了写情，因此，单纯地为写景而写景，其景物描写是没有生命力的。景物描写与作者情感的抒发必须有机地统一起来，即：景，不孤立地描绘；情，不直白地表露。读者可以从景物描写中，读出作者的“情”来。如老舍的小说《在烈日和暴雨下》有一段这样的描写：

雨点停了，黑云铺满了天。又一阵风，比以前的更厉害，柳枝横着飞，尘土往四下里走，雨道往下落；风，土，雨，混在一处，联成一片，横着竖着都灰茫茫冷飕飕，一切的东西都裹在里面……风过去了，只剩下直的雨道，扯天扯地地垂落，看不清一条条的，只是那么一片，一阵，地上射起无数的箭头，房屋上落下万千条瀑布。几分钟，天地已经分不开，空中的水往下倒，地上的水到处流，成了灰暗灰黄的，有时又白亮亮的，一个水世界。

这段文字，看似孤立的景物描写，实则景中有情，情景交融。作者从暴风雨折磨祥子的角度，正面描写风狂雨猛的情状，寓含着对祥子在如此恶劣的气候下仍要拉车谋生的苦难遭遇的深深同情，字里行间饱含着强烈的感情色彩。

绿叶扶花说“衬托”

法国作家左拉写了篇题为《陪衬人》的短篇小说。写一个贵妇人终日将时间和精力用在化妆上。时间一久，她厌烦了，觉得再刻意打扮都难以突出自己的美。于是，她别出心裁地雇了一个相貌丑陋的女子作陪衬，外出时，让丑女同行。这样，路人在讥笑丑女的同时，又对她投以赞赏的目光，她便由此获得极大的满足。这位贵妇人将自己的欢愉建立在使他人受辱的基础之上，无疑应当受到谴责，但她别出心裁的示美之法，则可供我们写作时借鉴。

在写作中，为了使所写事物的特色突出，往往用另外一些事物来陪衬或对照，这种表现手法叫“衬托”。俗话说：“好花还需绿叶扶。”就是说有绿叶的衬托，花儿才显得更加娇美。不过，写作中的“绿叶”、“花儿”的内涵是极其宽泛的，其所喻的对象可以是积极的，也可以是消极的；可以是正面的，也可以是侧面或反面的，而且“绿叶扶花”之“扶”的形式也不是单一的。对此，应当正确认识、把握。

衬托分正衬和反衬两种。

正衬是选择与所要表达的人物的思想感情相一致的景物或其他对象来写，如用凄苦的景物来表现悲哀，用美好的事物来写快乐，使情感表达得更充分、更强烈、更深刻。如鲁迅的小说《故乡》：“渐近故乡时，天气又阴晦了，冷风吹进船舱中，呜呜的响，从篷隙向外一望，苍黄的天底下，远近横着几个萧索的荒村，没有一些活气。”文中“阴晦”的天气、“呜呜”的冷风、“苍黄的天”、“萧索的荒村”，构成了一幅令人备感沉寂、荒凉的画面，创设了一种凄楚的气氛。这画面、这气氛与“我”悲凉的心情是完全一致的，“因为我这次回乡，本没有什么好心绪”，“我这次是专为了别他而来的”。作者用景物描写来正面烘托，使“我”悲凉的心绪显得更加深刻、突出。又如何为的《第二次考试》中有一段对陈伊玲的外貌描写：“嫩绿色的绒线上衣，咖啡色的西裤，宛如春天早晨一株亭亭玉立的小树。”这是评委们眼前的陈伊玲。在评委眼中，陈伊玲形象美丽而富有青春活力，这不仅是因为她长相俊美，衣着得体，更重要的是她音色美丽，音域宽广。“宛如春天早晨一株亭亭玉立的小树”，这一形象的比喻将评委们满意与欣喜之情含蓄而得体地表现出来了。用陈伊玲靓丽相貌之“叶”，衬托评委们喜爱心情之“花”，二者结合得体和谐，不留痕迹；情感表达自然充分，不贴标签。衬托手法所起到的作用，是其他直白式的评价所无法比拟的。

反衬是在表情达意时有意选用与所要表达的“情”、“意”相对或相反的景物来写。如用凄苦的景物来写欢乐，用美好的景物来写悲哀，使“景”与“情”构成鲜明的反差。如张洁的《挖芥菜》中有这样的描述：“我”因为饥饿之极而掰了财主家的一个玉米棒子，被财主家凶恶的大管家追赶落水，险些丧生。爬上岸后独自在田野里游荡，天黑了也不敢回家。作者接着写道：

太阳落山了，琥珀色的晚霞渐渐地从天边退去。远处，庙里的钟声在薄暮中响起来。羊儿咩咩地叫着，由放羊的孩子赶着回圈了；乌鸦也呱呱地叫着回巢去了。夜色越来越浓了，村落啦，树林子啦，坑洼啦，沟渠啦，好像一下子全掉进了神秘的沉寂里。”

这段描写勾画了一幅美丽、和平、静穆的“晚归图”，与“我”当时有家不敢归是不相称的。这是作者有意使用了反衬手法。连羊儿、乌鸦都能回家，而“我”却不能，真是人不如动物。这一反衬手法的运用，有力地表现了穷人命运的悲苦，产生了更强烈的艺术魅力。又如杜鹏程《夜走灵官峡》开头写道：

纷纷扬扬的大雪下了半尺多厚。天地间雾蒙蒙的一片。……这山峡，天晴的日子，也成天不见太阳；顺着弯曲的运输便道走去，随便你什么时候仰面看，只能看见巴掌大的一块天。目下，这里，卷着雪片的狂风，把人团团围住，真是寸步难行！

作者交代了灵官峡山高、谷深、雪大、风狂的恶劣景象后，接着描绘了一幅热火朝天的劳动场面：

最近这里工作很紧张，到处都是冒着风雪劳动的人。发电机、卷扬机、混凝土搅拌机和空气压缩机的吼声，震荡山谷。点点昏黄的火球，就是那无数的电灯。看不清天空里蛛网似的电线；只见运材料的铁斗子，顺着架在山腰里的高架索道，来回运转。

如果孤立地看这一场面描写，固然能领悟工人们劳动干劲大、热情高的特点，但究竟如何，却说不出所以然，而与上段的环境描写结合起来思考，读者对工人们劳动的艰险与紧张程度就有了具体的感受。作者运用反衬手法，使天寒地冻、雪大风狂的自然环境与热火朝天的劳动场面形成鲜明对比，将筑路工人不畏艰苦、忘我劳动、一心为公的革命精神更充分地凸现出来了。

衬托是突出事物特色或人物情感的手法之一。对事物的描写是手段，突出事物特色或人物情感是目的。手段必须服务于目的。明白了这一点，在写作中准确地把握景物与人物、人物与人物之间的各种关系，巧用“绿叶”扶好“花儿”，便能使所表现的对象主次分明，相得益彰，收到突出中心、深化主题的效果。

巧写“误会”文生辉

文章的写作方法有多种，误会法是其中颇具特点的一种。《现代汉语词典》对“误会”的诠释是：①误解对方的意思；②对对方意思的误解。误会法是通过叙述或摹写人物间的误会来表现文章中心的一种方法，运用得好，能使文章大为增色。

《驿路梨花》中有这样一个情节，当梨树丛中闪出一群哈尼族小姑娘时，瑶族老人立即“走到她们面前，深深弯下腰去，行了个大礼”，并郑重地说：“我感谢你们盖了这间小草房。”须发花白的老人为何对一群十几岁的小姑娘弯腰行大礼？原来，这异乎寻常的举动缘自老人的误会，他急于表达感激之情，错把这群小姑娘当成梨花姑娘了。由此可以看出，老人发自内心的感激之情是多么的强烈，同时也能使读者感悟到梨花姑娘助人为乐的行为所产生的深刻影响。这里写老人的误会，为故事的情节又增添了一重波澜，使原本就曲折、生动的情节更加引人入胜，进一步突出了文章的中心。

《这不是一颗流星》中，五岁的小浩波看到圆形舞台上憨态可掬的黑熊时，神情激动，大声地嚷嚷：“要是这只熊死了，不是有熊皮了吗？”此时，“周围的观众都转过头来，诧异地望着他”，“我对儿子没教养的行为生气了，一把按他坐在位子上，压低声音说：‘看戏可不许哇啦哇啦！’”观众的诧异，“我”的生气、训斥，均因为浩波咒可爱的马戏演员死掉。其实，这是一场误会。这个误会用得好，它引起了情节的变化，留下了悬念。而当“我”听到孩子喃喃的话语：“有了熊皮，不是可以给阿婆做熊皮手套了吗？”方知自己错怪了天真、纯朴、充满爱心的儿子。此时，“我”的心猛烈一震，眼里流出了感动的泪水。不难看出，正是这一误会，才恰到好处地表现出孩子对阿婆深挚持久的热爱，突出了孩子真诚纯洁的美好心灵。如果直接地叙说孩子如何如何热爱阿婆，难免给人手法陈旧之感，且内容也缺乏表现力和感染力。

上述两例，在误会法的运用上都是成功的。

误会法的运用，重在一个“巧”字：内容表达要巧得自然得体、合情合理，情节发展要巧得水到渠成、不露痕迹。否则，所写的误会只能是文中的败笔。误会法运用得当，能增添情节的波澜，能增强内容的生动性和感染力。生活中，人与人之间难免会发生这样或那样的误会，如何围绕文章的中心去选择和表现误会，是一个写作技巧问题。我们不妨做生活和写作的有心人，生活中，睁大眼睛观察纷杂的社会现象，注意积累素材；作文时，扣住主题巧写误会，使文章呈现出新颖、别致的特点。

视角巧转换　平淡出“奇崛”

公园、商场恐怕不会引起城里孩子太大的兴趣，而如若带领他们去乡村游田园、看农舍，他们定会兴趣盎然；农村的孩子对小溪、牛羊不会太在意，而他们见到城中的广场、立交桥，定会兴奋不已。城乡孩子的这些变化，皆缘于因转换了视角而见到了新鲜的事物。同理，文章的选材与构思，也要注意视角的转换。舍弃司空见惯的素材，避开众人常用的套路，另辟蹊径，“取人之所未见，发人之所未发”，文章才能别开生面，从平淡中显出“奇崛”来。

我们知道，不同时期有不同的社会“热点”，这些自然是作文的重要内容之一。然而，即使是热点问题，如若众人都从相同的角度去选材写作，其文章必然是千人一面，其立意必然是“热”而不“鲜”。有效的方法是转换视角，选择新的切入点去表现热点问题。

譬如“减负”这个话题，学生、老师、社会都极为关注。报刊评论，专家分析，也不乏“凡人名言”。不少文章的材料、观点，读者已耳熟能详，要写出新意有一定的难度。《我家的“广播”》却把目光投向了“减负”的另一个问题——家长每天的唠叨给学生造成了极重的心理负担。作者通过对日常生活真实地记录，指出“减负”中一项不容忽视的重要内容：学生过重的精神负担也应减除。视角一变，文趣顿生，给人耳目一新之感。请看下面的精彩片段：

“芸芸，快去睡午觉。睡了午觉下午才有精神做作业。”星期天中午，刚丢下饭碗，我家的“广播”就开始了这天的第三次“播音”。我边翻看报纸边应声说“知道了”。“知道了怎么还不动?”妈妈提高了嗓门，“你看看对门的献华，学习多自觉，从来不要家长督促。像他那样学习，将来才能考上重点大学。你要知道，考不上重点大学就没单位要。到时候……”我明白，再在客厅内呆下去，定会遭到更猛烈的“轰炸”，便赶快知趣地进入了我的房间，“砰”地一声关上了门。

……

吃晚饭时，“广播”再次“播音”:“你学习可得抓紧，一点都不能放松。否则，将来不会有什么出息。”妈妈的唠叨令我生烦，更加重了我的心理负担。望着她精心制作的饭菜，我一点食欲都没有。我不知道这样的“播音”到我熄灯睡觉时还有几次。每天生活在这种唠叨中，我好累啊！我真想大声对她说:“妈妈，现在都在提倡‘减负’，请你也为我减减负，结束每天这样的‘播音’吧!”

文中，众人常说的“书包重、作业多、学生疲于应付”等话踪迹全无，但所写的又确确实实是与“减负”有关的内容；从日常生活中选择有特点的事件来写，使文章的立意既扣住了“减负”的主题，又有一定的新意。收到这样的表达效果，一个很重要的原因就在于作者构思、选材巧妙地转换了视角。

消费是日常生活的重要一环，每个人、每个家庭都离不开消费。随着社会经济的发展、学生手头上零花钱的增加，中小学生自主消费的现象也越来越普遍了，“中小学生消费”的话题也常见诸报端。写“中小学生消费”的话题作文，学生有话可说，但要说好、说得有新意却不容易。不少学生做此类作文时，或写珍惜父母的钱，消费时精打细算；或写同学之间互相攀比，消费大手大脚。这样的作文，虽然也扣住了中心，符合要求，但众多作者立于一个层面、从同一个角度取材，因而作文百人同像，缺乏新意。《可怜的消费者》的作者避开众人同一的角度，由一个独特的视角切入，写出了角度新、立意新的高分作文。

作者写一天上午放学后，她和几个同学到一家餐馆吃饭，因中午还要补课，时间很紧，便只点了两三个很便宜的小菜。老板娘见没有多少钱可赚，便冷落她们，让服务员去招待后进店的几个“款哥”。作者在文章的最后写道：

望着面前空空的桌子和“款哥”们吃喝时神气的样子，我们心中很不是滋味。我想起报上批评中学生消费大手大脚的文章，不免生出一些感慨：这能全怪我们吗？是的，中学生确实不应该大手大脚地消费，对此，我们要负主要责任，但某些经营者对中学生这种消费行为的形成，不是也起着一定的诱导作用吗？眼前这位老板娘对我们与对“款哥”的态度截然不同，就是因为我们消费的钱少，如果我们“潇洒”一些，不也能享受到“上帝”的待遇吗？唉！势利的老板娘，可怜的中学生消费者！

不难看出，作者选材的角度有独到之处。她叙述自己这次消费的经历，从老板娘对不同的消费者服务态度迥异这一角度入笔，表现某些人为“钱”服务，抨击了“钱多就笑脸相迎，钱少就冷漠怠慢”的经营作风。文章从一个新的视角真实地再现了社会生活的一个侧面，平淡中现出“奇崛”，从而大大增加了立意的深度。

选材、构思转换视角，可以使文章避开平俗，呈现“奇崛”，给人以全新的感受，进而提升文章的档次。写作中不妨认真思考，扣住主题，巧用视角转换法，努力从平淡的生活中挖掘出新的东西来。

巧写“另类”行为

写作中，对人物某种性格特点或美好品质的肯定或赞扬，通常是通过描写其正面的行为活动来实现的，实际上，生活中“另类”的行为举动，处理得好，同样能鲜明生动地表现出人物的美好品质或特点。不仅如此，巧写“另类”行为，还在一定程度上拓宽了选材的范围，使文章的题材凸现出多样化的特点。

一、偷

“偷”是趁人不知道拿人东西据为己有的行为，无论大盗还是小偷，都是人所不齿的行为。但鲁迅先生却能巧笔写“偷”，他的小说《社戏》中的“偷”，完全脱去了贬义色彩，生动活鲜地表现出偷者可爱的童趣和性格特点。请看：

离平桥村还有一里模样，船行却慢了，摇船的都说很疲乏，因为太用力，而且许久没有东西吃。这回想出来的是桂生，说是罗汉豆正旺相，柴火又现成，我们可以偷一点来煮吃的。大家都赞成，立刻近岸停了船；岸上的田里，乌油油的便都是结实的罗汉豆。

“阿阿，阿发，这边是你家的，这边是老六一家的，我们偷那一边的呢？”双喜先跳下去了，在岸上说。

我们也都跳上岸。阿发一面跳，一面说道，“且慢，让我来看一看罢，”他于是往来的摸了一回，直起身来说道，“偷我们的罢，我们的大得多呢。”一声答应，大家便散开在阿发家的豆田里，各摘了一大捧，抛入船舱中。双喜以为再多偷，倘给阿发的娘知道是要哭骂的，于是各人便到六一公公的田里又各偷了一大捧。

这段叙述，写的是一群乡下孩子月夜偷罗汉豆的事。作者借人物“偷”的行为来表达特定的内容。此处的“偷”，带有一定的游戏性质，毫不令人生厌。在“偷”的过程中，表现出乡村少年质朴（如阿发的憨厚）、聪敏（如双喜的机智）的性格特点以及人与人之间亲密、和谐的情感，孩子们的童心和野趣，在“偷豆”事件中得以充分的展露。

二、撒谎

撒谎是人人都讨厌的行为，幼儿园的小朋友都知道“撒谎不是好孩子”。其实，生活是丰富多彩的，对“撒谎”之事也不能一概否定。在特定的时间或特定场合中，有些人的“撒谎”非但不该受到指责，而且还应予以充分的肯定。写作中，写好“撒谎”这种“另类”行为，能从一个全新的角度将要表达的情感凸现给读者，使文章收到特定的表达效果，从而给人留下深刻的印象。如：

中午回到家，妈妈早已把饭盛好，放在桌子上，饭菜的香味直扑进我的鼻子里。我拿起筷子，旋风般地舞动起来，瘦肉、鲜鱼，先后跳进我的嘴里……

吃着吃着，我忽然发现妈妈只夹洋山芋吃。我问妈妈：“你为啥不吃鱼肉？”她笑了，说自己不爱吃。可是昨天中午，妈妈给我做的是茄子烧肉，刚上市的新鲜茄子我吃得津津有味，而挑剩下的肉，妈妈却悄悄地夹到自己的碗里。

我没心思再吃菜了，心里翻腾起来：妈妈今天不吃肉，可昨天为啥吃剩下的肉呢？妈妈的口味真奇怪，我爱吃的她偏偏不爱吃，而我不爱吃的她偏爱吃。噢！我终于明白了其中的奥妙。

第二天中午吃饭时，妈妈又特地烧了我爱吃的红烧肉。我先尝了一口，故意说：“妈，今天烧的菜怎么没味儿呀？”妈妈笑眯眯地说：“不见得吧！”我撒娇说：“就是没味儿，您尝尝！”妈妈赶紧尝了几口。听到我在笑，妈妈才悟出我的用意。

妈妈甜甜地笑了，我也笑得更欢了。

（《妈妈的口味》，载《语文报·故事版》2003 年 5 月 9 日第 19 期）

这则短文记叙的是家庭生活中的一个片段。面对喷香的饭菜，妈妈“只夹洋山芋吃”，还说“自己不爱吃（鱼肉）”。而“我”明白了妈妈的用意后，面对自己喜爱吃的红烧肉，却说“怎么没味儿呀”。见妈妈不相信，“我”又撒娇地说：“就是没味儿，您尝尝！”显然，在吃菜问题上，这母女俩都在“撒谎”。然而，透过母女二人的“撒谎”，读者感受到的不是双方的自私和相互欺骗，而是浓浓的母女深情。妈妈的“撒谎”，充溢着对女儿无限的疼爱；女儿以爱回报，也对妈妈“撒谎”，表现出懂事的女儿对妈妈的感激和爱戴。母女俩这充满爱心的谎言，体现的正是人世间最可贵的亲情。这类“撒谎”，将母女亲情生动、得体地表现出来了，哪还有半点让人反感之处？换用其他任何手法或形式，都难以产生这种独特的表达效果。

三、设圈套

“圈套”是个贬义词，指使人上当受骗的计策。一般来说，设圈套者多居心不良，人们对他们无不厌恶之极。但是，凡事都有个例外，有些人“设圈套”，丝毫无害人之意，只是借“设圈套”这种手段来表达特定的内容和情感。写作中，正确认识并写好这类“设圈套”，有助于读者感受“圈套”设计者的良苦用心和一片真情。《识破圈套》（《虚掩的门》，当代世界出版社）一文有这样一段文字：

在一次欧洲指挥大赛的决赛中，评委们交给世界著名交响乐指挥家小泽征尔一份乐谱让他指挥演奏。演奏中，小泽征尔发现有不和谐的地方。他认为是乐队演奏错了，就停下来重新演奏，但仍不如意。于是，他把目光投向评委席。在场的作曲家和评委会的权威人士都郑重地说明乐谱没有问题，其中一位还站起来说：“先生，是不是你的听觉有些问题？”面对着一批音乐大师和权威人士，他思考再三，突然大吼一声：“不，一定是乐谱错了！”话音刚落，评判台上立刻报以热烈的掌声。

看完这段话，读者不难明白，原来这是一次特别的测试。评委们在测试中精心地设计了“圈套”，以此来检查指挥家们在发现乐谱错误并遭到权威人士“否定”的情况下，能否坚持自己正确的判断。这个“圈套”设得实在是好。它新颖、得体，毫无破绽。它既体现出伯乐们相马手段的别具一格，也表现了评委们选真才、用能人的良苦用心。同时，还启示人们：在权威面前不能养成屈膝哈腰的习惯，否则，不但自己只能生活在人家的影子里，而且人家也未必瞧得上你；只有实事求是，大胆坚持真理，才会受到别人的尊重。这深刻的人生哲理，通过“设圈套”这一“另类”行为准确地表现出来了。

不可否认，那富于童趣的“偷”、充满爱意的“撒谎”、用心良苦的“设圈套”，确实为文章增色不少。认真分析这种种“另类”行为的特点，明了它们在特定时间或特定场合中的独特作用，写作中准确地加以选择、运用，不失为一种揭示人物性格、突出文章中心的有效方法。

先声夺人——记叙文开篇一法

开头是文章的重要组成部分，由于它所处的位置特殊，因而一向引人关注。明人谢榛曾有形象的说法："起句当如爆竹，骤响易彻。"其意是说，开头要像放鞭炮，让人为之一震。重视并写好文章的开头，对顺利地完成全文，提升文章的档次，有着举足轻重的作用。

作文时，常可见到这样的情形，不少同学审题、选材、构思等环节都进行得很顺利，而起笔则颇费心神。有时沉思良久，仍难以下笔。此时，如果写的是记叙文，不妨采用"先声夺人"的方法来开篇。

"先声夺人"是个成语，本指打仗时先用强大的声势来挫伤对方的士气，后也比喻做事抢先一步。写作中的"先声夺人"，是直取其字面意思，即以人物的话语作文章的开头，让人物之"声"最先进入读者的视野。这种开头方法具有醒目、灵活的特点，能在很短的时间内消除作者行文前的困顿，令其下笔犹如拧开了自来水龙头，那"水"会接连不断地涌入笔端。这类"未见其人，先闻其声"的开头方法，不仅能强烈地吸引读者，同时，由于人物之"声"的不确定性，其表意功用也是多样的。看下面几段文章的开头：

①"嗨，都几点了，还不快起床。"我极不情愿地把脑袋伸出被窝，"干什么嘛，寒假第一天就不让人家休息！"妈妈好像生气了："现在是 11 点半，你还躺在床上，快，快穿好衣服，给我买点蒜来。"（张莉丽，《买蒜》，载《中学记叙文优作精评》）

②"二哥，你快过来呀！"小妹正蹲在鸡笼旁边，一只手上托

着一只小鸡向我喊道。(周晓明,《希望》,载《学语文报文萃·作文精选》)

③“大哥哥,你要……蘑菇吗?”身后,一个怯生生的童音问。(蒋声新,《放羊的女孩》,载《中学记叙文优作精评》)

④“补鞋子啰!补鞋子啰!”随着一声声吆喝,樟树底下围了一大圈人。我跑过去一看,原来又是那位身材矮小、面容慈祥的老人。(刘蓓,《火红的晚霞》,载《中学记叙文优作精评》)

⑤“喂,寝室里有老鼠。”不知是谁这么喊了一句,一下子,寝室里就乱开了,同学们个个戒备起来。(单冠峰,《寝室生活花絮》,载《学语文报文萃·作文精选》)

⑥“说什么我不懂事,说什么我没有当姐姐的样子,说什么我不体谅人,全部是强词夺理,还不是一个旧观念——重男轻女!”我气呼呼地一边上楼,一边咕咕噜噜,重复着刚才同外婆争吵的话。(罗盈滢,《吵架以后的滋味》,载《中学记叙文优作精评》)

句①、句②以人物语言开头,从一个方面揭示了人物活动的背景。开篇即写人物说的话,非但不显得突兀,而且还为下文情节的展开作了铺垫。句①的“嗨,都几点了,还不快起床”,从母亲催促女儿起床的话语中,读者可以体会出“我”的困乏和“母亲”的不满,故事由此展开;句②的“二哥,你快过来呀”,一声妹妹对哥哥的呼喊,交代了人物、人物间的关系及人物活动的场景,接下来,作者便可以讲他所要讲的故事了。

③、④两句分别将卖蘑菇的小女孩和走村串户的补鞋匠的形象推给了读者。简短的人物语言,初步显示出人物的身份及有关的特点、特征。这种先声夺人的开头,有助于读者对文中人物的认识,也有助于对人物性格特点的理解与把握。

“喂,寝室里有老鼠。”这样的开头虽不是石破天惊,但也如平静的水面突然被丢入一块大石头,顷刻间,打破了原本宁静的场面,不但令在场的人惊讶,也令读者为之一震。句⑤的开头用人物语言叙说突发事件,一下子就吸引了读者的眼球,给人留下深刻的印象。

句⑥开篇就写“我”与外婆争吵时的话语，至于“我”为什么如此气愤？外婆是如何教训“我”的？我们之间如何争吵的？都是悬念，有待下文慢慢解说。聪明的导游善于抓住游客好奇的心理，引导他们去探幽揽胜，文章这样的开头，与之有异曲同工之妙。“我”的自言自语，同样令读者好奇与关注，它刺激读者迫切地欲读下文，以解疑惑。文章这样开篇所具有的吸引力，是其他形式的开头难以具备的。

开篇运用“先声夺人”的方法，重在找准最佳切入点。即所选之“声”必须有以下方面的功用：或交代人物活动背景，或显示人物身份、行踪，或叙说事件起因（结局），或设置故事情节悬念……作文时，只要能统筹全局，从全文内容的表现和结构的安排着眼，恰当地选择具有特定功用的人物语言用于文首，使其“先声夺人”，记叙文就有了精彩的开头。

话题作文与命题作文

近年来，在写作教学改革的大潮中，人们通过对写作本质以及教学本质的重新认识和定位，推出了一种新的作文训练方法——话题作文。

话题作文一般有两种形式：一是供料型话题作文，即给出一（几）段文字、一幅（组）画面或一（几）个实物等，在此基础上，提出写作的话题；二是纯话题作文，即不给任何材料，不作任何提示，直接提出写作的话题。无论是那种形式的话题作文，较之人们长期接触的命题作文来说，它都含带了开放性、多样性、创造性等特点。话题作文与命题作文虽然都是作文训练的有效形式，但二者有区别，明白了它们的区别，对作文训练无疑是有好处的。

命题作文与话题作文的区别主要表现在：

一、文题有确定性与不定性之别

命题作文之“命”，就出题者而言，是“规定”之意；对写作者来说，应是“遵守”之意。写命题作文时，出题者定下的题目，写作者必须遵“命”而“为”（作），不能更改或另拟文题来写，否则就不符合命题作文的要求，这是由命题作文文题的“确定性”所决定的。

话题作文的文题则具有“不定性”。具体地说，就是根据所掌握的材料以及表达的需要，写作者有自行决定题目的自由：可以直接用所给的话题作文题，也可自拟文题。这两种拟题方法没有优劣之别，更不是判定文题高下的标准。所定文题是否准确、恰当、有特色，全在于作者拟题的能力。笔者曾作过一次统计，在一次以

“搀扶”为纯话题作文题目的训练中，班上 45 名学生，直接用“搀扶”作文题的有 6 人，其余均系自拟文题。学生自主地确定文题，从一个侧面体现了话题作文文题的不定性。

“题好一半文”，拟题能力是衡量学生写作表达能力的重要内容之一。话题作文文题的不定性，少了条框的限制，拓宽了学生思维的领域，给学生更多的自由，有助于锻炼学生的拟题能力。因此，可以说，话题作文训练对学生来说，是全方位的写作训练。

二、内容有限定性与开放性之别

一般来说，话题作文的写作范围远远大于命题作文。这是因为命题作文的内容具有限定性，话题作文的内容具有开放性。命题作文的题目，一般都预设了比较具体的指向和中心。作者要瞄准其指向、扣住其中心去构思、选材、表达。如命题作文“儿时的伙伴”，就写作内容而言，文题对要写的人物和要叙述的事件所发生的时间均进行了限定：人物必须是“伙伴”，而不能是“伙伴”以外的其他的人；时间必须是特定的时段——“儿时”，而不能是“青年时”或“近期”、“现在”等时段。又如“受了委屈之后”这篇命题作文，其内容的限定更为明显，所写内容必须是在特定的事件（受委屈之事）发生后所出现的情况，如若写其他时段的事或不是在受委屈的前提下发生的事，那就没有扣题写作，就不符合文题要求。因此，从某种意义上讲，这种命题作文是让学生“按图索骥”，它给学生设置了框框，在一定程度上制约着学生根据已有的经验、利用擅长的手法去撞击思维的火花，影响着创新精神、创新能力的锻炼和培养。

话题作文在写作的内容上则有很大的开放性。无论是供料型话题作文，还是纯话题作文，其话题只是为写作提供的一个由头，一个引子，至于下步写什么、如何写，则不作任何限定。这就为学生完成话题作文提供了广阔的思维空间。大千世界，气象万千；社会生活，五彩斑斓。学习中的难事，生活中的喜事，街市上的趣事，自然界的奇事等，都是学生感兴趣的话题。在开放的话题范围内，每个人都可根据自己大脑的积累，自己的经历、学识、爱好，自己对人、事、物的认识、分析、感悟，来选择切入点，领悟“我手写我心”的写作真谛，去痛痛快快地写自己感兴趣的内容，写自己思考成熟的内容。可见，话题作文由于内容的开放，便于学生自由发挥，自由创新，有助于锻炼学生的思维能力和创新精神，也有助于检验学生的思维能力和创新精神。

三、文体有单一性与多样性之别

分析近年来高考作文以及各地的中考作文，不难发现，放宽文章体裁的要求是其共有的特点。作文往往只有“除诗歌（戏剧）之外，文体不限”的要求，这就大大增加了作文的开放性、灵活性。出题者的意图在于给学生更多的自由，以便使其发挥出最佳水平。但就文章体裁而言，话题作文与命题作文相比，其开放、灵活的程度更大。这是因为命题作文的文体有单一性的特点。虽然命题作文也讲不限定文体，但有些题目本身却是对文体有一定的指向和定位的，不写成文题暗含的文体，作文很难做到既扣题又突出中心。

如“蜡烛”、“铺路石”一类的命题作文，都是从事物象征意义的角度来命的题，只宜写成借物抒情和托物寓意的散文，如若直接写“蜡烛”、“铺路石”其物，也未尝不可，但极易落入窠臼，很难写出新意，同时，它还从一定程度上显示出作者理解的片面与肤浅。再如“幸遇”、“取名”之类的命题作文，无疑应对生活中人与人之间发生的事件进行叙述，宜写成记叙文，如果写成其他文体，从某种意义上讲，恐怕是有悖出题者初衷的。而话题作文则不一样，它所给的话题只是提供的写作范围或对象。作者对话题可以从不同的角度、不同的侧面去理解、分析、构思，进而选择自己熟悉的、擅长的文体写作，这样更能见出作者写作能力与素质的高下。如以“蜡烛”为话题的作文，较之以“蜡烛”为命题的作文，其写作范围要宽泛得多。只要与“蜡烛”有关联，都属此话题表达的内容。可以写成因“蜡烛”引起的感人的或奇特的故事的记叙文，也可写成介绍蜡烛特点、功用等的说明文；可以取其比喻义，写成赞颂具有蜡烛精神者的抒情散文，还可以写成就蜡烛“燃烧自己，照亮别人”的献身精神进行评论的议论文。

又如以“取名”为话题的写作训练，“取名”是话题，是写作内容上可供选择的一个范围。文章的体裁则还得根据文章要写的内容来定。名，就对象而言，有人名、物名、企业名、处所名等。“取名”的话题可写取名引起的故事（记叙文），取名的方法（说明文），也可对取名之事进行议论，或对所取的名字谈看法（议论文）等。总之，可谈的内容是多方面的，可用的文体也就不是单一的了，这也正说明话题作文的文体具有多样性的特点。

话题作文审题三法

审题也称解题，就是详细、周密地考虑、了解、认识题意，使作文的内容切合题意。近年来成为中考、高考作文主要形式的话题作文，只给话题，不给文题（题目自拟），虽然在选材、立意等方面为学生提供了广阔的空间，但却增加了审题的难度，因为它没有现成的题目供学生审。但无题目可审，并不等于无题可审。此种情况下，写作者应抛开传统的思维模式，转换视角，将目光投向命题者所给的材料和话题上，努力从中审出其语意指向或隐含的信息，以确定立意和选材的范围，拟出简洁、新颖、醒目且符合文义的题目。话题作文如何审题呢？

一、审内涵

内涵是与外延相对的概念，它是指一个概念所反映事物的本质属性的总和，即概念的内容。话题作文给出的话题，有不少只是一个单纯的词语，如“家”“笑”“孝”“美”“爱”“经历”“诚信”“位置”“协作”“包装”“虚荣”“尊重”等。这类话题，如不审清弄懂其内涵，就无从下笔。惟有认真审清作为话题的这个概念的含义，并进一步掌握它所含纳的引申义、比喻义，作文才有明晰的选材范围和取舍材料的标准。

如话题作文“位置”的审题。“位置”指“所在或所占的地方”，也引申指人的地位、职位等。明了“位置”的这些内涵，选材写作就不会茫然了。可以直取其义，写与自己或他人所坐位置有关的事；也可从其引申义或比喻义的角度立意、选材，如写自己在班上或学校担任的职务以及与之有关的活动、故事，写自己在家庭中的地位以及父母、亲朋好友的印象、评价；还可进一步引申，联想到一个人的“生前身后”事。由此不难明白，一个人在生命萌动之初，在人世间就有了自己的位置；到生命终结之际，他在大地上仍有自己的位置。可以这样说，在整个生命的历程中，每个人都一直在同“位置”打交道。就是故去了，很多人在世人的心目中，仍有很高的“位置”。弄懂了“位置”的内涵，并由此生发开来，可以联想到与“位置”有关的许多内容。在此基础上，选择印象清晰、感触深刻的材料来写，这篇题为“位置”的话题作文就不难完成了。

二、审提示

审提示主要是要认真阅读、审清话题前所给的文字材料。无论是材料中较为明白的提示，还是比较隐晦的信息，都很有价值——有助于写作者拓宽视野、拓展思路。

如这样一段文字材料：在成长的道路上，只要我们用心观察，认真思考，就能体验到生活中许多有价值的东西。如在交往中，体验人间真情；在研讨中，体验思维撞击的愉悦；在学习中，体验成功的快乐和失败的烦恼……请以“体验”为话题，自拟题目，写一篇文章。

这段材料中的“在交往中”、“在研讨中”、“在学习中”，即是写作的提示，它以“示例”的形式，为写作者提供了一定的选材范围，并具有引领写作者打开思路、顺势联想的功用，能帮助写作者找到更多与“体验”这一话题有关的角度。这样，选材的范围就大大地拓宽了。

又如广东省2004年中考作文：声音无处不在：大自然中的风声雨声、蝉鸣鸟语；生活中的歌声书声、笑声哭声；亲人朋友的安慰、鼓励、批评；来自心灵深处的呼唤……其中，一定有某种声音让你难忘。它也许会让你想起一段往事，也许会让你领悟到可贵的哲理……请你以“声音”为话题，自拟题目，自选文体，写一篇文章。

这一话题作文，如果单给话题“声音”二字，下笔就有一定的难度，而给了一段文字提示，文章就好写了。材料中列出了不同范围、不同角度的多种声音，既提供了选择的范围，又给写作者以提示：大千世界，“声音”多种多样。用心选择自己感受深刻的“声音”，写出与之有关的人和事，表达出与之有关的情与意，就能写出紧扣题旨的好文章了。

三、审限制

不少话题作文所提供的材料与指定的话题，对文章的立意、选材乃至结构、表达，既有指导意义，又有一定的限制，审题时，切不可忽视它们。审清写作的这些限制，循“规”而作，就不会“下笔千言，离题万里”了。

有人说，如今的话题作文是“三自”（文意自定、文题自拟、文体自选）作文，没有什么限制。这是不对的。话题作文也有限制，其限制主要在选材的范围和内容等方面。具体地说，有时间、地域范围的限定，有人物、事件数量的限定，有事件性质、角度的限定，等等。这些都要认真考虑。

如以“多彩的校园生活”为话题的作文，就对所写事件的地域、范围及性质作了限定——所写事件必须发生在校内；不能只写一件事，也不能写内容性质同类的几件事，而必须从不同角度选择发生在学校内的几件性质各异的事，以满足话题中“多彩”与“校园”的限定。

又如河南省2004年中考作文：人生变数很多，没有人能承诺我们的一生永远是晴天；没有人能预知草莽中是否潜藏着毒蛇猛兽；没有人能勾勒出命运的风刀霜剑……然而，外界虽不能把握，行动却可以产生力量。这力量的源泉来自坚强的信念。真正的信念是不可战胜的。当遇到挫折、陷入困境时，只要心头有一个坚定的信念，努力拼搏，就一定会渡过难关，取得成功。请以“信念与成功”为话题，联系自己的学习、生活实际，自拟题目作文。

这一话题作文就有诸多限制：①所写内容须扣住“信念”与

"成功"两个方面，而不能只写其中一方面而舍弃另一方面；②"信念"、"成功"二者不能割裂开来，必须在所写的事件中有一定的因果关系；③所写内容只能是"自己的学习、生活实际"，而不能是他人的，由此又产生了另一个限定——必须以第一人称写作。不认真审清话题作文的这种种限制，贸然动笔，就很容易跑题。

审题是写好文章的第一步，是作文成败的关键所在。掌握话题作文审题的方法，认真审题，写好文章就有了前提保证。

立意——话题作文的重要前提

立意，就是确定文章的主题。王夫之曾说："意犹帅也。无帅之兵，谓之乌合。"没有统帅的军队是乌合之众，没有统帅的文章就没有灵魂，没有生命。近年来中考、高考的话题作文，一般都要求"立意自定"，这就给考生提供了广阔的"驰骋"空间。立意是否新颖、深刻，是拉开作文档次的关键，更是反映考生作文水平的重要环节。因此，对话题作文的立意万万不可轻视。

下面以"同情"话题为例，简要说说话题作文的立意。

材料：

一位成功的商人在大街上看见一个衣衫褴褛的铅笔推销员，正乞求般地推销铅笔，顿生怜悯之情。便把两元钱放在卖铅笔人的手里，然后走开了。但他忽然觉得这样做不妥，就连忙返回，从卖铅笔人那里取出几枝铅笔，并抱歉地解释说，这两元钱中有一元钱是买铅笔的，自己忘记取铅笔了，希望不要介意。最后他说："我和你一样都是商人，你有东西要卖，而且上面有标价。"

一年以后，在一个社交场合，一位穿着整齐的青年快步迎上这位成功商人，并自我介绍说："你可能已经忘记我了，但我永远忘不了你。以前，我一直觉得自己是一个推销铅笔的'乞丐'，但你那天告诉我，我是一个商人。"

细读材料，不难发现，这个话题可以从铅笔推销员和成功商人两方面立意。

一、从铅笔推销员方面谈立意

那铅笔推销员"衣衫褴褛"，"乞求般地推销铅笔"，可见，他是一个弱者，需要社会和他人的同情。如果从这个角度思考，将文章立意为渴望同情是人的天性，社会对弱者要予以同情和关照，然后展开叙述或论述，未尝不可。但这一立意未免直白和肤浅。严格地说，作者没有读懂材料。实际上，材料的第二段已隐含了一些信息，“穿着整齐”，“我是一个商人”，可见那铅笔推销员成功了。扣住他说的那番话，将文章立意为：弱者需要同情，但又不能仅仅满足于别人的怜悯；正确地看待和接受同情，是一个人走出困境、走向成功的重要条件。这样的立意内涵深刻，文章的档次也随之提升起来了。

二、从成功商人方面谈立意

那成功商人见“衣衫褴褛”的铅笔推销员正乞求般地推销铅笔，“顿生怜悯之情”，给他一元钱，这是物质上的同情，虽解决不了什么问题，但表现出了成功商人的同情心。由此立意“乐于同情是一种美德”也应属扣题之作，只要选材或论述恰当，也能写出较好的文章。但这样的立意缺乏新意和深度，因为“同情他人”已是多人写过的老话题。换个角度来看，那位商人简单的话语和平凡的举动，竟使一个处境窘迫的人重新树立了自信心，并且通过自己的努力，终于取得了可喜的成绩。如若从这一角度引申思考，认识到同情陷入困境的人，对他伸出热情之手，给予无私的帮助固然重要，但更重要的是，要让他意识到自己的尊严和价值，重拾信心，靠自己的顽强拼搏走出困境，走向成功，从而可以将文章立意为：学会同情是一门不可忽视的艺术。显然，这一立意远远高于前者。

重视文章的立意，是写好话题作文的重要前提。立意有高下，全在人为之。认真读懂所给的材料，尝试着从不同角度去立意，然后通过分析、比较，去芜取精，弃旧择新，确定具有新颖、深刻特点的立意，如此，话题作文就成功了一半。

术语入题　意趣多多

题目是文章的重要组成部分，好的文章标题具有极强的表达功能和艺术魅力。拟题方法多种多样，术语借用是其中一种值得介绍的方法。

术语是不同学科、行业中的专门用语。每一术语都有严格规定的意义。拟题时，恰当地借用术语，给原本在某一专业范围内使用的概念赋予新的内涵，能使标题显得醒目、新颖、灵活，大大增强标题的表现力和感染力，给读者留下深刻的印象。

新华社记者金风、湖北日报记者徐伟报道武汉市服装工业公司兴办武汉首家专营药材的专业市场这则消息时，用的标题是“武汉市服装界‘越位’办药市”（载《湖北日报》1998年6月7日5版）。“越位”是足球比赛用语，指比赛中的一种违例行为。队员越位，裁判要判由对方队员在犯规地点踢间接任意球。武汉市服装工业公司本是经营服装业务的，却“越位”办药市，会不会受罚？上级主管部门对此事持何态度？这则消息意在褒扬还是批评？仅看标题，疑问难以解决，惟有阅读全文后，才能得到答案。术语“越位”的借用，在一定程度上为标题设疑增趣，激发了读者的阅读兴趣。

武汉市国泰证券公司太平洋营业部，于1999年6月29日、30日连续两天因电脑出现故障，交易两次中断。股民们情绪激动，相邀与证券管理部门负责人交涉。结果，券商同意赔偿因电脑故障给股民造成的损失。记者黄斌撰文报道了这一事件。他拟的文题是：“电脑休克　券商认赔”（载《长江日报》1999年7月1日9版）。“休克”属医学术语，是临床上常见的一种综合病症，主要症状是血压下降、血流减慢、四肢发冷、脸色苍白、体温下降、神志淡漠等。电脑不是人，何谈“休克”？原来，作者拟题时有意借用医学术语，以拟人手法生动、形象地将电脑的“病症”凸现出来，对读者了解电脑病状很有帮助。术语入题，意趣多多。这一标题不仅醒目、新颖，而且表意形象、得体，具有很好的表达效果。

大连万达足球队是我国足坛的一支甲级劲旅，1999 年赛季开赛以后数月，该队战绩一直不佳，从第一轮比赛开始至第八轮，竟一场未赢，以 8 战 6 平 2 负积 6 分的成绩，列甲 A 排行榜末位，令足球圈内外人士深感惊讶和疑惑。《楚天都市报》记者杜雯在报道 1999 年 5 月 4 日第八轮大连万达队与重庆隆鑫队战成平局的消息时，用了这样一个标题——“大连万达仍未开和（hú）”（载《楚天都市报》1999 年 5 月 5 日 8 版）。这个标题充分显示出作者高超的拟题技巧。“和”是打麻将或斗纸牌时所用的术语，指某一家的牌合乎规定的要求，取得胜利。“大连万达仍未开和”中的“开和”属术语借用。“仍未开和”意即仍然没有赢球。“开和”一词用在题中，看似信手拈来，实为匠心独运，它使标题既避免了“又是一场平局”、“一场无人喝彩的比赛”等平俗的说法，又在一定程度上含纳了作者的关心与无奈之情。细品文题，可以感悟到作者责备不失幽默，调侃仍寄期望。

借用术语拟题，要注意两点：一是借用要恰当贴切。所借用的术语与所要表达的事物之间在实质上应有本质的区别，又必须在某一点上有相似或相通之处，应有助于读者把握文题所要表达的内涵；二是所借用的术语要通俗浅白，其本义要为绝大多数读者所知晓。避开那些生僻、陈旧或过于专业化的术语，减少读者理解上的障碍。如果读者对文题中的术语不知所云，那就不能算是个好文题。

文题生色又一法

一个词或短语无论由几个汉字组成，无论有多少个义项，其意义均可归纳为字面义（词语的字面义和单个汉字的本义是有区别的）、引申义和比喻义三类。分析具体的语言现象，不难发现，人们使用最多的是词语的比喻义、引申义，其字面义则很少使用。其实，根据表达的需要，拟题时恰当地使用词语的字面义，来个实话实说，不仅能使标题简洁醒目，而且能大大增强标题的吸引力和表达功能，给人以耳目一新之感。

辞书对“人面兽心”的注释是：形貌像人，内心却同野兽一样。这一贬义成语用来喻指人的品质、行为极其卑鄙、歹毒。《今日快报》1999 年 11 月 6 日刊载了闫明、鲁珊的《“人面兽心”非骂名》一文。乍看文题，不禁令人顿生疑惑：“人面兽心”不是骂人之语又是什么？待看完全文，你会哑然失笑，原来文章讲的是人体器官移植的事。多年来，同种移植由于供体缺乏，不少病人得不到及时救治。同济医院中英联合实验室经过长时间研究试验，在黄金仓鼠和大鼠间进行心脏移植，使受体存活时间达 30 天，是原记录的 10 倍，为国际首例。下一步该实验室的研究将过渡到猴、猪等大动物身上。估计五六年后，人体的异种移植将在国际上逐步形成规模。在人体中植入动物的心脏，使病人摆脱病魔纠缠，重新像健康人一样生活，这是何等的幸事？如此说来，标题中的“人面兽心”确实不含丝毫贬抑之情，它非但不是骂人之语，而且是医疗技术进步的形象表述。将人体用上动物的心脏称之为“人面兽心”，庄而不谐，趣而不俗，极为恰当。设想一下，文题中的“人面兽心”如若换用其他词语，能有这样准确得体、生动形象的表达效果吗?

著名相声艺术大师马三立虽然“骨瘦如柴”，但身板硬朗，精神振作，头发不脱，牙齿不落。有人向他询问健身之道，他说了四个字：“齿宜常叩。”马老的健身方法可谓独具一格。他每天晨起和夜卧之时，上下牙齿相互空撞，铮铮有声达数百次，久之，齿自坚而不脱，并增强了肾的固摄作用，推迟了面部衰老。最近，日本医学界又提出，常叩牙齿能增强咀嚼能力，有助于眼球的调节功能，防止视力下降。《武汉晚报》2000 年 3 月 3 日载文介绍了叩齿的健身功用，题目是“‘咬牙切齿’益于身”。标题中的“咬牙切齿”系取其字面义——上下牙齿的空撞与磨合。“咬牙切齿”一词的运用，新颖别致，在一定程度上提升了文题的档次，增强了文题的趣味性和表现力，给读者留下了深刻的印象。如果因循惯用套路，只限于从比喻或引申的角度去思考，标题的吸引力可能要稍逊一筹吧。

对《女性当心“脸皮变厚”》（王明莉，载《楚天都市报》2000 年 2 月 2 日）这一文题，你如何理解？可别误会，这一对女性的忠告绝非警告女性要自重自尊，谨防“越轨”之举，而是实话实说。“脸皮变厚”即面部皮肤增厚。文章列举了使女性脸皮变厚的种种因素：皮肤增白过勤，环境的变化，饮食、睡眠习惯的改变，过度暴晒皮肤，等等，提醒爱美女士注意养成正确的保健习惯，永葆美丽容颜。原来，文题中的“脸皮变厚”与丧失伦理道德之事风马牛不相及。不可否认，这一文题具有强烈的吸引力和感染力，让人看后称奇称妙，改用其他说法，可能落入俗套，难以产生如此生动、鲜明的表达效果。

恰当地运用词语的字面义拟题，为何能产生别具一格的表达效果呢？这主要是由词语的字面义与其比喻义、引申义之间的错位造成的。美学上称之为错位美。分析日常口语或书面语的使用现状，可知人们可以极其自然、普遍地使用词语的比喻义、引申义，而对其字面义则用得很少以至陌生了。二者之间熟识与陌生、惯用与不用（或少用）的反差越大，产生的错位也就越能给人以形象生动、非同一般的新奇美感。看来，拟题时仔细斟酌，根据特定的情、景表情达意的需要，灵活、适时地使用词语的字面义，不失为一种别具一格的拟题方法。

巧用动词拟文题

“题好一半文”。重视题目在文中的作用，根据所传递的信息或表达的情感，精心拟出佳妙之题，可使文章获得先“题”夺人的效果。拟题技巧有多种，巧用动词是其中之一。这种方法是抓住表达某种动作行为的动词，巧妙地将要表达的内容与这个动词联系起来，从而拟出特点独具的好文题。

运用动词拟题，主要有下列方法：

一、悖理设疑法

抓住有关动词的表义功能，有意地使该动词在与其他语词结合后，字面上看，所叙内容或事件违背常情常理，给读者造成认知或心理上的反差——乍看三分荒谬，细思原来如此，从而加深读者对事物本质的认识。如：

①江夏梁子蟹“爬”出国门（文题）（戴辉，载《楚天金报》2004年11月1日3版）

②中华鲟“游”进展会（文题）（刘洪进，载《武汉晚报》2004年10月29日14版）

③纤纤玉足走出百万身价（文题）（《楚天金报》2004年10月17日11版）

螃蟹“爬”、中华鲟“游”、足“走”（路），人皆知晓，但说“螃蟹‘爬’出国门”、“中华鲟‘游’进展（览）会”、“（玉）足走出百万身价”，则要令人生疑了，而这正是作者拟题的高明之处。这里，至关重要的是要读出文题中特定动词所含纳的“意味”来。

例①说的是武汉市江夏区梁子湖盛产螃蟹。这里的螃蟹除了供应武汉市场外，还拿到了国际出口贸易的“通行证”。去年，江夏的梁子蟹通过香港中转，远销到欧美、日本等地；例②说的是宜昌中华鲟园对4条一年生中华鲟，采取真空充氧技术，将胶囊密封，用冰块冷冻使其休眠，然后将之运抵武汉文洽会（武汉国际文化产业博洽会）会场展示；例③写26岁的山东姑娘刘蕾，1999年从山东大学毕业后，到法国留学。在艰辛的读书打工生活期间，凭着一双美脚，踏上了一条崭新、另类的职业道路（当足模特），从而赢得百万身价。就这三件事来讲，如直说“螃蟹出口到国外”、“中华鲟运到展览会场”、“足模特赚得百万身价”，未尝不可，但那就过于直白平淡，毫无特点可言，而作者采用悖理设疑法，巧用动词，改换说法，以悖理之言表达有理之事，这样拟出的文题就生动得多，意蕴也要深刻得多。动词妙用的功用，可见一斑。

二、顺势链接法

利用动词在特定语境中的不同内涵，巧妙地将毫无联系的甲、乙两事物结合起来拟题，可增强文题的意蕴和情趣，给人耳目一新之感。如：

④“职场跳蚤”切莫“跳”花眼（文题）（叶子，《楚天金报》2004年10月28日9版）

⑤小小闹钟“闹”出汉阳命案（文题）（刘丰，《武汉晚报》2004年12月6日6版）

⑥重庆泡菜鱼“泡”出特色（文题）（杨丁，《楚天金报》2004年11月5日26版）

这种拟题方法的特点是同一词语两次使用。后次用语承续着前次用语，二者之间存在着顺势链接的关系，链接中既有联系又有变化。例④中的“职场跳蚤”喻指频频跳槽的人，作者借用“跳”这个动词，将“跳蚤”与“跳槽”联系起来，对职场中人的殷殷劝诫，尽在一个“跳”字中；例⑤中的“小闹钟”本是报时之物，作者顺势点化一个“闹”字，说它“闹”出命案，可见，这个小闹钟定有着不同寻常的“故事”；例⑥中的“泡菜鱼”是一种菜肴，作者却将其中的“泡”字与抽象名词“特色”连接，这种不搭配的动宾结构的超语言常规运用，巧妙、自然，生动、别致地表达了特定的含义。

这几个语例中“跳”、“闹”、“泡”的使用，不仅新颖有趣，而且富有深刻的内涵。读者欲知其义，需读下文。如此，题目吸引读者的目的也就达到了。

三、形象模拟法

这种拟题方法重在“模拟”。它是在认真分析所叙人物或事情的特点后，用能表达人、事、物性质、特点的动词巧妙拟题，从而使题目形象生动、意趣横生。如：

⑦用支架“撑”起生命（文题）（金娜，《武汉晨报》2004年11月29日B32版）

⑧审计风暴“卷”出电力贪官（文题）（黄明，《武汉晚报》2004年10月28日2版）

⑨ 79万好处费“醉倒”东啤原老总（文题）（杨明安，《武汉晚报》2004年10月30日1版）

例⑦讲的是用气管支架救治病人的最新医疗技术：在支气管镜引导下，一个钛合金做的网状管支架放入气管里撑开，就可打通气管，从而救治气管堵塞的患者。“支架”是用来支撑物品的，作者抓住它的这一特点，说“支架‘撑’起生命”。这一带有模拟性质的说法，将气管支架的功用，准确、得体地表达出来了，文题简洁形象，易于读者理解。例⑧中的电力贪官，指原华中电力集团公司总经理孔兴。他在任职期间，利用职务之便，收受贿赂35万多元，2003年底被国家审计署审计查出。作者拟题时，将国家审计署的审计比喻为“风暴”，然后依势将孔兴被审计出，说成（被）“卷”出，这就紧扣了“风暴”的特点。国家审计署审计活动的力度之大、来势之猛，用一个“卷”字，即诠释得淋漓尽致；例⑨叙说的是，原武汉东西湖啤酒集团董事长、党委书记刘显清在5年间，利用职权先后 19 次收受建筑单位“感谢费”79 万元。刘显清收受贿赂，不是饮酒，更与“醉”无关，但他是在啤酒厂任职，拟题者巧借啤酒顺势联想，模拟人物职业的性质特点，将其受金钱诱惑、收受贿赂喻说为“醉”倒，可谓匠心独运，高妙之极。

形象模拟法的特点，是在模拟基础上的巧连妙喻。拟题者认清了所叙事物的内在特点，在与之相关的动词上巧动脑筋，就有可能拟出特点鲜明、让人过目不忘的好题来。

拟题“四要”

人们常说，“题目是文章的眼睛”，“题好一半文”，足见题目在文章中是何等重要。好的文题，大都具有值得品味的价值，能引起读者的兴趣，使之产生急于读下去的强烈愿望；能帮助揭示主题，有助于读者理解文意；能打动读者，会给人留下鲜明的印象和难忘的记忆。因此，人们写文章无不重视拟题这一环节。拟题有哪些要求呢？

一、题目要准确

准确是拟题的最基本要求。准确，就是要求题目与文意名实相符，宽窄合度，恰如其分。如杜鹏程的小说《夜走灵官峡》，三个词语组成的文题，每个词语都有实在的内容。“夜”指明事情发生的时间，“灵官峡”指明事情发生的地点，“走”是“经过、通过”的意思，交代人物(“我”)的活动。该文题准确地概括了文章的主要内容，堪称准确拟题的典范。一篇文章，内容再好，如果没有一个准确恰当的文题，就会像一个身段好、容貌美的女子戴了一顶不得体的帽子，给人以别扭难看之感。有的人拟题只重视语句是否“优美”，是否有“新意”，却很少考虑所拟的题目是否紧扣了文章内容。这无疑是本末倒置。如此拟题难免出现题目不当的毛病。一般来说，题目不当主要表现为：①题目过宽，所写文章内容较为单一，却用了涵盖范围极宽的文题。有篇介绍课前预习重要性的文章，竟用了《论学习》这样一个大题目，这显然犯了大题小作的毛病。其实，细细思考一下，就介绍课前预习的重要性一事，拟出一个准确的题目是不难的。②题目过窄，统辖不了全文。如一位同学记叙暑假期间同父母一起去海南七日游的经历，拟的题目却是《那天真难忘》，这就犯了小题大作的毛病。如若文题严重脱离文章的内容，那就是完完全全的“题不对文”了。这样的文题，既影响文章思想内容的表达，又影响文章整体的和谐与统一，是拟题中最大的败笔。

二、题目要新颖

文贵创新，拟题也是如此。千篇一律、公式化、一窝蜂等是拟题的大忌。拟定的题目，要做到新、巧、奇，即形式要新、构思要巧、表述要奇。文题出新的方法很多，如突破定势，逆向思维；得体夸张，突出特征；用语含蓄，语带双关；巧用谐音、歧义、术语等，都能在一定程度上增添题目新颖、奇巧的特点。例如，据研究农业问题的专家讲，自从1953年我国实行主要农产品统购统销之后，至20世纪90年代初期，我国农业已有四次大起大落。某些决策的同志对农业的重要性认识不足，常常是“肚子饿了想农业，肚子饱了忘农业，头脑发热挤农业”，使农业发展如同扭秧歌。《中国经济体制改革》1993年第2期载文分析了这一现象。其文引题为：“多了多了少了少，少了少了多了多”（正题为：“农业要警惕再走扭秧歌的老路”）。这一用于交代背景、烘托气氛的引题，新颖别致，作者巧妙地借用秧歌曲调的谐音，幽默、形象地反映了中华人民共和国成立后中国农业发展的曲折路程。直到如今，不少人对这一新颖的引题仍记忆犹新，赞不绝口。

三、题目要醒目

一篇文章，最先进入读者视野的是文题。题目醒目，能引人注意，给人留下深刻的印象。醒目的文题突出的特点是具有较强的视觉冲击力。它一旦进入读者的视野，便能迅速吸引并锁定读者的目光。工整的对偶、新奇的比喻、鲜明的对比、得体的夸张、准确的引用以及词语叠用、词序更易、成语翻新、句式倒装等，运用得好，都能达到这一目的。此外，回环、顶真、仿词、拈连等修辞手法上的别出心裁，或陈述句、疑问句、省略句等不同句式上的花样翻新，都能显示出拟题者活跃的思路、丰富的联想、巧妙的构思，使文题凸现出醒目的特点。如美国发生“9·11”恐怖事件后，一时间，恐怖事件的幕后操纵者是谁，成了人们极为关注的话题。事件发生不久，《武汉晚报》刊载了这样一则消息，其引题为：“‘9·11’事件主谋是谁?”主题为：“美国：是拉登！ 拉登：不是我!”这一文题（主题）可谓醒目之极。它形象地将指责者（美国政府）与辩解者（本·拉登）置于同一平台上，人为地虚拟了一场舌战，读者看了文题即可以想象出双方面对面唇枪舌剑的情景。这样醒目的文题，无疑能给读者留下深刻的印象，使之过目不忘。

四、题目要简练

简练是拟题的又一要求。文题在准确、新颖、醒目的基础上，还应做到语言高度概括、言简意赅，即文题要简练到添一字或减一字都会使之逊色的地步。达不到这一标准的文题，不能算做是好文题，因为它很难给读者留下印象。同时，对简练要作正确的理解：①简练不是直白，浅显而缺少韵味的文题，不是好文题。简练是要求用最节简的文字组成文题，使之或提挈文章的内容，或传达丰富的信息，或蕴含深刻的内涵。这样的文题，方能引起读者的关注和思考，给人留下深刻的印象。如鲁迅的《祝福》、《狂人日记》，朱自清的《春》、《背影》，茅盾的《白杨礼赞》，彭荆风的《驿路梨花》等，都是语句简洁而内涵丰富的文题。它们或能让人产生某种联想，或能使人获得某种感想与启示，有助于读者对文章内容的理解和记忆。②简练不等于短。一般来说，文章的题目总是以短为宜的，一篇文章，使用短题目合适的，就绝对不用长题目。但是长与短是相对的，也就是说，题目要求简练，并不绝对排除稍长的文题。文题是必须服从文章内容的，如果内容需要，且概述准确，又具有特点，那么，文题稍长一些也是允许的。如鲁迅的《魏晋风度及文章与药及酒的关系》，14 字的文题，统括了文章涉及的诸方面的内容，且无一冗赘之词，因而，它同样符合“简练”的拟题要求。总之，文题无论长短，都要从实际出发，用语要高度简洁、凝练，切合文意。

“尺水”也可兴波澜

写作训练中，常可见到这样的作文，文章语句通顺，叙事也完整，但给人的感觉却是凉水泡茶——无味。这类文章不可能得高分，而弃置重写，时间又不允许，怎么办呢？这里介绍一种“化蛹成蝶”的方法。

先讲一则写作教学轶事：

一次作文辅导课上，一教师在黑板上写下了这样的话：鸡叫一声撅一撅，鸡叫两声撅两撅。同学们看后疑惑不解，一个个睁大眼睛望着老师。老师说：“这是明朝开国皇帝朱元璋《金鸡报晓》的头两句，据说朱元璋吟出这两句诗时，群臣个个暗自发笑，不知你们有何感受。”接着，他叫学生试着往下续写。有个学生想了一会儿，补了这样两句：“鸡叫三声撅三次，鸡叫四声四次撅。”老师问大家这样的四句诗怎么样。有的学生说这是几句大实话，不是诗；有的说语言直白，内容有些俗，连打油诗都算不上。同学们议论纷纷，没有一个人表示满意。老师见状，在黑板上写出了《金鸡报晓》的后两句：三声唤出扶桑来，扫退残星与晓月。顿时，同学们由先前的疑惑、不满转为佩服，不约而同地拍起了巴掌。老师顺势引导地说：“日常生活中的事件，是文章写作的主要题材，但文章仅有对平常事件的直白叙述，很难使主题得到深化，朱元璋的诗给我们写作以深刻的启示——‘尺水’也可兴波澜。希望大家认真去体会，努力掌握‘兴波’的技巧。”

的确，朱元璋的《金鸡报晓》让不少人称道。这首诗好在哪里呢？好在作者不回避已有的直白叙述，又能对直白的叙述进行概括、提炼，从人们司空见惯的事物中揭示出其深层次的内涵。“鸡叫一声撅一撅，鸡叫两声撅两撅。三声唤出扶桑来，扫退残星与晓月。”四句诗由浅入深，由俗直到生动，将雄鸡啼晓、红日喷薄而出的情状形象地摹写出来了。诗句构成的画面，声、形、色、情兼备，充满激情与活力，给人以蓬勃向上的气势和感受。

下面是一位同学的周记，题为《大扫除》：

倒完最后一堆垃圾，天色已近黄昏，同学们都走了。我赶紧收拾好课本，准备回家。

这时，班主任王老师来了。他先是看了看教室的地板，接着，他又查看了窗台并用手摸了摸。窗台已擦过两遍，那自然是没问题的……

要走的时候，他突然停住了脚步，目光落在了黑板的上方——那儿挂着一面“卫生流动红旗”。唉，糟了！“卫生流动红旗”上落了一些灰尘，还有几根蜘蛛网丝粘在上面晃动着。一定是打扫天花板的时候给弄上的。这“卫生流动红旗”可是我和同学们经过一个月的努力才从邻班争来的……我急忙拿起拂尘，把红旗上的灰尘和蛛网清扫干净。王老师看后，笑了笑，点头离开了。

这篇周记所记叙的事情，同学们或许都经历过。作者的叙述层次清楚，表意明白，但全文只是生活场景的实录，似浅水一盆，缺乏深层的意蕴，因而很难打动人，更难以给人留下深刻的印象。老师批改周记时，按照原作者的身份和语气，在结尾处添加了一段话：“你问我为什么这样做，告诉你吧，因为我知道，荣誉得来不容易。我应带头珍惜爱护，可不能让它沾染灰尘呀。”如此一来，全文立意顿高。“可不能让它沾染灰尘呀”，一语双关：既不能让“卫生流动红旗”沾上灰尘，也不能让思想沾上“灰尘”。这添加的内容，将“我”这个清洁委员从严要求自己、自觉维护班级荣誉的好品质表现出来了，“我”的形象也因此鲜明了许多。如此一来，文章的档次也就得到了提升。

再请看一段文字：

天阴沉沉的，北风由小渐大。放学后，同学们谁也不敢在学校逗留，因为大雨很快就要来了。我怕挨淋，便赶忙背起书包，快步往家跑。谁知，老天爷一点也不讲情面。随着“轰隆隆”一阵雷声，雨下起来了。我一手撑伞，一手按着书包，拼命地跑起来。雨越下越大，路也变得泥泞起来，鞋上沾了不少泥巴。由于风大，伞很难撑住，背后的衣服都淋湿了，冷得我直哆嗦。到家时，我几乎成了落汤鸡。妈妈见状，心疼极了。她赶紧接过我的书包，又照护我换下淋湿的衣服，脱下满是泥巴的鞋子。接着，她又麻利地从厨房端来热水，帮我擦洗完毕，就让我钻进了热被窝。“真是不凑巧。你爸爸出差了，我又临时有急事不能去接你，要不你怎么会淋成这个样子呢?”她边说边为我掖被子，还说怕我感冒，要去给我熬姜汤。

看到妈妈忙碌的样子，听到妈妈自责的话语，刚才的风雨寒冷我一下子全忘了，直想高声地唱起来——世上只有妈妈好，有妈的孩子像个宝！

这个小作者就很好地掌握了“尺水兴波”的技能。他所叙述的，也是常人之常事。但他明白，仅有这样的叙述，文章仍是平俗之作。于是，巧手“兴波”，在叙述完结之后，写下这样的话：“看到妈妈忙碌的样子，听到妈妈自责的话语，刚才的风雨寒冷我一下子全忘了，直想高声地唱起来——世上只有妈妈好，有妈的孩子像个宝!”这就突出了家的温暖，表达了他对妈妈的感激与热爱之情。如若没有这段话，文章的立意就要逊色得多。

为文莫惧浅与直，“尺水”也可兴波澜。面对那些叙平常事、写平常人且缺少特点、意蕴浅显的文章，不要轻易放弃或否定。注意对所记叙的内容认真加以分析、概括、提炼，用恰当的语言揭示出它所蕴含的意义或哲理，那平实的叙述就能跳出平淡之窠臼，文章则会因此增色不少。

欲扬先抑——一种独特的人物褒扬法

欲扬先抑是一种独特的人物褒扬法。作为写作技法之一，它在写作中对要肯定、褒扬的人或物，由“抑”入笔，先言其不好、不足之处或作者对之不满意、不喜欢的态度、情感，然后再通过对相关内容、情节的叙述，使其正面甚至是高大的形象一步一步地“立”起来，最终达到“扬”的目的。这种技法，能使平淡的写作素材尺水兴波澜，它通过情节的起伏、情感的波折，激起阅读心理的落差，从而产生震撼人心的表达效果。

《公共汽车上的人》这篇短文，就成功运用了欲扬先抑这种写作技法。

上车时，我就注意到了她。一个衣着俗艳的女售票员，脸上有着似乎打了通宵麻将的疲倦。她的嗓音沙哑，面无表情地嚷着：“上车买票了。”在她挤过我身边时，我厌恶地躲闪了一下。

上来一位抱小孩的乡下女人，干枯的头发胡乱用旧格子围巾扎着，过时的衣服缀着补丁。没谁多瞟她一眼，大家都盯着窗外——有家“海鲜楼”开张，请了乐队吹打着，好不热闹。

女售票员叫道：“哪位同志给这个抱小孩的让个座?”没有反应，有看窗外的，有低头看BP机的，还有对着镜子补妆的……就连乡下女人也木然着，她似乎还没意识到与她有关。女售票员又叫了一遍，乡下女人倒明白了喊叫是为了她，脸上有窘羞的神情，仿佛为惊扰了他人而抱歉。

一个刹车，慌张的女人险些跌倒。女售票员倒处变不惊地卖着票，还固执地叫着“哪位同志请给这位抱小孩的让个座?”仍未有回应。

女售票员挤到一个染着栗色短发的女孩身边，示意她起来让个座，仍是不带什么表情。女孩很不情愿地起了身，乡下女人终于抱着孩子坐下了。

下车时，我已对那位衣着俗艳的女售票员改变了印象，因为为了一个衣衫陈旧的乡下女人，“哪位同志请给这位抱小孩的让个座”这句话，她固执地重复了11次。

这篇文章的主人公是“女售票员”。文章开笔先“抑”，写她衣着俗艳、脸色疲倦、嗓音沙哑、面无表情。这些描写清楚地表现出作者的情感倾向，也让读者对之有了初步的不太好的印象。尔后，文章有层次地写“女售票员”一次又一次地请乘客为“抱小孩的乡下女人”让座，后来，她竟“挤到一个染着栗色短发的女孩身边，示意她起来让个座”，至此，一个心地善良（不歧视乡下人，为“抱小孩的乡下女人”找座位），工作负责（“哪位同志请给这位抱小孩的让个座”这句话“她固执地重复了11次”），应受到称赞和尊重的形象，鲜明地凸现在了读者面前。上车后，“她挤过我身边时，我厌恶地躲闪了一下”，“下车时，我已对那位衣着俗艳的女售票员改变了印象”，文章以“我”对“女售票员”这种前后截然不同的态度，表达了对主人公的肯定与褒扬。文章看似平淡无奇，但清晰地写出了“我”耳闻目睹“女售票员”的言行表现后，对她印象的转变。全文虽无赞颂之词，但字里行间渗透着作者的赞美之情。欲扬先抑手法的成功运用，使这个“女售票员”给读者留下了深刻的印象。

运用欲扬先抑这种技法，要注意两点：

一、“抑”要有度

“抑”和“扬”是事物对立的两个方面，二者有着密切的联系：“抑”是手段，“扬”是目的。形象地说，欲扬先抑在写作上是“退一步进两步”，“退”的目的在于“进”，因此，“退”不仅不能影响“进”，还要最大可能地促进“进”。“抑”要有度，是说运用欲扬先抑这种技法写人状物，要注意掌握“抑”的分寸。

有人认为，对所表现的对象，起笔“抑”得越狠，“扬”得就越高，文章的中心就越突出。这种观点是错误的。须知，贬抑失度，容易造成“抑”“扬”之间反差过大，那样，再“扬”起来就十分不容易、也不现实了。失度容易导致失真，而失真则使文章失去感染力和生命力。

杨朔的《荔枝蜜》是成功运用欲扬先抑手法的典范。文章开头写道，“小时候有一回上树掐海棠花，不想叫蜜蜂蜇了一下”，因此，以后“每逢看见蜜蜂，感情上疙疙瘩瘩的，总不怎么舒服”。这里，作者就很好地掌握了“抑”的度。写对蜜蜂的感情，只是“不怎么舒服”而已，要是起笔写与蜜蜂势不两立，见之必欲置之于死地而后快，那么后来的赞扬蜜蜂、做梦变成蜜蜂就让人难以理解和相信了。又如《公共汽车上的人》的“抑”，作者只是说“女售票员”的穿着让人不太顺眼(“衣着俗艳”)、声音不清脆悦耳（“沙哑”)、精神不太好（“疲倦”、“面无表情”）等，这些都是外在表层上的问题，无关人的素质、品行，而如若开头写她言语粗俗、行为卑琐、是非标准失衡，那后文就很难让她给人以心地善良、工作负责的印象了。

二、“扬”要有序

欲扬先抑在写作流程上表现为“抑”而后“扬”，由“抑”到“扬”之间有一个过程，这个过程的有无、写得好坏，在很大程度上决定文章的成败。缺少“扬”的过程，文章就立足不稳，其结果会缺乏真实感，令读者感到突兀和茫然；同时，“扬”的过程也不能缺乏条理，否则，就给人杂乱无序之感。正确的方法是，重视过程，依序而写，拾“级”而上，步步推进，最后方可使“扬”达到“顶峰”。如《荔枝蜜》中写“我”的思想变化。“抑”：起初，对蜜蜂在感情上是疙疙瘩瘩的，总不怎么舒服；“扬”的过程为：看了满树的荔枝花、吃了蜂蜜后，“不觉动了情，想去看看一向不大喜欢的蜜蜂”——实地观看了蜜蜂酿蜜、听了老梁的介绍后，不禁由衷地赞叹：“多可爱的小生灵啊！”“蜜蜂是渺小的，蜜蜂却又多么高尚啊！”——看到农民在田间辛勤地劳作，“这天夜里，我做了个奇怪的梦，梦见自己变成一只小蜜蜂。”这细致有序的叙述，一步一步地夯实了“扬”的基础，不但有条理地再现了“我”的思想变化的轨迹，文章最终的“扬”也让读者感到真实可信，从而大大增加了文章的表现力和感染力。

形体语言及其运用

在人际交往活动中，人们的一举一动，一颦一笑，无不是心际的显露、感情的外化，这种以无声的非文字语言来传情达意的方式，就叫“形体语言”。“形体语言”又被称做“体态语言”、“肢体语言”、“身体语言”，也有人将它称做“态势语”、“体语”。“形体语言”是与口头语言、书面语言处于同一表意层面的交际手段，其作用不可小觑。

形体语言有头语、脸语、眉语、眼语、手语、腿语等。可以说，人体的每一个活动部位，几乎都能传递出不同的信息。比如眉毛位置的稍稍改变，便可传达出截然不同的意思：一条眉毛扬起，是传统的怀疑信号；两眉扬起，则是惊讶的信号；两眉下垂，是沮丧、悲哀的信号；两眉横展，是愤怒的信号。真是“一切体语皆心语”，情感尽在不言中。

形体语言是早于口头语言、书面语言出现的一种交际手段，是口头或书面语言的重要辅助和有益的补充，它可以传递极其丰富的信息，表达非常细腻的感情，发挥着口语所不可替代的重要而独特的作用。实践证明，人类的形体语言，有时要比有声语言更富有表现力和感染力。1987 年，美国聋哑女玛莉·马特林荣获电影奥斯卡最佳女演员奖。她的获奖作品《小上帝的孩子》的独到之处，就是角色之间的交流全靠形体语言来进行，人物复杂的内心活动——思索、沮丧、幻想、喜悦、爱慕等，无一不是通过演员的手势、身势、眼神和面部表情等表现出来，这部影片引起语言学家的浓厚兴趣。过去那种认为只有演哑剧、教聋哑人、带婴儿等个别的工作才需要运用形体语言的看法，已经不再被人们认同，形体语言在人际交流中的作用日益受到重视。

认真分析人们在日常生活中的交际情况，不难发现，正常人的信息传递、思想交流、情感表达都离不开形体语言。在交际活动中，若能恰到好处地使用“无声语言”，不仅可以省去诸多口舌之劳，还可以补充有声语言的未尽之意，收到“意在不言中”的特殊效果。如我们已经看熟了的打“V”形符号、播撒飞吻等形体语言，能将喜悦之感、喜爱之情表现得热烈奔放、淋漓尽致。那热恋中的情人深情的对视，其女子娇嗔、男者爱慕的情感，是无法用任何语言、文字准确表达的。而第27届奥运会上，男子百米飞人格林夺得冠军后将金鞋奋力地掷向观众的举动，则是其狂喜之情最好的宣泄。

形体语言不仅在人们日常生活中起着重要的作用，在书面交际中，它的作用也是极其重要而明显的。写作中，根据表达的需要，在刻画人物时恰当地描述其形体语言，既能使行文富于变化，还可以弥补有声语言因特定的时间、地点、人物的种种限制而存在的缺陷或不足，增强文章的真实感和可信度，有助于更好地刻画人物形象，突出文章的主旨。如杜鹏程《夜走灵官峡》中的“我”因风雪太大，无法摸黑继续赶路，只好在成渝一家居住的石洞里暂避风雪。不一会儿，鞋子上的冰雪化开了，“我”麻木的双脚开始发痛。为了取暖，“我”跺起脚来。此时，“成渝咬住嘴唇，又摆手，又瞪眼睛”。句中的“咬”、“摆”、“瞪”等动词，即是对成渝形体语言的描写。为什么成渝不用有声语言厉声制止“我”跺脚的举动，而用形体语言发出制止的信号呢？原来这时他妹妹正在睡觉，大声说话势必会吵醒他妹妹，在这不能言讲（发出声响）之时，形体语言发挥了应有的作用，将一个负责、懂事、天真的儿童形象活生生地凸现在读者面前。又如《葫芦僧判断葫芦案》中，原告在堂上陈述了冤情，贾雨村听罢大怒，要发签差人立刻将凶犯家属拿来拷问。正当此时，“只见案旁站着一个门子，使眼色不叫他发签”。门子为何使用形体语言（“使眼色”）制止雨村发签？原来堂上人多，是不便言讲之地。如若门子直言不能发签的缘由，岂不悖情悖理？又怎能表现出门子谙熟吏道、狡诈世故、趋炎奉承的性格呢？再如《最后一课》中，当教堂的钟敲了 12 下，普鲁士士兵收操的号声响起后，韩麦尔先生极度悲愤，他在黑板上写上“法兰西万岁”后，“呆在那儿，头靠着墙壁，话也不说，只向我们做了一个手势：‘散学了，——你们走吧。’”这段对韩麦尔先生的形体语言的描写，增添了文章深沉凝重的气氛。此时，韩麦尔先生悲愤万分，是不愿言讲之人。对此时此情中的他来说，任何有声语言都是多余的、苍白无力的，惟有这呆怔的情态、头靠墙壁的动作、挥手的姿势，可以鲜明地表现出其强烈的爱国主义情感，正可谓“此时无声胜有声”。

充分认识形体语言的特点、功用，在日常交际和写作中，得体、适时地运用形体语言，可以化烦琐为简洁，化平淡为神奇，准确地传递信息，表情达意，同时，还可以使文章平添魅力和韵味，或赢得社交的好效果。因此，我们应当重视形体语言，并善于运用形体语言。

给作文穿件别致的“外衣”

看多了整齐方正、状如“火柴盒”的楼房，再见到一处欧式别墅，定会令人怦然心动；在服装样式一致、布料色泽单一的人群中，若出现一位衣着式样、颜色等都异于他人的人，眼前必会猛地一亮。原来，新颖生奇，别致出新。文章也是如此。看多了套路一致、形式雷同的作文，难免视觉疲劳、心感乏味。而如能突破寻常的写作模式，在文章立意、语言表达合乎要求的前提下，巧妙地改换作文的表现形式，使之以别样的“包装”出现，定会让人心中一震，使读者“一见钟情”。

写作话题

“和”字，字祥意丰，意味深远，寄托着中华民族的美好愿望。对人和善、和蔼，对己平和、气和；家和万事兴，邻和胜亲人；商场上和气生财，困难时和衷共济；人类向往和平，世界需要和平……

请以“和”为话题，选择你最擅长的一种文体，立意自定，题目自拟，写一篇600字左右的文章。

例文

关于“和”的一期访谈

武汉大学附属外语学校初三年级（9）班　沈力

何为“和”？左“禾”右“口”即为“和”。“和”向来是人们寄托着美好愿望的字眼，但“和”字简义丰，每个人心中都有其特定的“和”。为此，这期节目，我们将带您走进不同人的

“和”的世界。

镜头一：主持人与商业成功人士的访谈

“F先生，作为商业领域卓有成就的人，你如何看待‘和’呢？”

“在我看来，在人际关系日益商业化的今天，‘和’仍是不可缺少的。虽说商场如战场，竞争如战斗，但还是“和”主宰一切，和气生财就是这个道理。大家公平合理地竞争、发展，一切皆在和谐之中。遇到困难不怕，‘和’来相助，和衷共济，共度难关。”

画外音：原来这就是商人心中的“和”，妙矣！

镜头二：主持人与知名政界人士的访谈

“在政界工作多年的P先生，每天都要面对复杂多变的国际局势，相信在他的心中，‘和’将被另类诠释。”

“‘和’是人类共同追求的目标。几千年来，人们不断探索，企图达到和谐、和平的境界，但真正的“和”还是可望不可即。作为一名政界人士，我想说的是——和平是人类期待已久的礼物，我们需要和平，世界需要和平。而要达到这“和”的目标，仅靠一部分人是不够的，和平需要社会全体成员的不懈努力，有了和平，更需要社会全体成员的共同维护。”

画外音：和平，和平，有“和”、维“和”天下才会太平啊！

镜头三：主持人与一位普通老人的访谈

“刚才我们认识了商业成功人士和在政界工作的人士，在他们的“字典”中，‘和’各有其意。下面是A先生对‘和’的独到见解。”

“我活了一辈子，也想了一辈子，这‘和’究竟为何物？我想得头发、胡子都白了，仍难准确说出答案。如今一看满堂的儿孙（抱起他的小孙子），我才豁然大悟，这不就是‘和’吗？人说‘家和万事兴’，不也正是这个理儿吗？其实，‘和’不需寻找，生活中处处有‘和’。做人、做事讲究一个‘和’字，生活就比蜜还甜。”

画外音：常人之见不同于大人物，却也意境深远，令人回味无穷。

（回到演播室）

“在人们的心目中，‘和’象征着‘和气生财’、‘和平’、‘家和万事兴’……‘和’的内涵真是丰富啊！正所谓一百个人心中有一百个哈姆雷特，一千个人心中也有一千种‘和’。”

“正如那位老人所言，‘和’无处不在，第一次与‘和’接触，我就仿佛进入了一个不可言喻的境界。现在我知道了，那就是‘和’。”

“好了，本期关于‘和’的访谈，就到这里结束了。各位朋友，咱们下期再见！”

（评析）

以节目访谈的形式结构全篇，是文章表现形式上的一大特色。

文中，作者精心设置了三个场面，采访了三个身份不同的人（商业成功人士、知名政界人士、普通老人）。访谈中，主持人的节目串词、被访者的现场答对、画外音的议论评说，三方面内容依序连缀成章，构成一个有机的“板块”。全文的三个“板块”既相对独立，又互为补充，使文章的中心得以很好地凸现。文章形式新颖，结构灵活，给人留下了深刻的印象。

“和”

武汉大学附属外语学校初三年级（9）班　汪尧

题设：许久以前，人类的社会中充满了“和”元素，人们和气待人，和气生财，合家欢乐，和平共处。后来，随着人类科学技术的不断发展，“和”渐渐成了人类社会中的微量元素。一切都发生了改变。

求证：试证明人类社会缺少“和”，并说明理由。是否存在一种可以挽救人类的方法？若有，请找出这种方法；若没有，请说明理由。

证明：当今人类社会缺少“和”。现在，人类的科学技术正在高速发展，物质生活有了极大的改善，人们都以极大的热情，朝着更高的生活目标快速前进。但人们在追求幸福生活的同时，却忽略了一些极为重要的东西，“和”就是其中的一种。

以前，人们亲如一家，和睦相处，如同生活在一个大家庭，左邻右舍，相互关照。这家有喜事，大家都来庆贺；那家有困难，大家赶去帮助。人们即使在物质上没有太多的享受，但精神是富足的。生活在“和”的气氛当中，一切都那么富有生机和活力。

而现在，城市里高楼林立，一栋栋楼房中，少则几家，多则几十家，但是走进去却很少感受到“和”的温暖。闪着寒光的铁门紧紧地锁着，仿佛要隔绝一切。你想敲门问件事或友好地打声招呼，过了许久，才会有人隔着铁门用怀疑的口吻盘问你，通过“猫眼”用异样的眼光打量你，就像在盘查、审视犯人一般。这时，一股寒流涌遍你的全身，使你原有的热情迅即冷却。这样的情状，难免让人不寒而栗，因为人们的心冷了。

小不“和”，大焉能“和”？现如今世界上，霸权主义不断扩张，恐怖势力经常滋事。那些弱小的国民，处在水深火热之中；无数热爱和平的人，正在遭受着煎熬——世界也不“和”！

综上所述，人类社会缺少“和”得证。

存在一种方法：人们自愿地、主动地放下自身的利益，用心来感化这个缺少“和”的世界：关注他人，关心他人，关爱他人，让世界充满“和”与爱。不知不觉中，人们会发现，他们创造的财富及获得的快乐，不但不会减少，反而还会增加……

（评析）

作者将几何求证题的形式用于文章写作，可谓匠心独运。

文章的题设、求证、证明，几部分环环相扣，步步深入。尤其是证明部分，以对比的手法写出了“以前”、“现在”这两个不同时期中人们不同的生活状况，针砭了当今社会中因少“和”而出现的一些弊端。文章的末尾，作者又巧妙地推出一种求“和”的方法，深化了文章的中心。完整的结构框架，新颖的结构形式，使文章极富个性特点，表现出作者一定的文章“包装”技巧。

和 美

武汉大学附属外语学校初三年级（9）班 何 溪

现如今，鳞次栉比的高楼让灰色几乎成为了世界的主色调，灰色的防盗门，灰色的手机，灰色的电脑和一张张近乎灰色的面孔，生活的调色盘似乎失去了应有的色彩。其实不然，灰色虽然占据了很大的比例，但总能看到闪动着的亮丽景观，那是生活应有的本色——和美。

一、橙：和美的家庭

（背景：橙色灯光，橙色秋千，橙色树叶，以及这橙色画面下的橙色温馨。）

花甲的奶奶搀扶着花甲的爷爷，花甲的爷爷拄着藤编的拐杖；年幼的女孩拉着爸爸妈妈的手，不安分的双脚踏着落叶，奏出一支晚秋黄昏的协奏曲。年轻的夫妇把平时随身携带的手提电脑、手机放在了家里，带着年迈的父母，领着女儿，悠闲地漫步在公园里。他们之间的交谈是那么的亲密与自然，甚至连小女孩欢快的笑声，也没有给静谧的夜带来一丝的喧闹，只是与那份温馨默契地配合着。

和美的家庭勾勒出了世界上的橙色。

二、蓝：和美的邻里

（背景：蓝色纱窗，蓝色果盘，蓝色菜篮，以及这蓝色画面下的蓝色关怀。）

邻家的大妈挎着菜篮慢慢走到小院中，一个小伙子抱着一摞书，从身后匆匆跑过，不小心撞掉了大妈的菜篮，也撞散了自己手中的书。“哎呀，大妈，对不起！对不起！”说着，他弯下腰扶正大妈的篮子，又把散在地上的菜一一捡起放入篮中，全然不顾自己的书。大妈蹲下来，想帮小伙子捡书，小伙子却赶忙扶她坐到一边的石凳上，嘴里还不住地说："我自己来，大妈您别管。"大妈看着满头是汗的小伙子，笑了……

和美的邻里勾勒出了世界上的蓝色。

三、绿：和美的人与自然

（背景：绿色群山，绿色池塘，绿色小径，以及这绿色画面下的绿色心情。）

畅游美丽的大自然，人们陶醉于那澎湃的江河，陶醉于那辽阔的草原；人们感叹那壮观的瀑布，感叹那巍峨的群山。这大自然给予的财富，带给我们美丽的心情。

一群学生说着笑着，在这城中的公园里游玩。他们看到被风吹弯的小树，就用木棍将它支起；看到散落在地的纸屑，就将它们拾起……这美的行为给大自然留下了美的风景。

和美的人与自然勾勒出了世界上的绿色。

啊！世界上除了灰色，还有这么多美丽的色彩。可别让灰色在调色盘中蔓延，我们要用"和美"将它"稀释"。只要心中有爱，我们就能拥有和美；只要拥有和美，世界就会变成一幅五彩缤纷的油画。

（评析）

行文中恰当地运用小标题，使文章线索清晰，呈现出匀称、醒目的结构形式之美。

以三个小标题领起文章的主体部分，三个小标题均紧紧扣住了"和美"的话题。作者撷取了三个经想象加工过的生活片段，巧妙地选用三种颜色来描说，表达了对丰富多彩生活的追求与对和美生活的赞美之情。三个画面按一定的逻辑关系排列——"和美的家庭"、"和美的邻里"、"和美的人与自然"，并列的结构形式中又有语意的逐层深入。文章由点及面，收放自如，总—分—总的行文结构，揭示画面内容的标题形式，使文章增色不少。

关于“和”的化学性质研究报告

武汉大学附属外语学校初三年级（9）班　李曦旻

实验目的：探究“和”的化学性质

实验器材：玻璃棒、烧杯、酒精灯、铁架台等

实验一：将“和”与“善良”放在一起加热

和 + 善良 = 和善

不一定人人的性格都和善，但肯定人人都希望与和善的人相处。和善能缩短人与人之间的距离。朋友和善，双方可以成为无话不谈的知己；同事和善，工作起来会轻松许多；老师和善，学习的收获会更大……总之，这种透明的晶体能使我们生活在愉快的空气中。

实验二：将刚得到的“和善”与液体“融洽”混合

和善 + 融洽 = 和睦 + 快乐

家和万事兴，邻和胜亲人。这是妇孺皆知的道理。家庭和睦，就没有过不去的难关；邻里和睦，日常诸多的困难都可迎刃而解；民族之间和睦，利于国家的稳定、兴旺、发展……

同时，需注意的是，这个反应还生成了“快乐”这种无色但却芳香的气体。

可见，无论是家庭和睦、邻里和睦，还是民族和睦，都能使人快乐。虽然有时不是那么明显，但仍然会使人心情舒畅，会有利于人的健康。

实验三：将“和睦”与“平稳”混合

和睦 + 平稳 = 和平 + 发展

国家间和睦，世界格局平稳，才能有和平。世界和平，才有利于经济发展。这是人所共知的道理。面临日趋严重的环境问题，各国之间不和睦，怎能互相配合解决环保问题？如果世界不和平，三年一小战，五年一大斗，百姓的安全都无保障，又怎么能发展、进步？

结论：“和”的化学反应极为活泼，而且可以发生一系列链式的良性反应。若广泛运用于社会生活，可有效地解决人类生活中种

种棘手的难题，故应得到推广。

（评析）

作者跳出一般的记叙文、议论文、说明文的框架，独辟蹊径，以研究报告的形式结构全文，给人耳目一新之感。

作者别出心裁，巧妙地来了个文章形式上的“学科嫁接”，套用化学实验报告的常规格式（实验目的、实验器材、实验步骤、实验结论）行文，增强了文章的吸引力。文中所写实验的三个步骤，步步都由特定的“化学方程式”入题，而“化学方程式”中的每一个“分子式”，又都与“和”的成分紧密关联。全文围绕“和”这个话题，逐步深入阐述，最后得出“和”“可有效地解决人类生活中种种棘手的难题，故应得到推广”的结论。文章的中心得以彰显与深化，独特的结构形式起到了不小的作用。

由“和”字所想到的

武汉大学附属外语学校初三年级（9）班　甘霈

我常常惊诧于古人造字的艺术，它蕴含着奇妙的哲理，发人深思。

“和”是中国人偏爱的一个汉字，“天时、地利、人和”中，“和”最重要。家庭和和美美，人人和和气气，商场和气生财。“和”构造了人们理想中的桃花源，蕴涵着一种恬淡、美好的道德美。单就“和”字来说，也是耐人寻味的。

“和”的左边是“禾”。禾者，苗也，也就是粮食。粮食是人们最基础也是最重要的需求，离开了它甭谈“和”，人已呜呼了。粮食旁边是一张口，体现了古人对“和”最基本的理解：只要人人有口粮吃，便平安无事，和气相处。但若没有这口吃的，兔子急了还咬人呢，结果必然是你争我抢，有伤和气。“禾”是“和”字这架天平上与人之需求维持平衡的砝码。

这一点就是如今看来亦不无道理。虽然已不再是食不果腹的时代了，“禾”却衍生出人们更多更新的需求，小到追求别墅、香车，生活奢华；大到追求征服地球，成为世界霸主，这可着实是

“狮子大开口”了。说到这儿，这“口”一开可就麻烦了，由“和”变为了“私”。私欲是破坏“和”这架天平平衡的罪魁祸首，它拥有惊人的繁殖力，如埃博拉病毒般在恶性膨胀。希特勒登上总理宝座后，继续疯狂地侵略扩张，在人类和平史上抹下了黑暗、沉痛的一笔。这显然归结于他惊人的私己之心。

当“私”右边的吞噬之“口”张开时，它出现了可怕的倾斜，应得之“禾”满足不了疯狂膨胀的胃口，自然是拿把刀去夺取不应得的东西了。拿上一把刀，它就变成了“利”。它在“利”欲熏心之下，对他人进行威逼“利”诱，搜刮他人之“利”，这样的人使“和”的问题陷入更复杂的境况。君不见，贪污受贿、徇私枉法等的报道屡见报端。甚矣！贪利之可耻，甚矣！和之可贵。

当然，这种现象是受道德准绳制约的，道德不允许这些“血盆大口”破坏和平，因而给“口”拴上一根绳子，把“和”转化成“种”。种瓜得瓜，种豆得豆，想要得到粮食，便要播种希望，播洒汗水。用自己的汗水获得的“瓜儿”，味道才更加甜美，享用时才心安理得。而播种下爱的种子，也终会长出和平的橄榄枝。

“和”字，字祥义丰，意蕴深长，是每个人所追求的理想之邦、幸福之源。只要我们把追求“和”的理念放入生活中的每个细节，就一定能把“和”字推向完美，创造出一个真正和平的世界。

(评析)

本文构思异常巧妙，结构形式别具一格。

作者采用“拆字法”，先后从“和”、“私”、“利”、“种”这几个字的结构分析入手，缀连成文。而这种分析又不是严格意义上的文字学研究，而是充满奇思妙想的借题发挥，是典型的以小见大的写法。文章处处不离对那几个字的俏皮解说与发挥，又处处流露言外之意，重心则落在表达自己对社会与人性的独到而深刻的见解上。文章结构独特，形式别致，语带锋芒，挥洒自如，读来让人击掌叫好。

结语

俗话说："三分长相，七分打扮。"这句俗语用在文章写作上极为恰当。讲究作文的"打扮"，就是讲究作文的表现形式。上述几篇作文，均是学生在规定时间内完成的。作者肯于在文章的"包装"上动心思，写"和"这篇同一话题的作文，他们分别采用了节目访谈法、几何求证法、画面组合法、实验报告法、拆字释义法等形式行文，端出的是一份份风味别致的"菜肴"。他们的文章，形式新颖独特，情感自然充沛，从而大大地增强了文章的表现力和感染力。可见，重视文章的表现形式，精心地给作文穿件别致的"外衣"，使之成为特定的"这一个"，文章便可"以貌悦人"。

语词辨识篇

读书读出味来，语言自然有味，语言有味，做出文章亦必有味。

……得一分见解是一分学问，除一种俗见，算一分进步。

——林语堂

>>> 语词辨析 <<<

“们”表复数之外

“们”是汉语中一个位置固定（附着在表人名词、短语或人称代词的后面）、表示复数的词素。此外，它还有以下作用：

一、用在专有名词后，可增强语词的特指功能、感情色彩，表示某“一类人”、“等人”或“之流”、“一伙”等意。

如：“梁晓声、铁凝们自发组织起来，编起了布老虎丛书。”“梁晓声、铁凝”后加“们”，其意不在说人数多，而是用以特指梁晓声、铁凝等这些影响面较大、有一定的知名度和读者面的作者。又如：“一切困难险阻都不在社会主义时代的愚公们的眼里。”句中的“愚公们”特指具有愚公精神的一类人。“们”附着在反面人物的名词之后，则突出其贬义。如：“尽管刘龙军（震惊全国的9·18盗窃文物案主犯）们自认为做得天衣无缝，但狐狸再狡猾也斗不过好猎手，最终还是被抓获处决了。”句中“刘龙军们”不是说叫“刘龙军”的有好些人，这里的“们”是“一伙”、“之流”的意思。语含斥责、轻蔑、嘲讽之意。

二、附着在某些单音节名词后作词尾（读轻声）。可以改变该词的内涵，增强其口语色彩、方言意味。

如“爷”、“娘”等单音节名词，本是晚辈对长辈的称呼语，但后面加上“们”组成“爷们”、“娘们”，其内涵则发生变化，不再指称长辈，而是或指男人、女人，或是平辈间的称谓，同时，它们还带上了鲜明的口语色彩或浓郁的方言意味。这种“们”，已完全失去表复数的功能，类似的还有“哥们”以及仿拟“哥们”

而来的“姐们”。如：“话犹未了，柜内冲出一姐们，拿起铁丝一阵猛拧，果然功夫不浅。三下五除二，断了。友好地来一句：‘还是个大男将。’惹起一阵哄笑。”（张际斌，《买铁丝》，载《长江日报》1994 年 11 月 6 日 5 版）句中所用的“姐们”，是庄是谐，是褒是贬？种种意蕴，任人品味。

三、用在指物的名词后面，则是拟人手法。

如老舍的《济南的冬天》：“山坡上，有的地方雪厚点，有的地方草色还露着；这样，一道儿白，一道儿暗黄，给山们穿上一件带水纹的花衣；看着看着，这件花衣好像被风儿吹动，叫你希望看见一点更美的山的肌肤。”山，本是无生命的静物，但作者一个“们”字点活了它。它如同人一般，有肌肤，穿花衣。小山娇媚异常，秀美动人。字里行间，充溢着作者深切的喜爱之情。

明白了“们”的这些功用，交际中若能恰当地使用它，无疑会在很大程度上增强语言的表现力和感染力。

“小”的魅力

“小”是一个常用汉字。《说文解字》：“小，物之微也。”《辞海》对“小”的诠释，第一个义项即是“与‘大’相对。指数量、体积、容积、范围、规模、力量、器量等在一般水平之下或不及相比的对象”。

“小”具有极强的喻指功能，它和某些词语一结合，该词便含有了比喻义。性情直爽，说话冲而直率的人，喻之“小钢炮”。私下传播不应该传播的或不可靠的消息，人称“小广播”。气量狭小，只考虑小事，不顾大局，此人必定是“小肚鸡肠”。轻而易举的事喻为“小菜”，歇后语不是有“张飞吃豆芽——小菜一碟”吗？擅长算计，此人心中有个“小九九”。若只为个人或局部利益考虑，那就是打“小算盘”。把柄喻做“小辫子”。如果不地道，暗中对别人刁难，那是给人“小鞋”穿。

“小”能增强词语的贬抑色彩。一些本不含贬义的词，一旦遇上“小”，也就被“贬”了。你看，“气”、“人”原本无所谓褒贬，但前面冠以“小”字，就大不一样了。常因小事就发作的坏脾气，谓之“小性”。不敢放手做事，没有魄力，是“小手小脚”。为了某种个人目的在背地里干不正当的活动，则是人所不齿的“小动作”。

事物都具有两重性，“小”也如此，“小”是个精灵，它能使词语含纳贬义，也能让词语带上褒情，甚至能化贬为褒。“鸡”、“猫”、“狗”之类，前面添一个“小”字，读起来令人顿生怜爱之情；款待客人或赠送礼物（慷公家之慨不在此列）时，一句“小意思”，即可让对方感悟到你的热情与真诚。古时带兵打仗，勇敢有为的年轻将领称“小将”，这也是对今日各行各业中建功立业的年轻人的爱称。年轻的妈妈唤孩子“小心肝”，流溢出不尽的母爱；热恋中的情人称一声“小心肝”，喜爱之情，尽蕴其中。冤家路窄，但一声“小冤家”寓含了多少疼爱与娇嗔？

“小”有时也闹情绪，不喻指，不代称，也不司职褒贬，一句话，它不表实在的意义了。如“小时”、“小差”、“小说”、“小费”等即是如此。但不表义不等于没作用，这些词语中的“小”是少不得的。不信，去掉“小”字，它们的词义不就改变了吗？

“走”——一个神奇的汉字

“走”是一个神奇的汉字，它不仅表义丰富，而且使用范围极为广泛。语言交际中，准确地理解“走”的含义，恰当地使用“走”字，能在一定程度上满足人们传递信息、表达情感的需要。

先说“走”丰富的义项：

《说文》：“走，趋也。”“走”的基本义是“跑”；疾趋（快步行走）。如《韩非子·五蠹》：“兔走触株，折颈而死。”成语有“走马观花”、“奔走相告”等。“走”又指“逃跑”。如《孟子·梁惠王上》：“弃甲曳兵而走。”

在具体的语用实践中，“走”由“跑”这一基本义直接引出的义项是“步行”，即双脚交互向前迈动。如：行走，慢慢地走。在此基础上，又通过间接引申或比喻产生出多种义项：

（亲友间）走动，交往。如：走亲戚。《红楼梦》第6回：“刘姥姥忙念佛道：‘我们家道艰难，走不起。’”

去，离开。鲁迅《彷徨·祝福》：“无论如何，我明天决计要走了。”

叱人离开。《史记·郦生陆贾列传附朱建》：“郦生叱使者曰：‘走！复入言沛公，吾高阳酒徒也，非儒人也。’”

至，到。《庄子·达生》：“有张毅者，高门县簿，无不走也。”郭象注：“司马云：走，至也。言无不至门奉富贵也。”

往。《仪礼·士相见礼》：“某将走见。”

（物体）移动。苏轼《新滩阻风》：“北风吹寒江，来自两山口。初闻似扇摇，渐觉平沙走。”

背离，发生误差。《好逑传》第9回：“好个义侠男儿！侄女一向最有眼力，今日为何走了？”

由，经过。浩然《艳阳天》第3卷：“现在你愿意走这道手续了，我同意。”

泄露。高明《琵琶记·官邸忧思》：“有一件事和你商量，你休要走了我的消息。”

丧失，失去。《五代史平话·梁史上》：“吓得尚让顶门上丧了三魂，脚板下走了七魄。”

通关节。《新唐书·杨虞卿传》：“岁举选者，皆走门下，署第注员，无不得所欲，升沈在牙颊间。”

流行，传布。陈鼎《爱铁道人传》：“于是神仙之名四走，有不远数千里来问吉凶。”

再来谈谈“走”宽泛的使用范围：

有形的五官可“走”，如：“走眼”，其意为“看错”——买珠宝首饰，若是走眼了，那你可要吃大亏；“走嘴”，喻指说话不留神而泄露机密或发生错误——与这些人打交道可要小心，千万别走嘴。

无形的神运可“走”：注意力不集中——你看，他又走神儿了；所遇到的事情恰好符合自己的意愿，谓之“走运”——小刘真走运，只买了4块钱的彩票，就中了10万元大奖。

可观视、可触摸、可闻听之物可“走”：衣物颜色变淡，称之“走色”；物体失去原有的形状，叫做“走形”；话语一旦跟原话有差别，那就“走样”了；“走火”本指不小心而使火器发火，而一个人说话说过了头，用“走火”来形容，则是最恰当、最形象的了。

事物无法观视、触摸、闻听的抽象的性质、状况等也可用“走”：某人交上好运，吃得开，或者一下子出了名，影响越来越大，那他正在“走红”；商品一路畅销，求大于供，那是“走俏”。

自然现象可“走”：泄露消息谓之“走风”，也叫“走气”。须知“走风”是说话之大忌，弄得不好会招来杀身之祸，有时还真得嘴下留“心”。无意间暴露（身体）不该露出的部分，叫“走光”，这可是令当事人自责不已、懊悔不已的难堪事。“走电”又叫“放电”，本系自然现象，然而，有的人却极为熟练地掌握了这项本领。不信？问问那热恋中的男女，有谁没向对方放过电？又有谁没感受过对方的“走电”？

学场、官场的东西也可用“走”：很快地书写叫“走笔”；做诗文或说话离开了主旨，那就是“走题”了；说话脱离主题，说得不合要求或不恰当，叫“走板”；“走形式”是只图表面应付，不讲实效，这是蒙骗领导、应付检查的行为；敷衍了事的“走过场”，其结果必然是害人又害己。

更为神奇的是，某些反映日常生活现象或事物的词儿，一旦与“走”结合，便马上会脱去原义，步入新的表义领域。

“江湖”泛指四方各地，而“走江湖”除去云游四方之意，更多的是指靠武艺杂技或医卜星相的谋生行为；“后门”相对“前门”而言，但“走后门”所含纳的“从后门经过”这一语意，已退居次要地位，人们共同的语意取向是：用托情行贿等不正当的手段、通过内部关系达到某种目的；“走内线”已不是“走”与“内线”这两个词意义的加合，它是一种比喻的说法，指通过对方的眷属或亲信，进行某种活动；“走穴”不可理解为“步入洞中”，这个词儿出现的历史不长，指的是演员为捞取外快而私自外出演出；经过精心装饰供玩赏的“马灯”，与“走”一结合，即“走”出了一种全新的语意——极言人员更换得频繁；“走钢丝”是杂技艺人展现其功夫的一种表演形式，钢丝不是人人能“走”的，如若谁硬要“走钢丝”，他定是在冒险（“走钢丝”喻指做有风险的事）。

细想起来，人的一生也多与“走”有关：小孩儿最早的独立行动便是脱离大人的搀扶，自己一扭一扭地“走路”；上学有的要“走读”；毕业后要“走向社会”；官吏就职是“走马上任”；为了生计到处闯荡是“走南闯北”；处境极端困难，找不到出路，那是“走投无路”；痴迷某事某物不能自拔，则叫“走火入魔”；庸碌无能，无所作为的人是“行尸走肉”；受人豢养而帮助作恶的人，被称做“走卒”，叫他“走狗”，更解心中之恨；员工作用不大，或不讨老板喜欢，老板会叫他“走人”；女子与丈夫解除婚约，改嫁他人，人称“走道”，如“他（李毛驴）想起了夭折的孩子，走道的媳妇，心里涌起了悲哀”（周立波《暴风骤雨》）。人活着与“走”有不解之缘，即使死去，也会拽上“走”字一同前往。“将来我撒手一走，就没人照管你们了。”这里的“走”，指的是永远离开人世。

“走”，含义多多，功用多多，真是一个神奇的汉字。

小议“哈”字

不知不觉中，“哈”字正在逐渐“走红”。它深受那些习惯和时尚赛跑的少男少女们的钟爱，以至在日常交际或媒体中频频“现身”。

请看：

①国产偶像剧：哈日哈韩哈出进步（标题）（朱波，载《长江日报》2002年10月10日）

②今天，让我们“哈自己”（标题）（陈鹏，载《武汉晚报》2002年3月29日）

③我们无意打碎任何一个正在“哈”路上的年轻人的美梦，因为哈的历程也是一个长大、成熟的历程。（宗合，《车仁表抵汉擦“火花”》，载《中国青年报》2002年6月9日）

④也许你就是一位哈韩族，你对韩剧到底能走多远，心中是否有话想说呢？（何娅，《韩剧还能火多久》，载《武汉晚报》2002年10月12日）

⑤现代舞、IT业、游戏软件、异性合租……再加上靓丽而具个性的服饰、精致的场景等，构成了哈韩哈日族眼中最期待的风景。（朱波，《〈白领公寓〉：青春+小资》，载《长江日报》2002年10月10日）

这些句子中的“哈”，是人们理解句意的一道“坎”，因为《辞海》、《辞源》、《现代汉语词典》等权威的工具书中，都难以查到对这类用在名词、代词等词语前的单音节动词“哈”的诠释，但这些“哈”在语用实践中的客观存在，又让我们不得不对其作一番探讨，以弄清其“身份”与含义。

“哈”原本是方言词语。北京方言中有“哈”一词，其义为“谄媚、讨好”。如，“不行就是不行，老哈人也没用。”（见《北京方言词典》）句中的“哈”是“低声下气、讨人欢喜”的意思。闽南方言中有“哈日”一词。其中的“哈”是“很想要”的意思。比如“很哈那个女人”，就是“很想接近、得到那个女人”之意。（“日”是口语中的“日头”，即太阳。“哈日”的意思是被太阳照晕而昏倒了，也可以说“哈着日”，意思是中了太阳的毒了。）在近年来的语用实践中，一些人对“哈”加以改造，使其逐步由方言领域步入人们的日常交际和大众媒体，它也就脱去了北京方言和闽南方言中原本含有的某些语意，被注入新的内涵，演绎成为一个逐渐“走红”的流行语，用来指疯狂崇拜、迷恋和追随时尚与流行文化的现象。这类被改造后的“哈”，含带“崇尚”、“追逐”、“模仿”之意。明白了这一点，我们不难理解上述语例中“哈××”的意思。如例②中的“哈自己”即“自我崇尚”或“崇尚自己”，表现了言者强烈的自信；例④、例⑤中的“哈韩族”、“哈日族”是近年来出现的“前卫”群体，指崇尚、追逐韩日时尚，连穿着打扮、思想行为都仿效的人。因为“哈”具有简洁、时尚的特点，所以它最早为思想活跃、追赶新潮的青少年所接受。

“哈”作为时尚用语，已客观地存在于我们的语用实际中，这是语言发展的必然结果。语言是动态变化的，为满足特定的表达需要，往后不定哪个时段，又会出现些令人们感到惊讶、新鲜的词语来。我们等待着。

“隔阂”、“隔膜”辨析

“隔阂”、“隔膜”兼属形容词和名词，它们都可表示思想感情上有距离。二者的差别主要表现在：

一、词义范围

“隔阂”是单义词。指彼此情意不通，思想有距离。“隔膜”是多义词：①情意不相通，彼此不了解。②不熟悉，不通晓；外行。其中，第二个义项是“隔阂”所没有的。如：①我离开故乡多年，对那里的情况已经很隔膜了。②我对于家电修理这门技术实在隔膜，是一个地道的门外汉。这两句中的“隔膜”是不能用“隔阂”替代的。

二、词义重点

“隔阂”意在说明相互间心理上存有障碍，侧重指彼此有意见，关系不融洽。如：“大家应该消除隔阂。”“隔膜”着重指彼此不了解，关系不密切。如：“我真希望我们之间不要成为隔膜很深的两代人，而是心心相通的朋友。”

三、词语性质

在古汉语中，“隔阂”有时作动词。如：“刘琨虽隔阂寇戎，志存本朝。”（刘义庆《世说新语》）句中的“隔阂”作动词，是“阻隔，隔绝”之意。但在现代汉语中，“隔阂”的这种动词性质一般不再具有了，而“隔膜”则仍作动词使用。如：“我希望他们不再像我，又大家隔膜起来。”（鲁迅《故乡》）

四、语法功能

“隔阂”常用来充当“产生”、“存在”、“消除”等表存现、消失的动词的陈述对象或支配成分，作其主语或宾语；“隔膜”除了能作主语、宾语外，还可作谓语。如：“谈了一些天，我对于她终于很隔膜。”（鲁迅《为了忘却的记念》）

“决”、“绝”辨析

“决”与“绝”是同音字，都可用在否定词前面，起强调作用。使用中，不细加辨析，常会误用。如：

①他期待着见到斯琴高娃，那种期待决不是见一个演员，更不是一个陌生的女人，而似乎是见一个与他有着千丝万缕联系的人。(王浙滨，《一个真实的悲剧》，载《电影故事》1994 年第 8 期)

②满壁挂着名人字画，虽然不知道是不是都属“经典”之作，但是，许多当代名人字画决不是赝品倒是可以肯定的。(金陵客，《袁世凯的一副对联》，载《中国青年报》1994 年 9 月 21 日 2 版)

③在每年春节期间，各位家长最好不要给孩子压岁钱。如果给，也要适可而止，量力而行，决不能给得太多。(柏玉席，《别宠坏了孩子》，载《中国教育报》1995 年 4 月 15 日 3 版)

这三句中的“决”都应当用“绝”。

“决”与“绝”除了意义不同之外，在使用上也有区别。

“决”用于否定词前，是“一定”之意，主要从态度、立场等方面强调。如：“决不允许有任何破坏和分裂党的行为存在。”句中的“决”与偏正式的动词短语“不允许”结合，表明了与“破坏和分裂党的行为”势不两立的严正立场，态度坚决，语势强烈。

“绝”用于否定语前，是“绝对”之意，侧重强调无一例外，不受任何限制。如：“我们绝不把自己的社会制度和意识形态强加于人，同样，也绝不允许别的国家将其社会制度和意识形态强加于我们。”句中的两个“绝”，都在于表明排除一切前提、限制或附加条件，前者向世人昭明我们“不把自己的社会制度和意识形态强加于人”是不打任何折扣、不带任何条件的；后者则是指出任何“将其社会制度和意识形态强加于我们”的行径都无一例外地会遭到痛斥和反击。

明白了“决”与“绝”的区别，使用中细加辨析，根据所表达的意思准确地选用，就可以避免错误的产生。

“线路”、“路线”辨析

“线路”、“路线”是一对同义词，经常在人们的口头或书面交际中出现。有人常因其意思有相同之处而不加辨析，随意相互替代使用。其实，二者是有区别的。

先说同：

“线路”、“路线”词性相同，都是名词。它们具有共同的语法功能，在句中都可作主语、宾语、定语等。在表义方面，二者都可用来指事物从一端到另一端所经过的道路。

再说异：

一、词义范围有大小之分

“线路”含义单一，指“电流、运动物体等所经过的途径”。“路线”既指“从一地到另一地所经过的道路”，又可指“国家、政党制定的在一定历史时期指导其活动的基本准则”。

二、适用对象有宽狭之分

“线路”适用于指可观视、可触及的具体事物。如：①架设室外电视天线，应注意避开电源线，防止天线与电网供电线路相碰引发事故。②詹天佑不怕困难，也不怕嘲笑，毅然接受了任务，开始勘测线路。例①中的“电网供电线路”和例②中所勘测的“线路”都是具体事物。

“路线”既可指具体的事物，又可用于指抽象的事物。如：③为了防止被敌人发现，它们常常改变行军路线。④坚持党的基本路线一百年不动摇。⑤实事求是是我们党的思想路线。例③中的

“行军路线”是具体事物。例④中的“基本路线”和例⑤中的“思想路线”都是抽象的事物。

三、词语搭配能力有强弱之分

“路线”能和“革命、政治、组织、阶级、左倾、右倾”等名词搭配，组成名词性偏正短语，如“革命路线”、“政治路线”等，还可和形容词“反动”等搭配，而“线路”则不能和这些词语搭配。

“常常”、“往往”辨析

“常常”、“往往”是两个使用频率较高的副词。“常常”表示（事情的发生）不止一次，而且时间相隔不久；“往往”表示某种情况时常存在或经常发生。由于二者词性相同，且都可表示在特定的条件下或特定的时间、地点、对象中总是出现某种情况，所以不少人使用时往往很少细加辨析，致使句子存在语病或不能准确地表情达意。其实，“常常”与“往往”是有差别的。

一、所含语素数量不同

“常常”是合成词，“往往”是单纯词。从字面形式看，“常常”、“往往”都是相同词语的连续使用，但从意义上讲，“常常”是含有两个语素的双音重叠式合成词，与单音节单纯词“常”表意相同。人们在交际中有时使用“常”，有时使用“常常”，主要是根据不同的语境，从句子是否需要舒缓语气、调整音节的角度来考虑的。如：

①那时候，我六七岁，头上留个木梳背儿；常跟着比我大八九岁的丫姑，摘杨芽，采柳叶，捋榆钱儿。（刘绍棠《榆钱饭》）

②如果光凭一腔热情，埋头苦干，不根据已有的成绩和经验，想想怎样才能把这些事情做得更好，更有效果，那么，结果常常会劳而无功。（胡绳《想和做》）

“往往”与“往”不同义，也不是单音节词“往”的意义的相加，而是二“往”合一，组成了一个只含一个语素的单纯词。用在句中的“往往”拆开之后，句义就讲不通了，因为多音节单纯词各音节拆开后，每个字都不能单独表示一个意思（“往”单独使用时作动词或介词，这是另一方面的问题，不在本文讨论之列)。如：

③一个人在学习过程中有若干重要的关节，如果处理不好，往往会影响学习的效果。(马南邨《从三到万》)

④花鸟草虫，凡是上得画的，那原物往往也叫人喜爱。(杨朔《荔枝蜜》)

将例③中“往往会影响学习的效果”，说成“往会影响学习的效果”，例④中“那原物往往也叫人喜爱”，说成“那原物往也叫人喜爱”，都不通。

二、词语搭配对象有别

“常常”前面可使用否定副词，对所陈述的情况予以否定，还可使用能愿动词，“往往”前面既不能使用否定副词，也不能使用能愿动词。如：

⑤这种事他没有常常（常）做。

⑥老师会常常提醒大家注意安全。

句中“没有常常（常）做”、“会常常提醒”，都不能说成“没有往往做”、“会往往提醒”。

三、语意有轻重之分

“常常”、“往往”都可表示某种情况多次发生，从这个意义上讲，二者可以通用。如：

⑦小孩们买糖，经常是为了好看；买去了，想想不好，又来换红的，换绿的，绿的又换黄的，往往要换好几次。(新凤霞《傻二哥》)

将句中的“往往”换用“常常”，是可行的，因为无论是“往往”还是“常常”，在该句中都表示“小孩们换糖”之事发生过多次。但从语意的角度讲，二者是有轻重之分的。试比较：

⑧它们往往直竖着身子坐着，像人们用手一样，用前爪往嘴里送东西吃。

⑨它们常常直竖着身子坐着，像人们用手一样，用前爪往嘴里送东西吃。（布丰《松鼠》）

例⑧用“往往”，说明松鼠吃东西时的姿势、动作多数是这样，语意较轻；例⑨用了“常常”，说明松鼠吃东西时的姿势、动作几乎总是这样，语意则重一些。

“模糊”与“迷糊”

“模糊”与“迷糊”是两个使用频率很高的词。二者含有相同的语素“糊”，具有共同的语法功用，且意义上有某些相通之处，理解或使用时应细加辨析。

“模糊”、“迷糊”都可作形容词、动词。作形容词时，都可以AABB的形式重叠使用，用于强调某种状态的程度，有“很”、“相当”的意思。如：“‘找蔡老师……’我模模糊糊地回答。”“不知道睡了多久，也不知道是夜里的什么时辰，我忽然爬起来，迷迷糊糊地往外就走。”（魏巍《我的老师》）作动词时，都可当使动词用，含“使模糊”、“使迷糊”之意。在这层意思上，二者可互换使用。如：“泪和雨模糊了她的双眼。”（陈建功《飘逝的花头巾》）“泪水又迷糊了他的眼睛。”（巴金《家》）

“模糊”、“迷糊”的区别主要有以下几点：

一、词义不同

“模糊”作形容词时，是“不分明”、“不清楚”之意。如：“我的模糊的眼睛里只有孩子那星星般的眼睛在一闪一闪”。（王周生《这不是一颗流星》）作动作词时，是“混淆”之意。如“不要模糊敌我界限”。又如：“盆里的水逐渐浸渍字迹，字慢慢地模糊起来，模糊起来，终于什么也没有了。”（唐弢《同志的信任》）

“迷糊”作形容词，一指“模糊不清”，二指“糊涂”、“傻”。如：“四面八方全乱，全响，全迷糊。”（老舍《在烈日和暴雨下》）句中的“迷糊”即“模糊不清”。“他那么迷糊，谁瞧得起他！”（李国文《花园街五号》）句中的“迷糊”是“傻”、“糊涂”

之意。“迷糊”作动词，也有两种意思：一是“迷惑”。“窑主害怕工人不下窑，在洞口摆了个泥菩萨，挂上一块写着‘确保平安’的木牌，天天烧香上供，迷糊工人。”（吴运铎《劳动的开端》）二是“小睡”，“瞌睡（多指坐着或靠着时）”。如：“头刚挨了枕头，他渐渐就迷糊起来。”（柳青《创业史》）“刚才？我迷糊了一会儿，什么也不看哪！”（魏巍《东方》）

上述几例中的“模糊”、“迷糊”，表义各不相同，二者是不能互换使用的。

二、适用对象有别

“模糊”的适用对象宽泛，既可用于人，也可用于物，如“两眼模糊”、“认识模糊”、“字迹模糊”、“景色模糊”、“轮廓模糊不清”等；“迷糊”则只能用于人（特指人的神智或眼睛等）而不能用于物，如：“脑子里又象清楚，又象迷糊的，想起许多事儿来。”（老舍《二马》）

三、同义词、反义词不同

“模糊”的同义词是“含混”、“含糊”，反义词是“清楚”、“清晰”；“迷糊”的同义词是“糊涂”、“懵懂”，反义词是“清醒”。

“界限”、“界线”辨析

“界限”、“界线”是一对同义词，其读音、词性完全相同，且都具有作主语、宾语、定语等句子成分的语法功能，因而，一些人往往忽视其不同之处，不加辨析地使用。其实，二者是有区别的。

一、词义有同有异

“界限”、“界线”都具有表“不同事物的分界”的义项，即在用于表述“不同事物的分界”的意思时，二者相通，可以任意使用，但它们还具有各不相同的义项。“界限”有“尽头处”、“限度”之义。例①：“这些人利令智昏，他们的私欲是没有界限的。”“界线”既指“某些事物的边缘”，又用来指“相邻地区（部位）分界的线。例②：“截至目前，全国共勘定县级界线三万多公里，其中新疆的勘界工作已基本完成。”（《解决地界争议的根本之路》，载《长江日报》1995 年 9 月 19 日）不难看出，①、②两例句中的“界限”、“界线”是不能互换使用的。

二、适用对象有别

“界限”所适用的对象一般是抽象事物；“界线”所适用的对象往往侧重于具体事物。如例③：“市场法制不健全，监督管理机制滞后，经济活动中的是与非、合理与不合理、合法与不合法的界限不分明。”（《反腐答疑录》，载《半月谈》，1993 年第 18 期）例④：“‘Ade，我的蟋蟀们！Ade，我的覆盆子们和木莲们！’鲁迅在和‘蟋蟀们’告别时的立足点还在百草园，时间界限还在进书塾以前。”（《浅议过渡段的划分》，载《语文知识》1993 年第 12 期）

例句③、④中的“是非”、“理”、“法”、“时间”等是名词，表抽象之物，所以用来表示其正误、合悖、前后等分界的词语是“界限”。例⑤：“一般而言，公事目光的位置以双眼为底部界线，到额头中部止。这种位置的目光表示公事公办，不含感情色彩，多用于外交谈判、生意谈判等严肃的场合。”（《人际交往中的目光运用》，载《长江日报》1995 年 12 月 15 日）例⑥：“分快慢班，为了服人，只能根据学生的成绩，而学生的成绩并非明显地分成‘好’与‘差’两大类，通常是呈阶梯状分布，各档次都有。那么以多少分作为快慢班的界线呢？”（《分快慢班行不通》，载《中国教育报》1995 年 6 月 19 日）例⑤中，“目光的位置”指的是人脸庞上一个可观视、可触及的实实在在的区位；例⑥中用来分快慢班的是一个具体的分数，这个分数供操作时使用。二者都是客观存在的具体之物，故表示其分界的词用“界线”。

“买单”还是“埋单”？

看下面甲、乙两组句子：

甲组：

①谁来为“撞车”的法规“买单”？（文题）（阮占江，载《中国青年报》2003年9月8日7版）

②在家“托老”政府买单？（文题）（龚瑜，载《中国青年报》2003年11月20日2版）

③总书记20年前的买单收据（文题）（载《武汉晚报》2004年3月10日1版）

④正因为这位女讲诉人缺了这一张“纸”，她才需要为当初的轻率和今天的痛苦“买单”。（陈自谦，《14年了　他怎能一走了之》，载《武汉晚报》，2004年3月12日B9版）

乙组：

①男女交往该谁埋单（文题）（孙德胜，载《读者》2004年第1期）

②卡扎菲为人质埋单（文题）（载《楚天金报》2003年8月23日17版）

③谁该为损失埋单（文题）（马文忠，载《武汉晚报》2003年8月23日2版）

④高新区巨资打造管理精英队伍——“老板”上学　财政“埋单”（文题）（载《西安日报》2003年11月20日）

同表“结账”之义，甲组句子中用“买单”，乙组句子中用“埋单”。“买单”与“埋单”是相互通用呢，还是有正误之分，有弄明白的必要。

查《辞海》、《辞源》、《汉语大词典》、《现代汉语词典》等多种工具书，均未见这两个词的“身影”，而它们又不是外来词，这就要从方言中去考虑了。

其实，对“买单”还是“埋单”这个问题，广东等地尤其是广州的人会既快又准地给你答案：是“埋单”而不是“买单”。

“埋单”不是近几年出现的新词，它在广州话中历史甚久。旧时，广州的茶居食肆，有一个不成文的规矩：先食用，后付钱，顾客食完便招呼伙计“埋单”（结账）。

某些人口头或书面交际中把“埋单”误作“买单”，是不了解广州话的字义和广州的民俗文化，具体地说，是不明白“埋”在广州话中的含义所致。他们错误地认为“买单”与“埋单”音近，且不少人都这样说，而“买单”又通俗易懂，这种不求甚解的态度和盲目的从众心理，使得他们以讹传讹。实际上，“买单”与“埋单”虽然读音相近，但词义却大相径庭。广州话的“埋”有多个含义，其中之一有“聚合”的意思。如“埋口”（伤口愈合）、“埋份”（参与一份）、“埋堆”（志趣相投者常相聚一起）等。至于“买单”的“买”字，就是我们通常所说的“拿钱换东西”的意思。若用“买单”来表述就完餐结账，那岂不是“拿钱去买一张完餐后的单据”？

时下，南风北渐，南方等经济发展较快地区的方言俚语，不少已为其他地方的人们所借鉴使用，这在一定程度上丰富了人们的语言，有助于生活和交际，但从另一个角度讲，用语准确是语言表述的前提。为了正确地使用语言，准确地表情达意，日常生活中，在需要“结账”的时候，还是请您“埋单”。

“如何”、“怎样”辨析

“如何”与“怎样”是两个常用的疑问代词。

其相同点是：①功用一致。两者均可用于询问性质、状态、方式。如：“到别的地方去看看，如何呢?”（鲁迅《藤野先生》）“我们无妨以此为例，举一反三，想一想怎样才能更好地学习吧。”（马南邨《从三到万》）也都可用来泛指性质、状态、方式等。如：“又传下命令来，要队伍今天无论如何爬过这座山。”（陆定一《老山界》）“朋友们，用不着多举例，你们已经可以了解我们的战士是怎样一种人……”（魏巍《谁是最可爱的人》）一般情况下，“如何”、“怎样”可以互换使用。②均可叠用。如：“他先把介绍信给恒元看了，然后便说这人是怎样怎样一身土气。”（赵树理《老杨同志》）“她一天到晚把嘴搁在别人身上，不是老刘如何如何，就是小张如何如何。”“如何”与“怎样”的重叠使用，意在突出和强调所说的内容。

“如何”与“怎样”的不同点在于：①“怎样”前可用否定词“不”，“如何”前不能用否定词“不”。如可说“这张画画得不怎样”，不能说“这张画画得不如何”。原因在于“怎样”具有代替某种说不出来的动作和情况的功用，而“如何”不具有这种功用。“不”用在“怎样”前对其否定，使所表达的内容比直说要委婉一些。这种情况下的“怎样”，它所指代的情况和动作可以推出。如：“他的文章并不怎样。”“怎样” = “好”。此句即“他的文章并不好”。又如：“那是他不小心打破的，也不好怎样他。”“怎样” = “责备”。此句即“那是他不小心打破的，也不好责备他”。②“怎样”无论是书面语还是口语中，使用率都很高；“如何”多少含带了一些文言色彩，故书面语中用得较多，而口语中使用的则不多。

切莫混淆“定金”与“订金”

某单位的张先生在报上看到，一家电脑经销处促销某款电脑，便和爱人一起来到促销电脑的地方，交了150元定金，然后回家等工作人员送货上门。几天过去了，音信全无。张先生便前往经销处询问。接待员称，该款电脑已经售完，建议更换另一个型号的电脑。如果不同意，可如数退还定金。懂得法律知识的张先生不答应：“我交了定金，你们也打了收条，如果不能发货，你们要承担违约责任。该怎么赔偿，你们不会不知道。”看到张先生蛮在行，经销商只好除退还张先生先前交的150元钱以外，又另外给了张先生150元的赔款。

事有凑巧。没隔几天，张先生对门的小刘在家具城订购了一套1800元的组合家具，预付订金400元。不料交货的前一天，家具公司来电话告知，必须加钱才能做。小刘便学张先生，向家具公司索取赔款。谁知，当小刘拿着收据赶到家具城，家具商一口否定了他的索赔要求，并让他认真看清楚收据。原来，上面写的不是“定金400元”，而是“订金400元”。小刘不服，立即打电话给张先生。张先生问清楚收据所写的内容后，也说他只能要回预付的400元，而不能获得赔款。小刘困惑了：“订金”与“定金”仅一字之差，应获的赔款怎么就不翼而飞了呢？

要弄清这个问题，必须明白“定金”与“订金”的区别在哪里。

有人认为，“定金”与“订金”是音义相同而写法不同的一组异形词，使用上并无区别，并搬出《现代汉语词典》作根据。《现代汉语词典》对这两个词的诠释是：定金——同“订金”；订金——定钱。也作定金。其实,《现代汉语词典》这种转轴式的解释,违背了词语解释“不得以词释词”的释义原则,不但无助于读者对词义的理解,反而还误导和迷惑了读者。

实际上,“定金”与“订金”,二者虽然同音,但从语言和法律的角度讲,是两个意义、性质、作用截然不同的概念。

“定金”是债的一种担保形式,是“当事人一方为证明合同成立与担保合同履行而预付给对方的金额”(见《辞海》),其目的在于担保合同债权的实现。根据《担保法》第89条的规定,付给定金的一方不履行约定债务的,无权要求返还定金;收受定金的一方不履行约定债务的,应当双倍返还定金。并且,定金应当以书面形式约定。而“订金”不是债的一种担保形式,不具有定金的性质。它在契约或合同中,只是起着预付款的作用。如收受订金的一方违约,只需退还所收款项,而无需双倍退还。那家具商正是利用大多数消费者分不清“定金”与“订金”之间的区别来玩弄文字游戏,以达到牟取不当利益的目的。小刘钻进了商家设置的陷阱,因此,最终只能拿回400元订金,却无法获得原本理所应得的赔偿。

张先生和小刘的不同经历,从正反两方面启示我们,咬文嚼字有助于维护自身的权益。如今,随着社会的发展,人们参与经济活动的机会愈来愈多。在签署各类契约或合同时,对“定金”与“订金”的使用,一定要仔细斟酌,切莫将二者混淆了。

“天啦”、“天啊”、“天哪”辨正

①天啦，他至少同时欺骗 4 个女人（文题）（载《楚天金报》2004 年 8 月 29 日 15 版）

②天啊！我的 11 万元没了（文题）（陈奇雄，载《武汉晨报》2004 年 11 月 23 日 5 版）

③天哪，他竟然会画画。（智若愚，《白痴画家的启示》，载《演讲与口才·学生版》2004 年第 7 期）

上述三个语例中，句首的“天×”，都是表示言者的惊讶与感叹，但“天”后附着的却是三个不同的语气词“啦”、“啊”、“哪”（此种现象在一些报刊上时常可以见到），不免让人疑惑。其实，这三个语气词的使用，有正误之别。

先来看“天啦”。

“啦”（lɑ）是个助词，是“了”（le）和“啊”（ɑ）的合音，用在句末或句中停顿的地方，表示变化或出现的新情况。“啦”主要附着在动词后面，如“中啦”“发啦”“赢啦”“和（hú）啦”等。其语意在于表示特定动作行为的完成，其功用在于表达句子陈述的语气。“天啦，他至少同时欺骗 4 个女人”，这题目意在表感叹而非陈述，表达的是作者对“他”恶劣的欺骗行径的惊讶之情，因此，“天”后用“啦”，显然不当。

再来看“天啊”。

“啊”（ɑ）兼有叹词、助词两种词性。使用中一般有两种情况：一是作叹词单用于句首，表示惊讶、赞叹或感叹。如：“啊，彩虹出现了！”（表惊讶）“啊，今年的庄稼长得真好哇！”（表赞叹）二是作助词附着在某些名词后面，表感叹。如：“孩子啊，你怎么还在睡呢？”“祖国啊，我最亲爱的母亲。”例②“天啊！我的11万元没了”这一标题中的“啊”，属第二种情况。不过，这个“啊”受前一字“天”的韵母“n”收音的影响而发生了音变，此处读“nɑ”，汉字应写做“哪”，故标题的“天啊”应为“天哪”。

之所以会出现“天啦”、“天啊”这种错误的语用现象，是因为作者未弄清语句中语气词“啊”的音变规则，不明白“啊”前一音节的尾音是“n”时，它应变读成“nɑ”（哪）（“tiɑn——天”的尾音是“n”，正符合这一音变规则）。可见，例③“天哪，他竟然会画画”是正确的。此类的例子如“天哪！怎么又来了人？”又如：“天哪！巴尼兔本来是画在我的短裤上的，难道它也在我心里吗？”（佚名，《童眼看世界》，载《读者》2004年第24期）

“如厕”与“入厕”

这是生活中发生的一件真事。

春节期间，某临街中学门口贴了这样一则通告：“为确保节假日校内安全，闲人一律免进。校内禁止打篮球、如厕。”一日，一老者颇生气地来到学校，要求门卫将通告中“如厕”的“如”改为“入”，并说这几天他每次经过这里，看到“如厕”一词就别扭，只不过是因过春节不好发火。一个学校发通告怎能写错别字呢？

是通告中的“如厕”用错了，还是那老者说得不对呢？有辨析一下的必要。

查《辞海》、《辞源》、《现代汉语词典》等工具书，均不见“如厕”、“入厕”这两个词条，可见，它们都是临时组合起来的语言单位。在具体的语境中，它们都含“上厕所”之意，但二者有区别：

一、词语含义、结构有别

“如厕”之“如”是介词，表“到、往”、“到（往）……去”之意。①《三国志·吴书·吴主传》：“权将如吴。”“（权将）如吴”即“（孙权准备）到吴国去”。②《左传·僖公二八年》：“宋人使门尹般（门尹般：人名）如晋师告急。”句中的“如晋师”即“到晋军中去”。“如厕”是一个变式的状中结构，指“到（往）厕所去”（亦可直说“去厕所”）。这一动作行为一般是未然的；“入厕”之“入”是动词（跟“出”相对），是“进来或进去”之意。“入厕”是“进（入）厕所”，属动宾结构。这一动作行为既可是未然的，也可是已然的。

二、使用范围、频率有别

“如厕”是书面用语，古书中有不少使用“如厕”的例子。③《左传·成公十年》：“（晋侯）将食，张，如厕，陷而卒。”④《史记·项羽本纪》：“坐须臾，沛公起如厕，因招樊哙出。”⑤《世说新语·纰漏》：王敦（人名）“初尚主，如厕，见漆箱盛干枣，本以塞鼻，王谓厕上亦下果，食遂至尽。”如今的书报中更不乏使用“如厕”的例子。“入厕”是口头语，是“上厕所”的略说，然而它又不比“上厕所”简洁多少，且也不及“上厕所”通俗，所以人们口语习惯上还是多说“上厕所”。笔者从近年来阅读过的文章中收集到含表“上厕所”之意的语例 68 个，其中使用“如厕”的有 66 例，占 97.06%；使用“入厕”的只有 2 例，占 2.94%。可见，“如厕”的使用频率远远高于“入厕”。

弄清了“如厕”与“入厕”的区别，你就不难得出答案：学校通告中的“如厕”没有错，倒是那位老者少见而多怪了。

“坐落”、“座落”辨正

看下面几个句子：

①坐落在北京天坛东体育馆路的国家体委训练局，是中国培养世界冠军的摇篮。

②武汉大学坐落在武昌的东湖之滨、珞珈山下。

③除夕的夜晚，座落在丹江口市东郊的郧阳地区石油公司大院内，爆竹声声，灯火通明。

④检测中心座落在奥运村不远处，是一幢玻璃幕墙似的六层楼椭圆形的建筑，戒备极为森严。

上述例句中，①、②使用的是“坐落”，而③、④却用了“座落”。“坐落”与“座落”是通用的同义词，还是有正误之别？应分辨清楚。

先从二者不同的语素“坐”和“座”说起。据许慎的《说文解字》，“坐”的古文，像两人相对而坐，本义是“坐着、坐下”，动词，后来引申出“坐的地方”的名词义（即“座位”）。如：“郑人有且置履者，先自度其足而置之其坐。”这项意义后来用“座”字。在“座位”意义上“坐”和“座”是古今字的关系，在文言里可通用。

如傅毅《舞赋》：“陈茵席而设座兮。”这种通用还保留在今合成词“坐位”、“座位”中，但是“座”却没有“坐着”的动词义。可以说“坐车”、“坐立”、“坐下”，这些“坐”都不能换成“座”。“坐”（动词语素）与“落”（动词语素）组成并列式的合成词“坐落”，表示建筑物、住所等的位置。如《红楼梦》第39回：“宝玉又问他地名庄名，来往远近，坐落何方。”

《辞海》、《现代汉语词典》、《新华词典》等工具书中只列有“坐落”一词，而没有“座落”。书面交际中，之所以存在“座落”、“坐落”共存的现象，究其原因，是“座”与“坐”古代曾经相通，加上一些媒体以讹传讹，致使“座落”、“坐落”平分“天下”而让人是非难辨。明白了“坐”与“座”的不同语意与用法，即可知③、④中的“座落”是误用，应写做“坐落”。

“宴席”与“筵席”

日常生活中，“宴席”、“筵席”不时见诸报端。二者之同（可表相同的语意——“酒席”）人所共知，但其异常被忽视。

“宴席”、“筵席”区别有三：

一、构词方式不同

“宴席”是偏正式合成词，“宴”对“席”起限制作用。“筵席”是并列式合成词。古人席地而坐。“筵”和“席”都是铺在地上的坐具。《周礼·春宫·司几筵》：“凡敷席之法，初在地者一重即谓之筵，重在上者即谓之席。”（即铺在底下的叫“筵”，铺在上面的叫“席”。）后来席地而坐的习俗变了，“筵”与“席”就没有严格的区别了，但床上铺的只叫“席”而不叫“筵”。“筵席”本指坐具，但今人通常所说的“筵席”大都不含其本义，而是通过引申来指代请客的酒席。在这层意思上“筵席”同“宴席”，但其构词方式与“宴席”是不同的。

二、使用侧重点不同

“宴席”多用于口语，显得热情、热烈(《汉语大词典》、《现代汉语词典》“宴席”、“筵席”兼收；《辞海》、《辞源》只有“筵席”而无“宴席”)。“筵席”早于“宴席”出现，多用于书面，以示庄重、排场。如清代刘献廷的《广阳杂记》卷四：“天下无不散之筵席，安能鬱鬱久居此耶！”又如王实甫的《西厢记》：“敢着小姐和张生结亲呵，怎生不做大筵席，会亲戚朋友。安排小酌为何？”

三、词义含量不同

“宴席”是单义词，只含“请客的酒席”这一义项。“筵席”是多义词：①铺地藉坐的席子；②特指祭祀所设鬼神的席位；③酒宴时的座位和陈设；④请客的酒席。不过，今人对“筵席”一词的作用，已很少涉及前三种意思，提到或使用“筵席”，大多取其“请客的酒席”之意。

>>> 咬文嚼字 <<<

"最……之一"的用法有讲究

《中学语文教学参考》2004年第3期刊载江苏徐学珍同志的《"最……之一"说得通吗?》一文，作者认为"'最……之一'这种用法是错误的，它既不符合逻辑也不符合语法习惯"。笔者认为，这种说法值得商榷。"最……之一"的用法有讲究，不可一概否定。

有的被判断对象是单独概念，如果使用"最……之一"的句式，便会成为病句。如"珠穆朗玛峰是地球上最高的山峰"，"中国是世界上人口最多的国家"，"尼罗河是世界上最长的河流"。"地球上最高的山峰"、"世界上人口最多的国家"、"世界上最长的河流"，这些由偏正短语组成的概念，其外延仅有一个单独的对象，后面若加上"之一"，则有悖客观实情，其纯属蛇足。

有的被判断对象是普遍概念，它们的外延是由两个或多个分子组成的类，表述此类概念，"最……之一"就有了使用的必要，如果不用，反而致病。如："1953年5月29日上午11时，埃德蒙·希拉里和丹增在人类历史上首次成功登上地球最高峰——珠穆朗玛峰。"这里，说"埃德蒙·希拉里是世界上最早登上珠穆朗玛峰的人"，固然没错，但人们会提出疑问：丹增是不是世界上最早登上珠穆朗玛峰的人？而如果说"埃德蒙·希拉里是世界上最早登上珠穆朗玛峰的人之一"，则不会让人产生疑惑。可见，当被判断对象是普遍概念时，不用"最……之一"句式，从某个方面来讲，会影响人们对事物全貌的准确理解，用之，则可以有效地避免听

（读）者错觉的产生。

有的被判断对象是抽象的，具有某种程度上的模糊性，无法也没有必要一定要分个高下强弱。表述这类情况，使用“最……之一”，可以有效地克服思维或认识的绝对化，有助于在事物的深层结构方面把握其准确度。如：

①三江并流地处东亚、南亚和青藏高原三大地理区域的交汇处，是世界上罕见的高山地貌及其演化的代表地区，是世界上生物多样性最丰富的地区之一。（《三江并流》，载《中国教育报》2004年3月26日8版）

②地菜，是我最爱吃的天然食品之一。（《母亲的事与儿子的事》，载《武汉晚报》2004年3月25日B2版）

③薄熙来是最具时尚眼光的中国官员，曾把大连建成中国最时尚的城市之一。（《谁是中国的时尚先生》，载《武汉晚报》2004年4月30日37版）

上述各例中，若去掉“最”，总使人感到言不尽意，去掉“之一”，又不免让人觉得言之过头，而使用“最……之一”句式，正好弥补了二者的缺憾。

可见，恰当地使用“最……之一”，能够收到避免歧义产生、准确表情达意的效果。因此，“最……之一”不可一概否定，应视表意的实际需要而定。

这个“雷同”用错了

“如果拿出最早的台本，你会发现已面目全非，恐怕难以找到与现在雷同的地方。”（秦杰，《大型文艺晚会〈红旗颂〉幕后故事》，载《武汉晚报》2001 年 6 月 30 日 6 版）句中的“雷同”用错了。

“雷同”最初的意思是“人云亦云”。旧说打雷时，许多东西都同时响应，故曰“雷同”。《礼记·曲礼上》：“毋剿说，毋雷同。”（不要抄袭别人的言论，不要人云亦云）郑玄注：“雷之发声，物无不同时应者，人之言当各由己，不当然也。”“雷同”又引申为“相同”。但“雷同”与“相同”又不能完全画等号。“相同”指彼此一样，没有区别。“雷同”多用于否定，指不该相同而相同（含贬义）。“雷同”一词用于不同的语境有不同的含义：

其一，如果多种事物同时出现，那么，它们互为对比参照物，这种情况下使用“雷同”指的是它们彼此相同。例如：“假如安排两座以上的桥梁，那就一座一个样，决不雷同。”（叶圣陶《苏州园林》）苏州园林中同时设计、建造的“桥梁”不止一座（“两座以上”），作者说决不“雷同”，是说这些桥梁外形各异，彼此毫无相同之处。

其二，如果事物的出现有先后之别，那么，前者是后者的参照物。此时，使用“雷同”指的是后者与前者相同。例如冯骥才《雕花烟斗·画家》：“而唐先生的烟斗，造型、图纹、形象、制法，乃至风格，无一雷同。”此句中“雷同”使用恰当。这段话是说唐先生后来雕刻的烟斗在造型、图纹等诸多方面都有异于其先前所雕刻的烟斗（即与之“无一雷同”）。细加分析，不难明白，在事物出现有先有后的情况下，如果说前者与后者“雷同”，则有悖事理。因为先者出现时尚无后者，先者又何以与后者“雷同”呢？前文所举例句中的“最早的台本”与“现在”（即实际演出时的情况）显然有先后之别。作者说“恐怕难以找到与现在雷同的地方”，是因没有辨清“雷同”一词在特定语境中的具体含义而误用了。应将“雷同”改为“相同”才对。

词后加词不称“冠”

随着时代的变迁，官员的称呼似乎也在不断演变。

古代官员间多称大人，即在姓氏后面冠以“大人”二字。这种称呼带有浓厚的封建色彩。（周年丰、熊善初，《官员的称呼非小事》，载《湖北日报》2002 年 5 月 11 日 2 版）

此段话中的“冠”使用不当。

“冠”是一个多音字，有“guān”、“guàn”两种读音。作名词时读“guān”，作动词时读“guàn”。“冠”是一个会意字，甲骨文中的“冠”像以手持帽子戴于头上之形。“冠”最初的意思是“帽子”。如《楚辞·渔父》：“新沐者必弹冠。”（沐：洗头。弹冠：掸掸帽子。）成语有“怒发冲冠”、“弹冠相庆”。后由“帽子”引申为“把帽子戴在头上”（古代男子二十岁举行冠礼，表示已成人）。如《礼记·曲礼上》：“男子二十冠而字。”（字：取字）成语有“沐猴而冠”。“冠”由“把帽子戴在头上”这层意思又进一步引申，指在词语前面加上某种名号，用来指特定的人、地或物。各种工具书对“冠”有着文字几乎相同的解释。《辞海》：②加在前面。如：编次既定，冠以题辞。《汉语大词典》：④谓加在前头。如：“上面冠以‘革命的’，跟过去的当然有所不同。”（郭沫若《就目前创作中的几个问题答〈人民文学〉编者问》）《汉语大字典》：⑤加在前面。如清·魏源《说文儗（nǐ）雅叙》：“别为《转注释例》、《叚（xiǎ）借释例》、《意声事形释例》三篇以冠于首。”《现代汉语词典》：②在前面加上某种名号或文字。如：县名前冠上省名。

一一列出这些工具书对“冠”的诠释，意在说明“冠”用来指称添加字词有特定的使用范围，它专指“加在（字、词）前面”，词后加词不称“冠”。明白了这一点，就知道“古代官员间多称大人，即在姓氏后面冠以‘大人’二字”一句中使用“冠”错在何处了。纠正这一错误，只需将“冠以”改为“加上”即可。

“拔头筹”前莫用“先”

看下面这个句子：

“昨日的比赛，武汉队开局打得不错。第6分钟，张斌罚出的前场任意球吊入五牛队禁区引起混乱，助攻到前场的李昊果断起脚射门，为武汉队先拔头筹。”（童军鹏，《国测蓝星晚节不保平五牛》，载《楚天金报》2003年11月9日14版）

句中的“先拔头筹”之说不妥。“病”在何处？让我们来“咬嚼”一番。

先说“筹”和“头”。《说文》：“筹，壶矢也。”（“壶矢”是古代投壶所用的签子，形如箭杆。）“筹”是旧时用来记数或计算的用具。《汉书·五行志下之上》：“筹所以纪数。”古人将竹、木、象牙等制成小棍儿或小片儿，用做领取物品的凭证。“头筹”之“头”，对“筹”起限制作用，表“第一”、“次序居前”之意。如“头等”（第一等）、“头羊”（羊群中领头的羊）等。“头筹”即“第一支签子”，后“头筹”成为一种比喻的说法，喻第一位或第一名。宋·孙光宪《北梦琐言·为称陈帝师》：“（陈）敬瑄与杨师立、牛勖、罗元杲以打毬争三川，敬瑄获头筹，制授右蜀节旄以代崔公（安潜），中外惊骇。”

再说“拔”与“头筹”。“拔”的本义是将固定或隐藏在其他物体里的东西往外拉，人们在语用实践中，又逐渐使其由本义衍生出多种引申义和比喻义。“拔”在不同的语境中，表不同的动作行为。它与“头筹”结合，组成动宾短语。上句中的“拔头筹”系借用“头筹”比喻的说法，指国测蓝星队球员李昊射进第一球。这“第一球”相对于其后再进的球来讲，在时间上无疑是居前的，这是再明白不过的道理。既然如此，那“拔头筹”前再用“先”来限定，语意不是明显重复了吗？多用一“先”，叠床架屋，导致语病产生。“拔头筹”前莫用“先”，将句中的“先拔头筹”改为“拔得头筹”，语意要明白、准确得多。

“眼镜”不可乱“跌”

看下面几个语段：

①那天，我带着5岁的侄女去拔牙。回家的途中，我问侄女：“牙还疼吗？”谁知道侄女说了一句让我大跌眼镜的话：“我不知道呀，牙不是拔掉扔到医院的垃圾桶里了吗？”（《牙疼》，载《楚天都市报》2003年4月17日29版）

②昨天下午2时许，武昌傅家坡人来人往。突然，一中年男子怒吼：“抓住他，他是小偷！”于是，路人纷纷围追堵截，“小偷”束手就擒。谁知中年男子上来，揪住“小偷”大骂：“敢不还钱，你跑得脱吗？”嗨，原来是这么回事，真让人大跌眼镜。（蔡早勤，《高喊捉贼　却是讨债》，载《武汉晚报》2003年8月1日5版）

③2003年度香港小姐准决赛昨晚举行，但没想到开赛之前就曝出黑幕：外表平平的18号李诗韵，因其父明目张胆地用传真为女儿拉选票，让她成为惊爆的大冷门，实在令人大跌眼镜。看来，好身材，好相貌，不如一个好爸爸。（刘嵩，《港姐评选曝出“老爸拉票”丑闻》，载《楚天都市报》2003年8月4日13版）

这几个语段有一个共同的语言材料——“大跌眼镜”。“大跌眼镜”原本是一个临时组合起来的词语，其中的“跌眼镜”是方言用语，指事情的发展出乎意料，令人感到吃惊。人们为强调吃惊的程度深，常在“跌眼镜”前加上形容词“大”来修饰。这样用的人多了，“大跌眼镜”便成了一个相对固定的短语，在语言交际中被广泛使用。明白了“大跌眼镜”的含义，结合具体的语境来分析，不难发现，上述语段中“大跌眼镜”的使用存在着问题。

句①中“我”问侄女“牙还疼吗”，她说：“我不知道呀，牙不是拔掉扔到医院的垃圾桶里了吗?”这是明显的答非所问。然而，面对一个年仅5岁的孩子，人们是绝不会怪她不会说话的。这是典型的稚子趣语，这种语言的错位，正表现出她的天真与可爱，为生活平添了情趣。这里“我”感到“惊讶”是次要的，首位的是“可笑”。因此，句中的“大跌眼镜”改用“忍俊不禁”更为恰当。

句②写债主设计求助路人协助抓住借债人。他用“抓住他，他是小偷”的假话蒙蔽群众，众人是在不明真相的情形下出力相助的。听了债主“敢不还钱，你跑得脱吗”的斥问，方知个中缘由。这里，众人分明是受了欺骗。从心理感受的角度讲，他们受骗的感觉明显强于惊讶之情，然而，在那种特定的情景下，又怎好去与那债主较真?可见，句中的“大跌眼镜”于情于景不够吻合，应将之改为“哭笑不得”。

句③的“让她成为惊爆的大冷门”，本已含“出乎意外，令人吃惊”之义，而作者接着又用一个表相同语意的“大跌眼镜”来叙说。叠床架屋造成了语意重复，导致语病产生。“大跌眼镜”之说，纯属蛇足。删去“实在令人大跌眼镜”这句话，语句才简洁，语意才准确、明白。

“大跌眼镜”有其特定的语意指向和使用范围，不考虑具体的语境随意使用，难免造成语病，影响传递信息或表情达意。因此，提醒诸位:“眼镜”不可乱“跌”。

别让“荫”随便“上岗”

阅读报刊，不时可见“树荫”、“林荫”等的身影。请看：

①整条街道树荫浓密，枝叶相拥，其景观效果在全国也较为少见。(《行道树并非清一色》，载《武汉晚报》2001 年 2 月 3 日 2 版)

②中年男子一边不停地用手机与外界联系，一边与小丽交谈，两人在校园的林荫道上并排而行。(《校园骗子行骗记》，载《武汉晚报》2000 年 1 月 5 日 16 版)

③校园似乐园：这里欢歌笑语，充满爱的情谊；校园似花园：这里绿树成荫，繁花似锦。(《千教万教教人求真　千学万学学做真人》，载《中国教育报》2001 年 1 月 1 日 15 版)

④“火炉城”“遮荫难”有望缓解。(《三镇闹市　10 万株大树年内扎根》，载《楚天都市报》2002 年 1 月 7 日 1 版)

⑤这种超常规的计划，主要是为了让市民“见绿荫”、“见大绿”，改善生活和生态环境。(《打造“林中之城”　实现“绿的飞跃”》，载《长江日报》2002 年 1 月 7 日 1 版)

上述例句中的“荫”字均用错了，应写作“阴”。

出现这种现象，表明作者对《普通话异读词审音表》的规定缺乏了解。

“荫”曾是个多音多义词。一读“yīn”，作名词，指“树阴”。《庄子·山木》：“一蝉方得美荫而忘其身。”《荀子·劝学》：“树成荫而众鸟息焉。”一读“yìn”，作形容词、名词。①不见阳光，又凉又潮 。如：这房子很荫。②遮蔽。左思《咏史》：“以彼径寸茎，荫此百尺条。”③庇护。如：荫庇。又称受人庇护的恩德。

《魏书·沮渠蒙逊传》:“远托大荫。”④封建时代子孙因先世有功而得到封赏或免罪。《周书·苏绰传》:“今之选举者,当不限资荫,唯在得人。”

国家语委、国家教委、广播电视部 1985 年 12 月 27 日审定、颁布了《普通话异读词审音表》,该表对“荫”的读音、用法作了如下规定:“树荫”、“林荫道”应作“树阴”、“林阴道”。这一规定明确地告诉读者:“荫”原有的读音“yīn”取消,它今后不论用于任何词语中,只读“yìn”这一种音;“荫”的使用范围缩小了,它已不再有名词的语法功用,不含有名词的义项了。《审音表》具有法规性质,应严格遵守。明白了《审音表》的规定,可别再让“荫”随便“上岗”了。

“遭”字使用有讲究

2002年11月26日，武汉市国家安全机关发现有人在互联网上发布销售“HE-509”型笔式数码照相机的广告，此后不久，该局又先后几次接到群众电话举报。为谨慎起见，给关心此事的群众一个满意的答复，安全机关遂将此款数码照相机的实物送权威部门进行技术鉴定，确认此系窃照专用间谍器材（俗称“间谍笔”）。同年12月23日，市国家安全机关依法传唤了涉嫌销售“间谍笔”的广州某电子公司武汉办事处代表杨某及武汉销售商甘某等人，并对嫌疑人在武汉的多处销售场所进行了搜查，当场搜出数部此款数码照相机，随后，又收缴10余部。

《武汉晚报》记者万勤报道这则消息时，用了这样一个标题：“20枝间谍笔遭查缴”（载《武汉晚报》2003年4月14日1版）。细读文题，总觉“味道”有些不正，给人的感觉是，作者对“间谍笔”被国家安全机关查缴一事似有不满的意味（或说对销售“间谍笔”的杨某、甘某有同情之嫌）。文题让读者产生这种感觉，是因为作者错用了“遭”字。

“遭”是一个使用频率很高的词，其义为“逢”、“遇到”。从感情色彩的角度讲，“遭”属中性词，不含褒贬之情，但“遭”的使用有讲究。“遭”这一动作行为的受事者（句中的主语），必须是正面的、应当肯定的人、物或动作行为；它所涉及的对象（句中的宾语）指代的事情，其性质多是“不幸或不利的”（见《现代汉语词典》）。通俗地说，“遭”所涉及的事情都是人们“不愿意”、“不希望”发生的。这是一个常识性的问题。日常交际中，使用了“遭”的语例俯拾即是。如：

①消费者维权频遭“暗算”（文题）（载《楚天金报》2003年4月20日2版）；

②珍藏文物惨遭洗劫（文题）（载《武汉晚报》2003年4月17日B16版）；

③前世界冠军曼塞尔家中遭殴打（文题）（载《中国体育报》2003年4月25日4版）；

④泰国亿万富豪遭劫杀（文题）（载《楚天金报》2003年4月20日16版）。

上述语例中，主语“消费者维权”（主谓短语）、“珍藏文物”（偏正短语）、“前世界冠军曼塞尔”（同位短语）、“泰国亿万富豪”（偏正短语），都是正面的、应当肯定的，而“遭”的宾语——“暗算”、洗劫、殴打、劫杀所指代的事情，对其受事者来讲，无一例外地都带有“不幸或不利”的性质，是人们“不愿意”、“不希望”发生的。因而，这些“遭”的使用准确、恰当。反观“20枝间谍笔遭查缴”这一标题，则不难发现问题。我们知道，非法持有“间谍笔”这类窃照器材，重者，会对国家安全构成现实和潜在的威胁；轻者，部分非法持有者用来窃照他人隐私，严重侵害他人的合法权益，引起人际关系紧张，扰乱了正常的社会管理秩序。可见，国家安全部门依法查缴非法生产、销售的“间谍笔”，有利于国家安全、社会稳定，有利于保护公民的合法权益，是该拍手称快的事，人们哪还有半点“不愿意”、“不喜欢”的成分？作者说间谍笔“遭查缴”，其中的“遭”明显用错了，应将“遭”改为“被”。

“遭”虽是常用之词，但使用有讲究，使用时，还得细心才是。

句号是“划”还是“画”?

“huà……句号”是一种比喻的说法，用来喻指事情的终结或有了结果。“huà……句号”之说，在日常交际中使用频率是很高的。其含义明白易懂，不会引起误解，但在书面语言中，人们对“huà”字的使用却是不一致的。请看：

①姜世杰已经为自己的生命划上了一个完美的句号，为什么接踵而来的却是一连串的问号呢?（汪黎，《句号后面的问号》，载《小说选刊》2001年第8期）

②医生说，得了此病，生命基本上划上了句号，但胡桂莲不信邪。（顿爱华，《母爱，让死神低头》，载《武汉晚报》2003年3月7日6版）

③昨日15时15分，为期三天的沈阳“10·18案没收物品公开拍卖会”画上了句号。(《玉斧玉狮曝光贪官隐私》，载《楚天金报》2003年2月28日11版)

④法警押着罪犯赵秀走出了法庭，她年轻的生命，很快将画上句号。(文君，《“贞操”引出的悲哀》，载《武汉晚报》2003年3月11日B7版)

不难看出，表达同样的意思，句①、②用“划”，句③、④用“画”。就“huà……句号”而言，“划”与“画”是两个通用的汉字，还是有正误之别，有辨析一番的必要。

“划”是多音字，读做“huà”时与“画”属同音字。“画”作动词时，含义有二：①用笔或类似笔的东西作出图形；②用笔或类似笔的东西作出线或作为标记的文字。“划”作动词时，有“划分”、“划拨”、“计划”、“割裂”等义，此外，“划”还有“画”

的第②种意思，即在表述“用笔或类似笔的东西作出线或作为标记的文字”这层意思时，“划”和“画”通用。正因为如此，在写“huà……句号”时便出现了上述例句中的“划”、“画”同用的现象。其实，将“huà……句号”之“huà”写做“划”是错误的。这是因为其中的“句号”不是“用笔或类似笔的东西作出的线”（这是十分清楚明白的），也不是“用笔或类似笔的东西作出作为标记的文字”。一些人之所以写做“划……句号”，错在没有理解“作为标记的文字”的具体内涵。旧时“作为标记的文字”多用于公文、契约或供词，主要有三种形式：一是写“十”字，二是写“押”字，三是草书签名（即“花押”）。无论哪种形式的文字，都是“认可”的标记（今人虽不再用写“十”字、“押”字等来表示认可，但签字画押的习俗却一直沿用至今）。而人们常说的“huà……句号”是喻指事情的终结或有了结果，与作出“作为标记的文字”表示认可，是风马牛不相及的。实际上，“huà……句号”中的“句号”之说，既借用了作为点号的“。”的语意功能（以表示一句话的完结，引申比喻为事情的终结或有了结果），又借用了其文字表达，是一种幽默而颇具特点的比喻说法。“句号”系摹“。”之状而述之于文，指的是圆圈这种图形，这与动词“画”的第①种意思中所说的“图形”是一致的。明白了这一点，就不难理解“huà……句号”之“huà”应用“画”而不能用“划”了。

见谅≠原谅

“毛泽东的这些话，都有人密报给了林彪。林彪对形势进行了反复权衡，得出的结论是：自己已不可能见谅于毛泽东。于是他横下一条心，要继续与毛泽东对着干。”（天磨，《林彪：“国家主席”梦的破灭》，载《党员文摘》2004 年第 9 期）

这段话中，“自己已不可能见谅于毛泽东”一句，让人费思量。就林彪与毛泽东两人来说，是林彪不能原谅毛泽东，还是毛泽东不能原谅林彪？很难得出答案。究其原因，问题出在“见谅”的使用上。

要知道“见谅”的使用错在哪里，先得弄清其中“见”的语法功用。“见”通常除了作动词外，还是书面上的一个文言词语（助词）。“‘见’犹‘加’，表示他人行为及于己。”（《辞海》）“见”作助词，用在动词前，用以指代动作行为的承受者，一般指代自己。如：

①冀君实或见恕也。（王安石《答司马谏议书》）

希望君实你（司马光）或许原谅我。

②君既若见录，不久望君来。（《孔雀东南飞》）

既然蒙你记着我，不久就盼望你来接。

③知我疏慵肯见原。（苏轼《次韵答邦直子由》）

知道我懒散，所以肯原谅我。

在长期的语用实践中，将文言助词“见”用在某些单音节动词的前面（该动词必须是及物动词），组成的“见～”一类语言材料，已逐渐成为一种相对固定的语言形式，如“见教”“见笑”“见谅”“见告”“见示”等，这类语言材料的语意也相对固定，即“指教我”“笑话我”“原谅我”“告诉我”“指示（点）我”等。

明白了“见～”的功用与含义，即可知晓“自己已不可能见谅于毛泽东”一语的错误所在。用“原谅我”去替代句中的“见谅”，这个句子无论如何都说不通。可见，“见谅”用在句中，实是一处败笔。见谅≠原谅。揣摩上下文义，将之改为“自己已不可能得到毛泽东的谅解”，语句通顺，句意明了，也避免了语病的产生。

“老人、孩子、女性”并列不当

“老人、孩子、女性　三种人吃药易发生反应”，这是《武汉晚报》2003年4月2日B5版一篇文章的题目。“老人、孩子、女性”是引题，“三种人吃药易发生反应”是正题。其引题中“老人、孩子、女性”这三个词语并列在一起，总让人感到别扭和疑惑。问题在哪儿呢？

问题出在“女性”与“老人、孩子”的并列使用上。

“老人、孩子、女性”这三个词语分类的标准不同：“老人”、“孩子”是以人的年龄作为标准来划分的，“女性”则是从人的性别角度来划分的。“老人”、“孩子”内涵浅显明白，无须赘言；“女性”的内含要复杂些，它有两个义项：①人类两种性别之一，与“男性”相对，常用为妇女的通称（参见《汉语大词典》）。又，《汉语大词典》对“妇女”的注释是：成年女子的通称。如：“男的是诗人崇拜者，女性尊重者。”（鲁迅《彷徨·幸福的家庭》）②女子的性格、性情。如：“我了解我自己，不过是女性十足的女人。”很显然，引题中的“女性”用的是第①种义项。

笔者近日看到这样一段文字：据新华社3月7日报道，目前，我国女性具有大专以上学历的仅占女性（6岁以上）总人口的2%，女性人口集中于低文化层，一半女性只有初中以下文化程度。在农村，近六成女性只有小学以下文化程度。（《近六成农村女性小学未毕业》，载《报刊文摘》2003年3月17日1版）这里，新华社的报道专门对“女性”的年龄作了特别的规定——6岁以上，即从工具书上的“成年”降低到6岁。按照这一说法，引题中的“女性”，显然包括了部分“孩子”。

将“女性”这一概念与“老人、孩子”并列使用，人们不免产生这种疑问：“老人、孩子”中有没有“女性”？换一句话说，“女性”中有没有“老人”、“孩子”？按照权威的工具书《汉语大词典》的诠释，“女性”用做妇女（成年女子）的通称，撇开“孩子”不谈，“老人”中有部分是“女性”，“女性”中有部分是“老人”，这是人人知晓的事实。从逻辑学的角度讲，“女性”与“老人”是交叉关系，而交叉关系的概念是不能并列的（交叉关系的概念并列了，就造成了划分结果的混乱不明）。它与“青年”和“大学生”不能并列、“作家”和“党员”不能并列是一个道理。明白了这一点，就知道引题中“老人、孩子、女性”并列使用的问题何在了。

改正错误的方法很简单，遵循逻辑学“概念划分必须坚持同一标准”的规则，用“年龄”作统一的划分标准，在“女性”前加上“中年”二字即可。

这个“别”字不该用

《武汉晚报》2003年4月30日15版报道了这样一则消息：14岁的河南开封学生李梦杰，经常因上网吧而夜不归宿，其父母深感无奈。上周五，因又一次在外通宵上网，李梦杰被母亲严厉批评，又被父亲狠狠地打了一顿。一气之下，他只身乘火车从开封来到武汉。李离家出走，家人焦急万分，亲属们找遍了开封的大街小巷，担心其感染“非典”，家人甚至请求开封公安局向全国发了协查通报。

报道这则消息时，晚报记者黄龙飞使用的标题是：河南孩子离家出走来武汉（引题）　家长最担心的是：别得上“非典”（正题）。正题用的是黑体字，很是醒目，但也很“刺眼”，因为其中有瑕疵。明眼人一看就知道，问题出在“别”的使用上。“别”是一个副词，用在动词的前面，对该动作行为起限制作用。从语意的角度讲，“别”表示禁止或劝阻，跟“不要”的意思相同。正题中的“别得上‘非典’”，意即“不要得上‘非典’”。孤立地看，其语意是明确的，也无不当之处，它表达了有关人员的一种愿望或祈求。但它与分号前面的话语一结合，问题就出现了，因为前面有“担心”一词。“担心”是“放心不下”之意，一般来说，让人担心的事都是人们不希望出现或发生的事。在这个正题中，家长最担心的事是什么？分号后的回答是“别得上‘非典’”。这可不是家长的本意。实际上，“不（要）得上‘非典’”才是家长所最希望的事。换一种说法，家长最担心的是孩子得上“非典”，或说孩子得上“非典”是家长最担心的。

误用一字，语句的意思与要表达的本意完全相反，而且这个错误实在低级。遣词用语要瞻前顾后，不能离开具体的语境而孤立地使用。就这则消息而言，欲准确地表情达意，正题中的“别”是万万要不得的。

“收成”不能论“个”数

中央电视台七频道每周末的“乡村大世界”栏目，将参与节目的嘉宾分为“乡村队”、“城镇队”两组，让双方队员在对阵中展示自己的智慧和技能，每轮结束后，均以仿制的农产品（如南瓜、玉米等）作获胜的奖励。该节目轻松活泼，乡村特色鲜明，很受欢迎。但在主持人宣布双方成绩时，每当听到“乡村队有×个收成，城镇队有×个收成”、“‘××队’暂时领先‘××队’×个收成”的话语，总感到别扭。原来，问题出在“收成”的定语上。“收成”不能论“个”数。

“收成”是一个名词，它有特定的使用范围。具体地说，指庄稼、果品、蔬菜等的收获成绩，有时也指养蚕或捕捞鱼虾等的成绩。例如：

①（军阀混战时）南苑的人民，没有收成，没有粮食，没有工做，就让有这两亩田又有什么用处？（鲁迅《三心集·〈进化与退化〉小引》）

②今年收成特丰，粮食过剩，粮价低落，农民不堪其苦，应请共筹救济的方案。（叶圣陶《多收了三五斗》）

③现在他们唯一的指望就是春蚕，一切临时借贷都是指明在这“春蚕收成”中偿还。（茅盾《春蚕》）

句①、②的“收成”指农作物的收获，句③的“收成”指养蚕的收获。不难看出，“收成”无论用于指代哪种收获，都是泛指。它是从事物的集体上、总观上反映其性质和状况的。因而，对“收成”的衡定与表述，只能是有与无、多与少、好与差等，而不能像具体物品那样论“个”数。

或许有人要说，人们口头或书面交际中，常有“希望有个好收成”的说法，这句话中不就有个“个”字么？这个“个”该作何解呢？其实，“希望有个好收成”中“个”的意义很虚，去掉“个”字，将之变为“希望有好收成”，意思没有什么变化。“个”在很大程度上是为了辅助音节。也就是说，这句话中“个”的作用不在强调和点明“收成”的数量，我们也不能由“有个好收成”类推出“有 3 个好收成”、“有 5 个好收成”之说。

举个例子来说，某人今年种了一分地的南瓜，共收南瓜 50 个。人们可以根据不同的标准说“这个人今年的南瓜收成好（或说收成一般、收成不好等）”，但如果谁说“这个人今年的南瓜有 50 个收成”，则显然不对，犯了限制语（定语）使用不当的错误，因为“收成”不能论“个”数。

明白了这一点，就知道“乡村大世界”主持人所说的“有×个收成”的说法错在哪里了。

高才生“惨绝人寰”？

2002年1月21日上午，正在武汉某名牌大学攻读经济管理硕士的贾凌宇，经过周密策划，在其女友租住的房内，将黄石市小有名气的私营企业家石良均杀害，并将其尸体肢解。《楚天金报》2002年2月10日第5版载文（言文、皇宫，《为钱财，名校硕士施毒手 千万巨富惨遭肢解》）报道了这一案件。该文的一个小标题为：为了钱财，高才生惨绝人寰。

“高才生惨绝人寰”作何解？是说高才生悲惨之极，还是说他遇到了悲惨之极的事？无论属哪种情况，这位高才生都是人们同情的对象。然而，事实是这位高才生为谋钱财，残暴地将他人杀害并肢解。他是个杀人魔鬼。明白了案件实情，再来分析“为了钱财，高才生惨绝人寰”这个小标题，不难发现，作者因未准确理解“惨绝人寰”的意思而将之误用了。“惨”是个多义词，在“惨绝人寰”这一成语中，“惨”是“悲惨、凄惨”之意。“惨绝人寰”指世上还没有过的悲惨（即处境或境遇极其痛苦）。形容悲惨到了极点。作者说“为了钱财，高才生惨绝人寰”，是将其中的“惨”理解为“残酷、狠毒”，这就导致了谬误的产生。应将“惨绝人寰”改用“惨无人道”才对。

“悬殊”的误用

①双方的力量是十分悬殊的，小于的处境是十分险恶的。（峻青《海啸》）

②当时我为难了三四天，也没敢向女孩开口，因为他们年龄悬殊太大了！（《有钱“大叔”500万元“打动”芳心》，载《楚天金报》2005年12月24日10版）

③记者在采访中发现，高校教师岗位的待遇大多是按学历来确定的，使得硕士与博士之间待遇的悬殊较大。（雷雨，《高校招聘教师按学历定薪水》，载《武汉晚报》2005年11月23日34版）

上述三个语例，都有叠床架屋的语病。究其原因，是作者未准确地理解“悬殊”的词义，因而使用时出现了错误。

从词性角度讲，“悬殊”是形容词，其意为“相差很远”、“差别很大”。其主要的语法功用是，在短语或句子中作谓语，用来陈述主语，回答主语“怎么样”这一问题。如“众寡悬殊”、“贫富悬殊”、“对比悬殊”等。从语意角度讲，“悬殊”有别于其他的形容词。一般来说，形容词表义单一，它们只是或表事物的形状，或表事物的性质，或表事物的状态。而“悬殊”则含有两层含义，它不仅点明事物的性质（有差别），而且还带有程度上的意义（指明“差别”的程度大或远）。因此，运用“悬殊”一词时，前面不能再用副词来限定，后面不能再使用其他表程度、范围的词语作补充说明。否则，会使语意相互重复，导致语病产生。上述例句的作者，只注意了“悬殊”表差别这层意思，而忽略了它的另一层意思，将“悬殊”片面地理解为“差别”之意。因而，例①的作者在“悬殊”前用“十分”来限定。例②、例③的作者在“悬殊”

后又用“太大”、“较大”来补充说明其程度，这就犯了语意重复的毛病。

上述句子可作这样的修改：例①，将“双方的力量是十分悬殊的”改为“双方的力量悬殊”，或改为“双方力量对比悬殊”；例②，去掉“太大了”，或将“悬殊”改为“差别”（也可改为“相差”）；例③，去掉“较大”，或将“悬殊”改为“差别”。

这些数词“不务正业”

数词是表示数目的词，其功用就是表示人、事、物等的数量。然而，在语言交际中，常有些数词“不务正业”——它们有的是确数而不表确数，有的甚至根本不表示数目。原来，这些数词的表数功用被更易了。人们在使用时，有时只是借用这些数词的文字符号，赋予其另外一种语意。对这类数词，需仔细斟酌，方能准确把握它的含义。

两、二

“两”、“二”是确数，为一加一所得。然而，如果一概这样理解，难免出错。请看一则趣事：韩国留学生朴君的卫生间水管裂了，他找后勤科修理。科长说：“行，过两天就叫人去修。”三天过去了，没见人来修。他又找到科长，科长还是那样说：“行，过两天吧。”可又过了三天，还是没有动静。他纳闷了，问教汉语的老师“两天到底是多少天”？老师也愣住了，因为老师知道，如果不是确指两天，那到底是多少天就很难说了。于是便说：“这个问题比较复杂。过两天再给你答复吧。”朴君顿时目瞪口呆。半个月后，水管终于修好了。月底，朴君没去交水费。科长上门催收，他狡黠地笑了笑，说：“科长，过两天吧。”你看，这三个人口中的“两”，就不能理解为“一加一所得”的数——它已不再是确数，而成了概数。那朴君先前机械地理解为确数，能不上当吗？后来，他“以牙还牙”，那是他明白了特定语句中“两”的真实内涵。

北方的方言中，有“二把刀”（对某项工作知识不足，技术不高的人），“二愣子”（鲁莽的人），“二流子”（游手好闲、不务正业的人），“二杆子”、“二半吊子”（均指傻里傻气、缺心眼的人）

等称谓。这其中“二”的含义，显然都不是表数目的，它们与某些语素结合起来，喻指某一类人。

由此看来，对“两”、“二”的语意，还真得仔细琢磨，认真辨析。

一二

在一至九这些自然数中，“一”和“二”是位于最前面的两个自然数。“一”“二”结合，有时也不能作确数理解，而应从“位序在前”、“表数目少”的角度去思考其义。如：“人群的生存状况，可以从他们所用的厕所窥知一二，故有人说厕所是城市文明的窗口。”（秦明，《北京叫停豪华公厕》，载《武汉晚报》2004年4月10日3版）句中的“一二”是“一些（情况）”之意；又如：我虽然工作一年多了，但对公司的情况，也只是略知一二。句中的“一二”是言者自谦之语，极言自己知道的不多。

二三

先看语例：

知青生活二三事（文题）（葛红明，载《青年文摘》2002年第10期）

于是之二三事（文题）（李龙云，载《读者》2004年第16期）

“二三事”是交际中一个使用频率较高词语，它较之“二事”、“三事”之说，音节和谐，且语意宽泛。其中，“二”和“三”这两个相邻的自然数结合，也不表具体数字。“二”“三”连用，其义侧重在“三”上。这里的“三”也不是确数，而是概数“几”的意思，“二三事”即“几件事”。因此，如果作文题目为“记××二三事”，写两件事就不行，而必须写三件事或三件以上的事，才算符合写作要求。明白了“二三”的含义，才不会出现阅读理解或写作上的错误。

一二三

①口述历史一二三（文题）（启功，载《中国老年报》2004年8月20日）

②温泉步骤一二三（文题）（刘钧，载《楚天都市报》2004年3月30日2版）

③明明是领导去西欧、北美开洋荤，看洋景，却要秘书写出翔实、生动的调查报告，硬要总结出经验一二三来，他不瞎编怎么办？（陈鲁民，《"超级要求"》，载《中国青年报》2003年11月29日2版）

④你要给我说出个一二三来，否则，就别想走。（苏珊，《"土拨鼠"的青春记事》，载《读者》2004年第11期）

⑤许云卿："为什么休她？你总得说出个一二三吧。"（电视连续剧《关中往事》）

这些句中的"一二三"，也都"不务正业"，其语意应视不同语境作具体的分析。例①、例②、例③的"一二三"表概数，是"一些"之意，意思是粗略地说些基本的内容与相关知识，且例③的"一二三"还含轻度的贬义色彩；而例④、例⑤中的"一二三"则距表数之意更远，它是"道理"、"理由"的意思。

二五

这是两个不相邻数词的结合，其语意也不在表数目。如：那人的二五点子话特别多。（静怡，《家有"俗"妻是个宝》，载《特别关注》2003年第8期）句中的"二五"就与表数无关，"二五点子话"，其义多多，如不着边际的话，旁敲侧击的话，幽默荒唐的、不正经的话等。"二五"通常跟"眼"这个语素结合，组成俗语"二五眼"，这是一个贬义的俗语。《现代汉语词典》的诠释是：〈方〉①（人）能力差；（物品）质量差。②能力差的人。方言中的"二五眼"指人的一种生存状态。如：问一个朋友生意如何？二五眼。问他日子过得怎么样？也二五眼。儿子的功课怎么样？二五眼。单位效益怎么样？二五眼。结婚了，小两口感情如何？嗨，别提了，二五眼。（牛车，《小人物》，载《读者》2004年第1期）不管"二五眼"是何来历，其中的"二""五"这两个数词，不表数目，这一点是不可否认的。

二百五

这是一个贬义色彩极浓的俗语。“二百五”的来历有多种说法，较为通行的是：苏秦在齐国被人杀了，齐王恼怒异常，发誓要为苏秦报仇。为了抓住凶手，他想出一条计策，让人把苏秦的头割下来挂在城门上，旁边贴上一道榜文说：“苏秦是个内奸，杀了他黄金千两，望来领赏。”榜文一贴出，就有四个人称是自己杀了苏秦。齐王说：“这可不许冒充啊！”四个人又都咬定是自己干的。齐王说：“一千两黄金，你们四个人各分多少？”四人齐声回答：“一人二百五。”齐王拍案大怒道：“来人，把这四个‘二百五’推出去斩了！”于是，“二百五”一词就这样流传下来了。

生活中，人们常把做事糊涂的人称为“二百五”，也有人将“二百五”作莽撞、无礼、粗鲁之人的代名词。可见，这个“二百五”与数量确实没有什么关系。

三六九

“三”“六”“九”这三个互不相连的数词结合，表义有二：一是“等级”、“差别”之义。如：回家后，儿子又问了同样的问题。她真想说，人的智力确实有三六九等，考第一的人，脑子就是比一般人的灵。（佚名，《母亲给出的答案》，载《感悟》）二是指事情隔三岔五地进行，即过几天就来一次。如：大吵三六九，小吵天天有。打去年夏天到现在，这个家从来就没有安宁过。（郭西，《弄巧成拙》，载《楚天金报》2005年3月23日46版）不难看出，无论哪种义项，都和表数的功用有距离。

三三五五

“三三五五”由成语“三五成群”改造而来。数词“三五”重叠使用，使确数不再是确数，而成为了概数。如：一批年轻貌美的姑娘，提着花篮，三三五五地走向街头。（载《扬子晚报》1999年1月3日）又如：一面欣赏土坎边的粉蓝色报春花，在轻和微风里不住点头，总令人疑心那个蓝色竟像是有意模仿天空而成的；一面就听各种山鸟呼朋唤侣，和身边前后三三五五赶马女孩子唱着各种本地悦耳好听的山歌。（沈从文，《云南的歌会》）句中的“三三五五”一词，不是明确地指出人的数量，而是描摹一种情景，着重指出几个人聚在一起。

七七八八

“七七八八”字面上是“七八”的重叠式，词义上承借了“七……八……”的语意。其表数目的功能退化殆尽，含纳的是“芜杂、零乱”之义。因此，“七七八八”常含贬义色彩，多用于口语中。如：你不能和那些七七八八的人交朋友。杂屋里放些七七八八的东西，让人难以迈脚。又如：他每月的工资、津贴，加上这补助那补助，七七八八，不到一千元。这句中的“七七八八”，含有“杂七杂八”、“总共”等义。完全退去表数之功用而含纳上另一种语意，数词“不务正业”的特点，可见一斑。

这些“不务正业”的数词，活跃在人们日常的语言交际中，既丰富了汉语词汇，又使语句显得新鲜灵活，在一定程度上满足了人们表情达意的需求。如此说来，数词的这种“不务正业”，倒是一种应当肯定的语用现象。

何为“鱼腩”?

①被视为“鱼腩”的卡塔尔队在客场击败科威特队后，信心大增，他们提前5天就飞抵大连。一到中国，卡队主教练哈吉就声称：卡塔尔队将战斗到底，有信心打好10月3日对中国的比赛。(秦伟，《血战到底 决不放水》，载《四川体育报》1997年10月27日1版)

②神神秘秘的巴林国奥队终于露面了。从昨天训练场上的状态看，巴林队绝非九强赛上的“鱼腩”。(《巴林国奥绝非‘鱼腩’ 中国小将切莫大意》，载《长江日报》1999年10月7日3版)

细心的读者不难发现，在有关体育报道的文章中，“鱼腩”一词的使用频率是很高的。然而，查阅《汉语大词典》、《辞海》、《现代汉语词典》等权威工具书，均不见其影踪。“鱼腩”到底是何物、表何意呢？探究一番很有必要。

“腩”(nán)是一个次常用汉字，其含义有二：①动词。指一种烹饪程序，即用调味品浸渍肉类，以备炙食。腩炙：“牛、羊、麞、鹿肉皆得，方寸脔切，葱白研令碎，和盐豉汁，仅令相淹，少时便炙。”(《齐民要术》卷九)②名词。俗称牛肚子和近肋骨处的松软肌肉（嫩肉），也指用这种肉做成的菜肴。就各工具书均无“鱼腩”一词这点可知，“鱼腩”是随着社会的发展而出现的新词。从构词方式来看，它是一个偏正式的双音节合成词，中心词是“腩”，“鱼”对“腩”起限制作用。在“鱼腩”一词中，人们对“腩”充当名词时所指的对象作了更换——由指“牛肚子上肋骨处的嫩肉”移用于指代细腻可口而少刺的鱼肚子上的肉。鱼是常见之物，且鱼肉味道鲜美，众人喜爱食之，于是在具体的语用实践中，“鱼腩”一词便逐渐为社会所认可、接受，并进而作为一个名词固定下来。在体育比赛中，人们又常赋予其比喻义，用来喻指缺乏实力，任人宰割的弱旅。

何为“嘉年华”?

浏览近来报章，不时可见“嘉年华”一词。请看:

①尽管遭受了高温与暴雨的考验，短短20天内，北京的环球嘉年华仍吸引了逾30万游客。(崔军强，《含蓄的中国人打造欢乐奇迹》，载《北京日报》2004年7月22日)

②“卡通嘉年华”打破年龄界限(文题)(董宇杉，载《楚天金报》2005年4月17日3版)

③汽车嘉年华引领车展“新概念”(文题)(周雷，载《武汉晚报》2005年4月3日3版)

④“国际嘉年华”将于“五一”黄金周期间登陆郑州。(《“狂欢”经济“呼啸”袭郑》，载《河南商报》2005年4月28日)

⑤许多来逛“儿童嘉年华”的家长，都带着照相机或摄影机。(于丽娟，《东湖昨成儿童乐园》，载《楚天金报》2005年4月3日3版)

上述语例中的“嘉年华”，让人感到眼生，更难说出其义。翻阅《辞源》、《辞海》、《现代汉语词典》等工具书，都找不到答案。于是，“嘉年华”成了人们理解句子语意的一个障碍。

何为“嘉年华”?

“嘉年华”是一个音译的外来词。《圣经·新约》中有一个魔鬼试探耶稣的故事，说的是魔鬼把耶稣困在旷野里，40天没有给他吃东西，耶稣虽然饥饿难忍，但却战胜了魔鬼的种种诱惑。后来，为了纪念耶稣在这40天中的荒野禁食，信徒们就把每年复活节前的40天时间，作为自己斋戒及忏悔的日子，叫做“大斋节”

或者“四旬斋”（Lent）。在这40天中，人们不能食肉，不能娱乐，生活肃穆、沉闷，所以在斋期开始前的一周或半周内，人们会专门举行宴会、舞会、游行，纵情欢乐。经过一定时期的演变，这样的一段日子成为了一个宗教习俗节日，拉丁语叫做“Carnevale”（音译“嘉年华”），意思就是：“告别肉食”。后来，“嘉年华”这种生活习俗被保留下来，最终成为欧洲传统的狂欢节日。“嘉年华”的英文单词是“Carnival”。起初，Carnival只是欧洲贵族们举行的狂欢舞会，从15世纪开始，就逐渐演变为一个全民参与的狂欢大会，并上升为一场纵情、刺激的节日盛宴。几个世纪后，Carnival在欧洲、美洲等国家已经成为放纵、刺激的代名词。

西方人在“嘉年华”这个宗教习俗节日中，纵情地狂欢，疯狂地消费，让精明的商人们嗅到了“嘉年华”蕴含着的巨大商机，于是，他们便迅速地将其演化为一种商业行为。一些商人将相关的娱乐活动集合在一起，举办综合性的娱乐盛会，并冠以“××嘉年华”之名，以此引人娱乐，促人消费（当然，目的是为了自己赚钱）。随着时间的推移，“嘉年华”的阵势与影响越来越大。其中，最为有名的是有着“世界娱乐航母”之称的“环球嘉年华”，它与迪斯尼主题公园、环球影城一起，同为世界三大娱乐活动。

“嘉年华”是汉语交际中的一个“新兵”，“登陆”中国的时间不长。起初，它鲜为人知，使“嘉年华”活跃起来的，是近几年我国大陆日益开放的经济市场。一些娱乐团体和公司，为着经济与发展的需要，对“嘉年华”进行了不同形式的包装，在多数国人还不明白其真实意思的时候，冠以各类“嘉年华”头衔的洋味十足的狂欢盛宴便缤纷登场了。

现在，再来看上述例句，我们不难明白，这“环球嘉年华”“卡通嘉年华”“汽车嘉年华”“国际嘉年华”“儿童嘉年华”，无一不是以娱乐活动为载体的商业行为，“聚会、狂欢、消费”是其三大主题词。它们的区别只是在于，“环球嘉年华”、“国际嘉年华”点明了活动的范围，“卡通嘉年华”、“汽车嘉年华”交代了活动的内容，“儿童嘉年华”则指出了参与活动的对象。

汉语是一门鲜活的语言，兼收并蓄和动态使用是其重要的特点。也正因为此，“嘉年华”又被从商业领域引入了其他领域。如：“经过连日来大力动员，民进党及‘台独’团体借反对《反分裂国家法》为名策动的针对祖国大陆的游行，26日下午在台北喧闹登场……此举实际上是‘台独’的虚张声势，用人民的钱玩一次‘政治嘉年华’。”(《民进党、“台独”团体煽动游行》，载《武汉晚报》2005年3月27日20版）句中的“政治嘉年华”，是借“嘉年华”所含纳的“聚会、狂欢”之义，代指“台独”政治人物为巩固以民粹手段挤出来的选票而搞的一个政治骗局。句中的“嘉年华”一词，含带了贬抑的色彩，对“台独”势力在其“台独”路线受到重大挫折后，以煽动聚众游行来相互取“暖”、互舔伤口的丑行，进行了无情的嘲讽。

随着时间的推移，“嘉年华”的活动形式、内容与使用范围会发生哪些变化，我们无法预知，但对汉语中“嘉年华”这个新词，我们必须正确认识并掌握它。

“屈居”宜慎用

2004年10月9日，江苏南京举行了全国女超联赛的最后一轮比赛，河北女足在点球大战中，以7:8输给江苏女足，获联赛第六名。次日，《燕赵都市报》撰文报道了这一赛事，文题为：“女足联赛 河北屈居第六”。

2004年12月4日晚，世界小姐选美比赛在海南三亚“美丽之冠”举行，107名来自各国的世界小姐在这里展开了一场美的角逐。最终的结果是，秘鲁小姐获得冠军，中国小姐杨金仅获得第十四名。《武汉晚报》记者黄丽娟报道这一消息时，使用的文题是：“天使爱美丽（正题） 秘鲁小姐夺得世界冠军 中国小姐屈居第十四（副题）”。

看到两则文题中的“屈居”二字，不免心生疑惑：竞赛成绩仅位居第六名、第十四名，何“屈”之有？

“屈居”是体育赛事和其他带有竞赛性质活动的常用词语。有关的工具书对“屈居”这样诠释：委屈地处于（较低的地位）（《现代汉语词典》）；降低身份就位（《汉语大词典》）。无论从哪种解释看，“屈居”都含有特定的语意：一是针对实力最强或水平最高的竞争者、参赛者而言；二是相对竞赛最好的名次（如冠军、第一名）而言。他们未获得最好的名次、成绩，并非技不如人，而是因其他因素的左右，才委屈地居于次等或较低的地位。此种情况使用“屈居”一词，合情合理。如：

①按能力和贡献，他本该在工商界坐第一把交椅的，现在屈居在那些老老之下，不过因为自己年纪轻，阅历不深。（周而复，《上海的早晨》）

②申雪、赵宏博是世界滑冰双人滑的顶尖选手，在这次(2004年）世界花样滑冰锦标赛上，最终两人在双人滑自由比赛中获得满分，排名首位，但由于他们在此前进行的短项目比赛中有一个小的失误，因此，在双人滑比赛中屈居亚军。(《重庆晚报》2004年3月26日)

这两个例句中的“屈居”运用恰当，前者未坐“第一把交椅”，“屈”在“年纪轻，阅历不深”；后者未获得冠军，“屈”在“一个小的失误”上。

我们知道，影响或决定一场比赛结果的因素是很多的，如天时与地利、观众与裁判（评委)、选手的实力与素质（尤其是心理素质）等，其中最重要的是后者。毋庸讳言，在比赛中，要求裁判或评委绝对公正是不现实的，他们有某种偏向也无可厚非（高水平的裁判会合理地利用规则)。参赛者惟一要做的是，用实力证明自己，征服裁判或评委。能力最强或水平最高者，如竞赛中水平或技能发挥到极致，却仍未获得最好的名次、成绩，居于次席，确实委屈，但那些竞赛名次列五名开外，甚至十名以后者，就不能不让人怀疑其实力了。(河北）女足比赛获得第六名、(中国小姐杨金）选美比赛排第十四名，明显地说明其实力不及别人。因此，也就无“屈”可言了。须知，对能力最强或水平最高者来说，即使裁判再误判或评委再压分，也不至于差到如此地步。可见，上述两个标题中“屈居”的使用，明显不妥。它并非错在语法上，而是错在语意上。这一点，需要读者用心去分析、体会和认识。因此，两个标题中的“屈居”，改用“位居”或“名列”，要恰当得多。

“非典”之后说“疑似”

语言是对社会生活的概括反映，现实社会中发生的每一次大的运动或事件，除给人们的生活带来影响或变革外，还会在语言层面上带来一些变化——或产生某些新词语，或使原有的某些词语“得宠”。“疑似”一词即属于后者。

“疑似”的“走红”，源于2003年春季那场在世界多个国家和地区肆虐的“非典型性肺炎”。《现代汉语词典》对“疑似”的诠释是：似乎确实又似乎不确实。“疑似非典”是相对于“非典”而言的，它有待进一步确诊。“疑似”靠“非典”而提高了“知名度”。“非典”过后，“疑似”一词常被人有意地借用到特定的交际中，从而使所说的内容产生了独到的表达效果。

关注“疑似”的语用现象，对我们学习和运用语言，很有必要。请看：

①莽汉捅死“疑似”情人（文题）（高道飞，载《武汉晚报》2004年6月5日7版）

②丈夫突然要离婚（引题） 妻子刀刺“疑似第三者”（正题）（江君，载《楚天金报》2004年4月23日23版）

③乘出租车支付“疑似”假钞（引题） 司机竟将乘客“扔”回原地（正题）（蔡早勤，载《武汉晚报》2004年7月24日11版）

④自来水主干管破裂（引题） “疑似”管涌险情（正题）（张冲，载《武汉晚报》2004年8月1日7版）

例①说的是一郑姓男子因怀疑同村林某与自己的妻子有染，遂多次为此与妻子吵架，之后他一气之下，冲到林某家，用随身携带的刀，将林某捅死，然后逃离现场；例②说的是，一妻子因怀疑丈夫提出离婚是因为姓李的小姐在勾引自己的丈夫，便对李某恶语伤害，后又用水果刀对准李某面部，猛刺四刀，致使其面部多处软组织裂伤。句①中的“情人”、句②中的“第三者”，都是当事人的主观怀疑，而无真凭实据。两文作者分别在其前用“疑似”一词来限定，很自然地使人想到“非典”时期的“疑似非典”之说。标题借“疑似”曾有过的影响而“出彩”，“疑似”那“似乎确实又似乎不确实”的语意，既增强了标题的趣味性和幽默感，又突出了当事人缺少法制观念、鲁莽无知的性格特征。

例③说一司机将乘客载到目的地后，因认为乘客给的10元钱是假钞而拒收。双方争执无果，最后司机竟又将乘客拉回原地。“‘疑似’假钞”之说，十分形象，读者可借助已有的经验，想象到那张钱看似是假又难以断定其假、想说是真又不敢认定其真的情状。“疑似”的使用，简洁、得体，表义准确，省去了许多笔墨。

例④的“管涌”是一专业术语，指江河堤岸形成管状空洞，洪水从洞中汹涌外泄。这是防洪中一种极其严重的险情。例④这一标题，通过“疑似”一词，将“自来水主干管破裂”同“管涌险情”作对比，极言主干管破裂冒出的水流之大，情况危急。此句中的“疑似”，保留了“似乎确实”之义而剔除了“似乎不确实”的内涵，义同“犹如”、“如同”。“疑似”一词的使用，使标题具有了极强的表现力和感染力。

有意改变某些曾有过特定影响的词语的使用环境，巧妙地将之引用到新的“领域”，可使用语呈现出变化和灵活性，给人耳目一新之感；同时，也有助于准确地表达特定的语意或情感。上述各句中的“疑似”，即可说明这一点。“非典”之后说“疑似”，我们不会忘记那曾经历过的一幕幕，而这几例“疑似”的使用，无疑能给我们遣词用语一些借鉴或启示。

一个新颖的时尚用语——“痛并快乐着”

央视著名栏目主持人白岩松出了一本名为“痛并快乐着”的书，在奉献给读者一份精神食粮的同时，还创造了一个语用材料——“痛并快乐着”。如今，“痛并快乐着”逐渐为人们所认可和接受，不时被用于语言交际中。

初看“痛并快乐着”，不免让人心生疑惑。这是个有语病的句子。从字面上讲，“痛并快乐着”即“痛（苦）并且快乐着”。然而，“痛苦”与“快乐”是两种完全相反的心理感受，将二者并列起来说，多有不妥。待读完《痛并快乐着》这本书，细细琢磨这一书名，你便会明白，这里的“并”不表并列而表转折，相当于转折连词“但是”、“却”。若实在要问“痛并快乐着”是什么意思，理解为“痛苦是有的，但是痛苦中有快乐”，恐怕较为符合作者的本意。原来，作者是借用“并”这个语言符号来表达“但是、却”的意思。

不知是名人效应，还是习非成是，“痛并快乐着”这个在语法上有待推敲的句子，已成为人们交际中一个新颖的时尚用语，且使用日见频繁。请看：

①足彩，痛并快乐着（文题）（周飞，载《武汉晚报》2003年2月23日23版）

②跳槽：痛并快乐着（文题）（刘渐飞，载《楚天金报》2003年4月30日18版）

③曼联，痛并快乐着（文题）（载《武汉晚报》2003年4月26日22版）

先看语例①。足球彩票是我国第一家全国联网的彩票。与一般摇奖彩票的不同之处在于，足彩是通过足球比赛的结果来“印证”的，既有可琢磨性，也有不确定性。有时人算不如天算，与大奖失之交臂，令人懊悔不已；有时机会偏偏钟情于执著者，让人惊喜若狂。大悲大喜的结局都有可能产生。彩民们在参与的过程中，侥幸中奖的美好愿望与权当做赞助的自我安慰交织在一起。他们苦笑着掏出钱来，痛快地摸上一把，此种心理和举动，用“痛并快乐着”来形容，真是再恰当不过了。

例②讲的是白领人士跳槽的感受。对不少人来说，跳槽是他们既怕又想的事。生活中，有很多人不安于现状，为了谋求新的发展，他们不约而同地想起了跳槽。但跳槽并非易事，往往要在去留之间作慎重选择，有时甚至是很无奈、很痛苦的抉择，因为“跳”的结果很难说是福是祸。也有人相信“树挪死，人挪活”的古话，怀着侥幸之心咬牙一“跳”，竟然“跳”对了，结果自然是大大地有利于个人的发展和提高。基于此，作者发出既富有情趣，又不无风趣的调侃——跳槽：痛并快乐着。

例③“曼联，痛并快乐着”说的是足坛上的事。在英国2003年冠军杯赛事中，曼联队领先少赛一场的阿森纳2分，而这对曼联队来说，最多只能算心理上的优势，因为技术、攻势占优的阿森纳队，在最后一场中战胜实力弱于自己的对手，几乎没有什么悬念。如此说来，曼联队冠军杯赛出局是无疑的。但换个角度看，这对曼联队来说不一定就是坏事，至少他们可以将精力全部投入到联赛中去，他们极有可能从联赛中获得喜人的战绩。因而，用“痛并快乐着”来形容他们当时的处境和心情，确实是很恰当的。

不难看出，上述三例表现的均是一种“失得兼具”、“苦乐并存”的生活状态。而“痛并快乐着”这种语言形式，将那种生活状态中人们特定的心态、特定的情趣，十分得体而又极为简洁、准确地表达出来了。这三个标题，不仅新颖、醒目，而且含蓄、幽默，令人过目不忘，且有回味的余地，堪称佳妙之题。

有趣的是，不少人在借用白岩松的“痛并快乐着”这一语言形式时，还巧妙地对之略加改造，使语言显得新奇而富有变化。

武汉有家报纸刊登了一则关于“贵妃醋”的广告，内容主要是，食用“贵妃醋”有多种益处，如开胃健脾、软化血管、养颜美容等。广告用的标题是：“贵妃醋，酸并快乐着。”《武汉晚报》2003年2月25日B1版“时尚周刊”中有这样一段话：这个城市里活跃着这样一批女人，她们用最好的化妆品，穿品牌衣服，频繁出入美容健身场所，“女人就该对自己好一点”是她们的口号。不过有钱人的概念不属于她们，她们只是追逐时尚的穷女人，因为她们中的大多数无房、无车，没有超过千元的银行存款。作者给这段文字拟了一个标题：“为时尚而穷，穷并快乐着”。一次，笔者去河北石家庄、西北坡等地旅游。石家庄“燕赵旅行社”的金牌导游小周一上车，便对游客们认真而详细地介绍了当地旅游名胜的特点及当天的行程安排，末了，他用一句话作结：“今天的旅游，大家的感觉一定是：累并快乐着。”听了导游这样风趣的话语，游客们个个乐得鼓起掌来。

综观上述例子，那“酸并快乐着”、“穷并快乐着”、“累并快乐着”的说法，均是由“痛并快乐着”这一新颖的时尚用语稍加改造而来。它们不仅简洁、新颖，而且幽默、风趣，准确地表达出作（言）者所要表达的意思和情趣。若换用其他语言，其表现力和感染力无疑要逊色得多。可以预料，“痛并快乐着”这一语言形式，在今后的语用实际中将会被更加广泛地借用，同时，其中的“痛”也会随作者特定的表达需要，而临时“让位”于其他的词语。

“痛并快乐着”的借用和改造使用，丰富了词汇，在一定程度上满足了人们表情达意的需要。如此说来，白岩松功不可没。

话说“零××”

“零”是一个数词，指小于任何正数、大于任何负数的数。“零”的义项之一是“表示没有数量”（见《现代汉语词典》）。又由此引申出“没有”、“无”之义。正因为如此，“零”一旦与某个词语结合，这个词所表示的内容便在很大程度上由实而虚了。如：汉字中有些字没有声母，由于它在反切中只占一个虚位，并不具有声母的实质，故音韵学上称之为“零声母”。“零声母”之“零”，即是对“声母存在”这一内容的否定。

近年来，“零××”之说日渐增多。翻阅书报，不时可见诸如“零距离”“零增长”“零赤字”“零投诉”“零回扣”等的“身影”。研究“零××”的语言现象，对我们准确理解词义、丰富语汇、提高驾驭和运用语言的能力，不无裨益。

一般来说，“零××”中的“零”，大多是源于或取其表“没有”、“无”之义，因此，理解上不会出现大的偏差，但对具体的词语，还是要结合其特定的语境认真辨析，不能一概而论。否则，很难准确地把握其内涵。如：“如今，我们的城市中活跃着这样一群二三十岁的年轻人。他们的月薪普遍较高但却很少储蓄，他们舍得在自我教育和再培训上花钱，他们热衷的是各种时尚消费，他们的消费比例让你越来越不敢小觑。他们被传媒唤作‘零储蓄族’。”（晓攀，《透视“零储蓄”》，载《武汉晚报》2002 年 3 月 1 日 2 版）句中的“零储蓄”，其意不在告诉读者这类人没在银行存款，或说他们的存款额为零。“零储蓄”在此指的不是具体的储蓄状况，而是他们那种少储蓄、多消费、高风险的生活方式。

又如：“在音乐圈里‘混’得很熟的吴大维，看多了歌手的起伏，自然对歌手有自己的看法。日前，记者与这位‘酷’哥来了次零距离接触。”（《零距离接触吴大维》，载《楚天金报》2002年1月30日13版）如果简单而直白地将此句中的“零距离”理解为“距离为零”，那就荒唐了。这里的“零距离”不是“没有距离”，而是极言相距很近。“零距离”是“面对面”的代名词。

“零××”这种语言形式被人们频繁地使用，是因为它具有以下特点：

一、语言简洁

语言简洁是“零××”深得“青睐”的首要原因。如今，社会生活的节奏不断加快，人们的语言表述节奏也应与之相适应。“零××”以其极为简洁的优势顺应了这一要求。

如：“当前，全球汽车制造企业要求各地经销商严格执行‘零公里提车’标准。”（刘晓双，《新车竟开了百公里》，载《武汉晚报》2002年2月21日4版）句中的“零公里”指汽车仪表盘数量为零。通俗地说，就是汽车从出厂到顾客手中这段距离“不着地”。这一用多个语词才能表达清楚的意思，一个“零公里”即将之全面、准确地凸现出来了，真可谓概括精当、表述简洁。

四川省莲溪县在去年的机构改革和今年的乡镇换届中，拿出20多个乡镇和县直属部门正副科局级职位来公选，同时规定，不记个人身份和任职资历，45岁以下的高中生均可报名参加公选。这种选拔模式引起社会的强烈反响，报名者十分踊跃。经过笔试、面试、政审，下岗女工郭雁萍等20人脱颖而出。《武汉晨报》2002年2月8日第18版刊载了记者江时撰文报道的这则消息。标题为“四川莲溪零起点选干部（引题）下岗女工当上副局长（正题）”。将领导干部选拔中去掉种种限制、不拘一格挑选人才的做法用“零起点”一语表述，省去了许多笔墨，语言形象、简洁，且能给人留下深刻印象。

二、说法新颖

“零××”的高频率使用，在很大程度上还得益于这种说法别致、新颖。新颖的特点使“零××”富有极强的生命力和感染力。

如：“为维护合法权益，三资企业可就所在地政府部门办事、服务、作风等方面存在的问题，直接向上级政府有关部门投诉。武汉东西湖区吴家山台商投资区一直享有‘零投诉’的美誉。”（向忠池，《正确对待“零投诉”》，载《长江日报》2002年2月10日2版）作者不直说完全没有投诉，而是在“投诉”前加了个“零”，用“零”对“投诉”加以限制，将完全没有被投诉的称之为“零投诉”。“零”字一用，新义顿出。“零投诉”之说颇为新颖，它舍弃了人们常用的直白的陈述，另辟“词”径，将“武汉东西湖区是投资环境最好的地区之一”这一信息告诉读者，言词中饱含了作者的褒扬之情。

据报载，四川贩毒分子苏志林在成都某宾馆门口进行毒品交易时，被警方当场抓获。审讯时，他始终保持缄默，拒不交代毒品来源和居住地。警方克服重重困难，多方求得相应证据，终于突破此案。日前，四川省高院以贩卖毒品罪依法对苏志林作出死刑判决。报道这一消息的成都记者用的文题是“铁证突破‘零口供’”。“零口供”之说实在妙极，它别具一格，给人耳目一新之感。它既可让读者联想到犯罪分子闭口不言的死硬情状，又可体悟出警方侦破案件的艰辛。若换用其他词语，很难有这样的表达效果。

三、内涵丰富

“零××”之说之所以被广为使用，还在于它有丰富的内涵。正因为如此，人们多借“零××”这种语言形式，来表达某种特定的意趣、情感或传递某种信息。理解时，必须透过“零××”的字面意思，去深入地体会、把握它内在的内容。只有这样，才算是读懂了“零××”。

如：“去年全街农户应向国家上缴的‘三提五统’等共732万

元费用，全部由街村两级代缴，农民该掏的不掏，该得的全得，种田实现了‘零收费’。”（徐前山，《沌口2万余农民(引题)　种田“零收费”(正题)》，载《长江日报》2002年3月12日2版）种田收费（缴税），历代如此，而如今沌口2万余农民种田却不交一分钱（“零收费”），原因何在？仔细研读文章，不难发现，这里的“零收费”有丰富的内涵。透过“零收费”的语言外壳，可以发现，它反映出沌口农业生产高水平的发展，反映了领导对农民的关心。正因为有了雄厚的经济基础，各种费用才由街、村两级代缴。种田“零收费”，不仅是提高农民收入的有效手段，也是向农村现代化迈出的重要一步。这丰富的内涵是在细细咀嚼了“零收费”之后才能体会到的。

又如：“曾经风光一时的‘老字号’在经营上已是步履蹒跚，但闪亮亮的金字招牌一直支撑着它们的艰难跋涉。如今社会已经售出或准备售出的‘老字号’所贴的标签却是‘零价值’。”（《“老字号”纷纷“零价值”》，载《武汉晚报》2002年3月1日2版）“零价值”的字面意思是“价值为零”，但在上述语境中，不能这样简单地理解。“老字号”的金字招牌缘何黯淡无光？它体现出来的价值为何为“零”？难言的苦涩背后当有着沉重的思考。只有结合特定的背景、现状去思索，才能找准“零价值”的深刻内涵。

正因为“零××”之说具有诸多优点、功用，所以这种语言形式得到人们的广泛认可。随着社会的发展，相信会有更多的“零××”出现在人们的日常用语中。

多功能的“那个”

日常交际中常有这种情况，要表达的意思因受某种场合的限制不便明讲时，派“那个”出场，问题便迎刃而解了。“那个”是一个多功能的指示代词，准确使用，往往能收到特定的表达效果。“那个”的功能主要有以下几种：

一、增强委婉语气

这类“那个”的指代功能在很大程度上退居次要地位，更多地被人们用于对人或事物的评价上。如：

①你刚才的脾气也太那个了，老同志确实受不了。（江泉弘，《珍重生命》，载《羊城晚报》2002 年 8 月 10 日）

②他这个人做事，真有点那个。（李学庆，《后学生时代》，载《青年一代》2002 年第 9 期）

这两句表达的都是对相关对象待人接物做法的否定，但由于恰当地运用了“那个”，因而，贬抑、指责变得十分含蓄。句①的“那个” = “不好”；句②的“那个” = “不应当”。“那个”一词的使用，增强了句子委婉的语气，将作者的态度婉转、得体地表达出来。这样，不仅大大减轻了对对方的刺激，而且还有助于当事人冷静地反思自己的言行。收到这样的表达效果，“那个”功不可没。

二、避免尴尬场面

这类“那个”多用于熟识者和相知者之间。“那个”在其所说的话语中，如同旧时某些行当中的隐语，局内人听了心领神会，局外人听了莫名其妙，因而，不少人为了避免产生尴尬，多借“那个”来表情达意。如：

③有人说你……你……那个了我的钱包。（秦青，《小偷是我的同学》，载《楚天都市报》2002年9月2日22版）

④表哥趁刘经理在他办公室左右巡视的时候，扭头上下仔细地打量了我几眼，然后笑了笑说：“你是她的保镖，还是那个——”（夏业良，《私事与公事》，载《郑州日报》2002年6月17日）

结合具体语境，我们可以读出这两例中“那个”的内涵。句③的“那个”是“偷窃”之义；句④的“那个”是“情人”、“相好的”之义。可以想象，当众说熟识的人“偷（东西）”或说他是别人的“情人”，对方该会是多么的难堪。而“那个”的使用，既能表达出言者的意思，又保全了听者的情面，从而避免了尴尬的场面。从听者来讲，他可真得感谢“那个”的使用。

三、平添幽默意味

在特定的语境中，“那个”还是一个幽默“使者”，运用得当，能使语句平添幽默诙谐的意味。如：

⑤有个湖南女孩子与我走得很近，似乎很有点那个意思。（单丹，《走四方　买地域人文书》，载《武汉晚报》2002年11月26日B1版）

⑥有一天，丈夫悄悄地告诉我：“妈那个了。”（梅影，《婆婆恋爱》，载《楚天都市报》2002年9月2日22版）

例⑤不直说“谈朋友（恋爱）”而说“那个”，从语句形式上看，言者有意避开了常用词汇，使所言呈现出新颖别致的特点。从语意色彩上看，给人以幽默风趣之感；例⑥是小两口间的谈话。“妈那个了。”哪个了？这不是在打哑谜，接着往下文看，就知道是“恋爱”了。晚辈直说长辈“恋爱”，虽没有什么不可，但多多少少让人觉得有点“那个”。而用“那个”一词来代指，既让人感受到做儿子的得知母亲恋爱后的神秘、喜悦之情，又使语句多了层幽默色彩，真可谓一箭双雕。

“那个”一词，功用多多。正确理解“那个”的不同内涵和功用，准确使用，能为文章增添不少亮色。需要指出的是，“那个”作为一个指示代词，它所含纳的内容都是临时附加其上的，离开具体语境，“那个”就成了一个不表实在意义的抽象的词语了。因此，使用和理解时，都不能脱离具体的语境，否则，会带来理解上的障碍，“那个”也就成了文章的败笔。

“发飙”——一个逐渐活跃的词语

不知从何时起，“发飙”一词逐渐活跃起来。翻阅各类报刊，不时可见它的身影。请看：

①七连胜！利物浦发飙（文题）（马可，载《楚天金报》2002年11月4日15版）

②科萨休息室发飙（引题）　再这样就不让你踢了！（正题）（晓扬，载《楚天金报》2003年3月16日14版）

③“人权卫士”发飙联合国（正题）　美威胁要否决延长维和部队任期（副题）（马可，载《长江日报》2002年6月29日9版）

④弗格森又发飙（正题）　“受害者”是埃里克森（副题）（何塞，载《楚天金报》2003年2月23日15版）

⑤好莱坞大片秋季发飙（引题）　舒淇“火拼”麦当娜　哈利“争锋”007（正题）（东方，载《武汉晚报》2002年10月6日12版）

“发飙”一词频频出现在报刊中，这是不争的事实。然而，遍查《辞海》、《辞源》、《汉语大词典》、《现代汉语词典》等权威工具书，均未见其“注册”，那么，这个词有什么特点，表何种意思，就值得关注了。

从结构和功能上看，“发飙”是一个动宾式的双音节合成词，在句中通常作谓语；从词义的角度讲，理解的障碍在“飙”这个语素上。“飙”的义项有二：①暴风。曹植《杂诗》：“何意回飙举，吹我入云中。”《史记·司马相如传》：“陵惊风，历骇飙。”②泛指风。谢朓《纪功曹中园》：“倾叶顺清飙，修茎停高鹤。”“发飙”一词的语意主要由动词语素“发”（发生、发动）+名词语素“飙”所含有的“（大）风”这一基本义构成。“发飙”由两个语素组合而成并正逐渐趋向定型，其语意有不确定性。理解时，需结合具体的语境来思考。下面，以前面引用的5个文章的标题为例作一些分析：

在11月4日结束的英超第12轮的一场比赛中，利物浦队凭借“神奇小子”欧文的两粒入球，迎来了2002年赛季连续第7场胜利，这也是他们连续12场不败。这场胜利使利物浦队以7分的优势高居英超积分榜首。作者报道这第7场比赛，用“七连胜！利物浦发飙”(例①)作标题，其中的“发飙”是“发威”之意。它将利物浦队“攻势凌厉，锐不可当，连续七场，场场获胜”的大好态势准确地表达出来了。

2003年3月13日，大连实德队同韩国城南一和队进行了亚洲冠军杯赛的第3场比赛，在这场只有获胜才能出线的决战中，身高居优的实德队竟被对手几次头球攻门，这几次差之毫厘的射门，强烈地刺激着实德队主教练科萨诺维奇，他对后场队员上半场低迷的状态极为不满。中场休息时，他刚走进休息室，就咆哮起来：“季铭义（实德队后场队员)，再这样就不让你踢了!”知晓了这前因后果，就会明白，例②引题“科萨休息室发飙”的“发飙”是“发火、发怒”之意了。

2002年7月1日，联合国在荷兰海牙建立第一个永久性国际刑事法庭的工作将启动。该法庭将审理种族灭绝罪、战争罪和严重侵犯人权的罪行。美国担心，有人可能会利用国际刑事法庭对美国军人和政治领导人进行“有政治图谋的起诉”。于是，美国常驻联合国某代表6月27日威胁说，如果拟议中成立的国际刑事法庭不给予美国维和人员豁免权，美国将否决安理会延长驻波斯尼维亚维和部队任期的决议。由于美国是常任理事国，有否决权，它只要投反对票，安理会就无法通过延长驻波斯尼维亚维和部队任期的决议。不难看出，例③正题“‘人权卫士’发飙联合国”中的“发飙”是“发难”之意，指的是美国在联合国起事。“发飙”一词，形象地勾画出美国颐指气使、惟我独尊的霸道嘴脸。

这个标题的语法结构要复杂些。"'人权卫士'发飙联合国"中的"联合国"本是动词"发飙"的状语，即通常的语序应是"'人权卫士'（在）联合国发飙"，将"联合国"后置，意在强调"发飙"的地点。

弗格森是英超曼联队的主教练，绰号"乌鸦嘴"。弗格森向媒体报料：曼联队去年曾同英格兰主帅埃里克森接触，有意邀请其接替他执掌曼联队。为了不让篡位者"得逞"，弗格森推迟了自己的退休计划，他决定与曼联队再签3年合同。与此同时，他还对埃里克森的执教能力表示了质疑。闻知此言的埃里克森，勃然大怒，认为弗格森不负责任的言论，给他执教英格兰队带来了不利影响，使他"很受伤"。例④正题"弗格森又发飙"中的"发飙"是"发话"之意。具体地说，这个"发飙"是"发布恶意中伤的言论"。

"好莱坞大片秋季发飙"这则消息，讲的是电影界"新片大战"的事。秋风扫过，好莱坞的"黄金档期"又将如期而至。在临近年末的两个月中，近50部新片将拼命地削尖脑袋，以挤进数十亿观众的视线，力图在岁末掀起阵阵观影狂潮。例⑤"好莱坞大片秋季发飙"中的"发飙"，是"发起强大攻势"的意思。

同一个"发飙"，在不同的语境，表义各不相同，这正体现了汉语语意动态发展的特点。因此，理解"发飙"的具体含义，必须瞻前顾后，仔细斟酌。"发飙"一词的出现，在一定程度上丰富了汉语的语汇，满足了人们表情达意的需要。"发飙"作为一个相对固定的词语，已存在于人们的交际中，我们应承认并接受这种客观存在，同时，还应尽快地给它上个"户口"。

“忽悠”之义需思忖

著名笑星赵本山确实不简单，仅一个小小的节目，便能使“忽悠”这个具有浓厚地方色彩的北方口头语流行全国。如今，“忽悠”已成高频词语，活跃在人们的语言交际中。请看：

①百余老人被“忽悠”近四万元（文题）（杨佳峰，载《武汉晨报》2005 年 10 月 25 日 5 版）

②用假证“忽悠”交警遭罚（文题）（陈学忠，载《武汉晚报》2005 年 10 月 20 日 10 版）

③骗子专盯老年人“忽悠”（文题）（石亮，载《楚天都市报》2005 年 9 月 17 日 2 版）

④打工妹求学遭遇“忽悠”（文题）（高星，载《武汉晚报》2005 年 10 月 12 日 12 版）

⑤3 骗子“忽悠”村民 2 000 元（文题）（刘丰，载《武汉晚报》2005 年 10 月 16 日 5 版）

《现代汉语词典》对“忽悠”的诠释是：〈方〉晃动。如：大旗叫风吹得直忽悠；渔船上的灯火忽悠忽悠地。在东北方言中，“忽悠”是“骗”、“哄”、“蒙”的同义语。上述例句中的“忽悠”，皆是这种意思。汉语交际语境的复杂性，决定了汉语语意的丰富性，就东北方言词语“忽悠”而言，其义项也不是单一的。理解和运用时，应注意结合不同的语境，认真分析，以准确地把握其语意内涵和语用功能。

⑥在新开发的小区里，明明只栽了几棵树，便把它说成“绿色生态园”，小区里配了几个保安，就成了“国际先进智能化管理”，明明离闹市区有十几公里，却称离市区仅 10 分钟路程。这

些鬼话编得他们自己都好笑。在此，忠告开发商，经商要守诚信，赚钱要对得起良心，做广告可不能瞎“忽悠”。（文斌，《房产广告莫“忽悠”》，载《武汉晚报》2005 年 10 月 23 日 26 版）

句中的“忽悠”，虽含“骗”、“哄”、“蒙”的语意，但此时这种语意已退居次要地位，更多的是强调那房产广告“吹牛”。

⑦那天看到街上有人打架，忽然想起了中学物理老师对我们说过的一段话：“打人的人是最蠢的！因为你打别人时，同样的反作用力就打到了你自己身上，打人的同时，你等于把自己也打了……”当时听这话觉得很正确，然而过后一想，不对啊！你打人时，反作用力是回到你拳头上的，而你打人的作用力是落实到别人脸上、肚子上……打人更多地应该从生理学上讨论后果，而不是物理学。我们显然被老师忽悠了，虽然他是善意的。（朱辉，《卖拐》，载《武汉晚报》2005 年 10 月 22 日 25 版）

很显然，直说被老师骗（哄、蒙）了，既有不恭敬之嫌，又有不准确之处。老师是借用具体的事例来说明“反作用力”，他的解说，形象直观，通俗易懂，而“我”则是从另一个角度来理解“反作用力”的。“我们显然被老师忽悠了”中的“忽悠”，突出的是老师的机敏与才智，表现的是“我”的幽默与调侃。这“忽悠”一词，用得十分得体、准确，使话语含纳了风趣、时尚的语言特点。

近日，邻居（大学退休教师）给笔者讲了这么一件事：一日，见电视台在宣传一款手机产品，屏幕上出现了一行字：“以旧换新正在进行中……”他心中一喜，因为他用的正是这个牌子的手机，且早萌生“换”意。三年前，他用 1900 元买了这款手机，如今，机型旧了，功能差了，加上眼睛有些老花，耳朵也不太灵了，这手机有时就有些误事。于是，他择一方便之日，带上原始单据和 1000 元钱，来到手机商店。一打听，果然能以旧换新，旧机可以顶 500 元。他暗自高兴，心想加上几百元上千元，就可以买一款中意的手机了。看他颇有诚意，服务员小姐便热情地拿出了三款新手机，价钱都在二千元以上。他说：“我要便宜一些的。”那小姐一听，脸色立刻由晴转阴："没有。规定只能换这三种型号，我们做这活动是为了答谢用户……" 于是，他没敢再吭声，只得扫兴离去。他对我发感慨道："唉！我这趟奔波算什么呢？我就这样被他们'忽悠'了一回。"

这位教师感慨中的"忽悠"，若用一个"骗"字来解释，总觉得与事实不符。你看，那家公司的确在"以旧换新"，而且这一活动的确"正在进行中"，怎么能说是"骗"呢？但接着再想，这"以旧换新"还不是任由公司解释，你消费者又能占到什么便宜？有的只是白花时间和车钱。难怪邻居气恼地说："我就这样被他们'忽悠'了一回。"这里的"忽悠"，就是以信息不对称的方式让对方白忙活，理解为"耍弄"更为确切。它将消费者极度气恼的心情与难以投诉的情状，准确地表现出来了，而换用"骗"、"哄"、"蒙"等词语，则很难有这种表达效果。

因此，在感谢赵本山为我们激活了一个方言词语的同时，还必须明白："忽悠"之义需思忖。如不分析具体的语境，笼而统之地将之理解为"骗"、"哄"、"蒙"，你就有可能被"忽悠"了。

几个应读懂的名词

下面几个词语尽管已在各种媒体上频现“身影”，但对不少人而言，仍然是陌生的。然而，我们不能因为陌生而忽视它们，读懂并掌握其内涵，关注它们所表现的生理或社会现象，对我们认知社会生活，提高语言交际能力，不无裨益。

一、亚健康

①北京职业病防治研究所连续三年的调查表明，目前我国城市白领约70%的人处于亚健康状态。（凌风，《想说“潇洒”口难开》，载《楚天金报》2003年12月6日8版）

②北京市青壮年六成亚健康　头昏眼涩烦躁易怒（文题）（刘墨非，载《北京晨报》2005年4月19日）

亚健康是一个医学术语，指处于健康和疾病之间的一种临界状态，是介于健康和疾病之间的连续过程中的一个特殊阶段。具体地说，它是指人的机体虽然检查无明显疾病，但呈现出疲劳，活力、反应能力、适应力减退，创造能力较弱，自我有种种不适症状的一种生理状态，也称为“机体第三种状态”、“灰色状态”。亚健康是人体健康状况的预警信号，处于亚健康状态者如不引起重视，不及时调整使自己恢复健康，则必然会加速衰老的进程，从而导致疾病的更早发生。

二、亚文化

①外来人员亚文化部落成犯罪土壤（文题）（张育新，载《哈尔滨日报》2003年6月8日）

②社会潜意识、不良亚文化与青少年犯罪（文题）（王家忠，载《中国教育报》2003 年 4 月 26 日 3 版）

亚文化是社会学中的名词，它是与主流文化相对而言的概念。亚文化是指由特定社会群体发明、信奉和推行的一种特有的文化价值体系、思维模式和生活方式。具体地说，亚文化是现实社会生活中客观存在着的、并以某种形式所表现出来的文化现象，与占据社会主流地位的文化相比，它处于劣势地位甚至被压抑的状态。群体和群体内成员共同认同的特有的文化意识，是构成亚文化不可缺少的基本条件。以相同的年龄、身份、阶层、职业、党派甚至兴趣、爱好信仰为标志性特征，可以构成形形色色的亚文化群体。在现代社会中，亚文化正呈现不断扩张的趋势。亚文化涉及范围广泛，形式多样，关注和研究不同形式、不同种类的亚文化对主流文化的影响，是一个极其严肃的社会问题。

三、次道德

①次道德也是一种道德（文题）（佚名，载《杂文选刊》2005 年第 5 期）

②警惕“次道德”的妖艳表演（文题）（邓海建，载《华南新闻》2005 年 7 月 8 日 2 版）

次道德是社会学中的名词。所谓次道德，通俗地说就是“盗亦有道”，即违法者在实施不正当行为过程中遵守“行业道德”，不损害与自己无益的东西，甚至是最大限度地保护他人或社会的利益。如小偷只偷钱，不拿无用的身份证、发票；抢劫者不抢老弱病残等。《江南时报》2003 年 10 月 13 日的一篇文章里提到了两件事，一是西安一女子不堪侮辱跳进护城河，两劫匪跳河帮救；二是小偷向被偷者湖北姑娘袁莉寄还身份证等物品。抢劫是违法和不道德的，而救人又是道德的；偷了别人的皮包是违法和不道德的，但还回证件又是道德的，二者结合起来，就是社会学中所说的次道德。次道德是一种颇有争议的行为现象，如何评价次道德，目前社会学界和法律学界尚无定论，但不可否认，在违法行为不可能完全杜绝的情况下，次道德现象使违法者的道德底线提升了，它的直接后果就是减少了社会的危害性。

四、次教育

①请宽容“次教育”（文题）（成彪，载《南方都市报》2002年9月23日）

②“次教育”一个并不轻松的话题（文题）（载《教师报》2003年3月15日）

次教育是一个法律名词，指的是一种特殊的教育行为。次教育是一种在正面教育无效的情况下，退一步想方设法最大限度地减少可能带来的不必要的伤害的做法。南方网上报道了这样一件事：一位父亲在教子不要早恋无效的情况下，给儿子提供安全套，以让可能发生的错误不要造成更大的伤害。这位父亲的做法被法律界称为次教育。次教育源于人性底层的道德教育，它不合教育的规范，也与传统的教育思想相悖。这位父亲的出发点可能是给儿子、给自己开脱或减少责任，但应当肯定它在客观上保护了一个（可能几个）女性的身心健康。也就是说，它的的确确地让一种错误的行为“软着陆”，最大限度地减少了伤害和损失。目前，次教育也是一个有争议的话题。

五、潜规则

①细想之下，从张铁林事件到张默打人存在着一种关联，也就是圈内人所说的“潜规则”。（小东，《潜规则，打住》，载《武汉晚报》2004年1月19日12版）

②央视著名导演王洸平说：“于文华的新歌《不要惦记家》代表了近年来该类歌曲的最高水平。”为什么这个作品上不了央视春节晚会呢？有人说于文华再一次成为春晚“潜规则”的牺牲品。（于飞，《于文华没上春节晚会众说纷纭》，载《楚天都市报》2004年1月21日8版）

潜规则是社会学中的名词。潜规则即潜在的规则，它是与显规则相对的概念。吴思先生著有《潜规则——中国历史中的真实游戏》（云南人民出版社出版）一书。文中这样说道：“凡游戏必有规则，但规则未必明说，明说的又未必当真。”生活中，不难发现这样的现象，现实中的选择往往与大家公认应该遵守、放之四海而皆准的公理恰恰相反，浮在公共理性上的是一种说法，现实中遵循的又是另一种难登大雅之堂的规则，即潜规则。留心社会生活，即可发现不同阶层、不同行业中的某些潜规则。对于这类潜规则，有时，受害者会愤怒地将之撕揭开来；有时，受害者和得益者又都保持着某种可怕的社会化默契。而真正受到创伤的，是社会和公众的正当利益。如今，更多的力量开始注意并打击潜规则，这是令人击掌称快的事，因为潜规则理应被铲除。

读懂“××门”

请看下面语例：

①尽管受到了“伊朗门”事件的困扰，里根于1989年离开白宫时，仍然被美国人民选为最受欢迎的美国总统之一。（《里根创下美总统史上8个之最》，载《武汉晚报》2004年6月7日31版）

②拉氏揽下“虐囚门”全责（文题）（载《楚天金报》2004年5月9日17版）

③克林顿为“拉链门”悔过（文题）（载《楚天金报》2004年6月18日18版）

④俄葡大战爆“裁判门”事件（文题）（载《武汉晚报》2004年6月18日19版）

上述语例中“××门”中的“门”表何意？查《辞海》、《辞源》、《汉语大字典》、《新华字典》等工具书，是找不到答案的。然而，这类“门”又频频出现在人们的口头和书面交际中，并呈愈来愈活跃之势，作为一种新的语言现象，应当引起关注。

欲读懂“××门”，还得先了解30多年前发生在美国、轰动国际舆论的“水门事件”。

“水门事件”发生在水门大厦。水门大厦位于美国首都华盛顿波托马克河东岸，曾是美国民主党总部所在地。1972年6月17日，当美国总统竞选正进行得轰轰烈烈之时，一名潜入者半夜撬开民主党总部办公室，企图装设窃听器，守夜者发现后报警。警方抓住此人后发现，他竟是共和党派来的。

时任总统的尼克松在舆论一片哗然的情况下，为谋得连任，封锁一切相关消息，企图蒙混过关。但《华盛顿邮报》的两名记者穷追不舍，力促国会对这一事件展开了独立调查。

“水门事件”是美国共和党为竞选总统获胜而蓄意制造的一场阴谋。其用心之险恶、手段之卑劣，旷世少闻。因而，它成了美国政治丑闻的代名词。自“水门事件”起，人们便共同遵循了一条不成文的语言约定：凡是丑闻，必在其后面加一个“门”字，以使表述简洁并产生突出的视觉效果，给读者留下深刻的印象。于是，就有了组合不同的“××门”之说。

最早借“××门”这一语言形式来形容丑闻的是“伊朗门”。这是“国名+门”的组合。“伊朗门”指里根政府同伊朗政府间一桩秘密的武器交易。其实情是这样的：

1984年至1985年上半年，西方国家驻黎巴嫩的13名外交人员、记者、教师等被绑架，其中有6名美国人。

为解救人质，里根政府绕过国会，同与黎巴嫩有密切关系的伊朗政府进行了多次秘密接触。因为军备不足，伊朗希望同美国做武器交易，但当时美国国会立法禁止向伊朗出售武器。

通过以色列作为中间桥梁，从1985年9月开始，伊朗从美国购买了约3000万美元的武器装备，同时，三名美国人质陆续获释。

1986年11月3日，黎巴嫩《帆船》周刊披露了这一秘密交易内幕。1987年3月4日，里根承认，他曾批准向伊朗运送了少量的“防御性”武器。里根表示，他对“伊朗门”事件负有全部责任。

“虐囚门”是“事件名+门”的组合，指在美、英等国抛开联合国发动的伊拉克战争中，美国士兵公然违反《日内瓦公约》中不得虐待战俘的规定，惨无人道地虐待伊拉克囚犯的事件。美国士兵的虐囚行径，激起了国际舆论的严厉谴责，使布什政府处于极为尴尬的境地。国防部长拉姆斯菲尔德只好充当政府的替罪羊，表示虐囚事件责任全在自己，并为此提出辞职。

“拉链门”也是“事件名+门”的组合，不过，此说运用了借代的手法（以裤子上的拉链代替人的龌龊行为），指的是美国前总统克林顿在任期间，同白宫女实习生莱温斯基之间的丑闻。

“裁判门”是“职业名+门”的组合，指的是2004年欧洲杯小组赛第2轮俄罗斯和葡萄牙之战中，挪威裁判豪格连续3次判罚红牌和点球，引起俄罗斯球迷们极大的不满。有名俄罗斯球迷甚至突然冲下看台，要找豪格算账，被场内保安拦住。豪格的判罚是否公正，有无“猫腻”，一个“门”字就直接给出了答案。

“××门”之说，今后还会在媒体中不断出现，这是毫无疑问的。但无论它属何种组合，你只要记住“门”是“丑闻”的代名词，就弄懂了“××门”一半的意思了。

给“说法”一个说法

著名电影导演张艺谋的《秋菊打官司》除了向人们讲述了一个“民告官”（村民告村长）的故事外，还使“说法”一词的使用频率大大提高。影片主人公秋菊的“俺就是要讨个说法”这句话，给观众留下了深刻的印象，以至被广泛借用。如今翻阅报刊，不时可见“说法”的身影。如：

①想到这里，张春燕愤然要向安徽凤阳县江山乡政府和浙江黄岩邮电局讨说法，并诉诸法律。（王运昌，《“女儿的邮包”毒倒一家人》，载《武汉晚报》2001 年 6 月 24 日 4 版）

②25 日下午，“坐等”的旅客一度拒绝登机，并向航空公司和民航总局要个说法。（金计，《多数乘客没到　航班是等是飞》，载《楚天都市报》2001 年 7 月 27 日 3 版）

③8 月上旬，卢家再次找到径河农场司法所，委托他们为自己讨个说法。（吴昊，《离奇的高考试卷“调包”案》，载《长江日报》2001 年 8 月 16 日 10 版）

④11 家媒体成为被告，“喜儿”名誉权案终于有了“说法”。（王海文，《演员茅惠芳获赔 20 万》，载《武汉晚报》2001 年 8 月 20 日 12 版）

《现代汉语词典》对“说法”一词的解释是：一是作动词。讲解佛法。二是作名词。①措辞。如“改换一个说法”；“一个意思可以有两种说法”。②意见；见解。如“‘后来居上’是一种鼓舞人向前看的说法”。

很显然，上述例句中的“说法”均不是动词，而作为名词的这些“说法”也都不是“措辞”、“意见、见解”之意。那么，这广为使用的“说法”一词究竟表何意，探讨一下很有必要。

我们知道，语言是随着社会生活的发展而发展的，语意也是不断演变的。在具体的语用实际中，人们常常根据语意具有动态发展变化的特点，从不同的表达需要出发，灵活地对之加以引申改造，使其脱去本有的内涵，临时含纳新的语意。这些被引申改造的词语，不仅新颖、别致，而且内涵丰富，大大增强了其表现力和感染力。

在不同的语境中，“说法”表达不同的含义：

一、“规定”

今年高校收费有说法。（文题）（载《中国信息报》1996 年 7 月 24 日）

我国高校收费方式几经变革，从起初的上大学的费用由国家全额负担到收费双轨制，又由双轨制逐步并轨到个人缴费上学。20 世纪 90 年代中期的高校收费正处于这种变革中。此文题中“说法”一词是“规定”之意，但它又比“规定”更生动、准确，更能突出强调高校收费变化了的内容。

二、“判决”

一套普通的高二语文统考试题，竟引发一场旷日持久的诉讼战，虽然两审法院均已给出说法，但屡诉屡败的特级教师仍四处申诉。（李志刚，《是名誉侵权还是学术批评》，载《文化报》1997 年 7 月 31 日 3 版）

法院处理民事诉讼，是在充分调查取证的基础上依法进行判决的。作者不说“判决”而使用“说法”一词，突破了用语的常规模式，使语句平添了新颖、别致的特点，给人耳目一新之感。

三、“交代”

200 万张电话磁卡的余额被忽略了。近几年来，人们手中除了电话磁卡外，还有多种卡。类似的磁卡余额问题该不该有个说法？

(周敏,《200万张电话磁卡余额忽略不计?》,载《长江日报》1997年8月13日1版)

200万张电话磁卡的余额加起来不是个小数目,对此忽略不计,侵害了消费者的利益,有关部门有责任对消费者作出"交代"(即把事情的原因或处理意见向消费者说明)。例句中用"说法"替代"交代",既增强了词语表意力度,又跳出了直白俗套的窠臼。

四、"结果"

目前,美国警方已正式决定重新调查玛格丽特的死因,相信在不久的将来会有说法的。(冰川,《首届"美国小姐"猝死之谜》,载《知音》1997年第9期)

首届"美国小姐"猝然死亡,世人震惊,纵然此案扑朔迷离,但谜底终究会大白于世。句中"说法"一词委婉而坚定地告诉人们"结果"会有的,而如若直接使用"结果"一词,则很难有这种表达效果。

五、"清白"

7名学生家长已决定联名起诉学校,拿起法律武器为自己讨个说法。(方美英,《别给孩子留下永远的痛》,载《武汉晚报》2001年6月20日7版)

7名无辜的孩子被人诬做小偷,教师竟当众对孩子进行体罚,逼他们承认偷了同学的东西。此举强烈地刺伤了孩子幼小的心灵。家长愤而状告学校,要为孩子讨个说法。这里的"说法"是"清白"之意。"说法"比"清白"语意更强,恰当地表现了家长义愤的程度和维护孩子身心健康的决心。

六、"答案"

所以,他们要通过诉诸法律的途径和手段,讨个说法,督促铁路部门改善服务。(王远昌,《老妇受辱 举家向铁路叫板》,载

《武汉晚报》2001年7月26日10版）

七旬老妇坐火车进城看女儿，恰在火车停站时内急，多次哀求乘务员打开厕所让其方便，乘务员均以规定不允许而拒绝，致使老妇忍耐不住，便溺顺裤腿而下，乘客为之掩鼻。老妇受辱，激恼家人，他们要状告铁路部门，讨个“说法”。句中的“说法”是“答复”之意，它在一定程度上表现出老太太家人维护人身尊严的不屈韧劲。而如若换成“答复”，则不免显得平淡无力。

利用引申改造的方法，巧用“说法”，能有效地丰富词语的内涵，准确地表情达意，同时又使用语生动、别致，富于变化，真可谓功用多多。“说法”还可以表达其他多种意思，至于它在不同的语句中各表什么意思，要结合具体的语境去揣摩、分析，切忌妄下结论。以后遇到“说法”时，不妨仔细推敲一下，以求给“说法”一个准确的说法。

试解“找不着北”

“找”、“不”、“着”、“北”这几个语素的组合原本并无一定的规则，但分析具体的语用实际，不难发现，从某种程度来说，它们的结合已是相对紧密、固定，人们多将“找不着北”作为一个结构稳定的语言单位来使用。请看：

①孩子疫苗越打越多，家长找不着北了（文题）（王军华，载《长江日报》2000 年 11 月 28 日 4 版）

②把英国当美国（引题） 布什找不着北（正题）（载《武汉晚报》2001 年 6 月 22 日 7 版）

③咱们花了三个多月的时间，想激活两个边路，却一直找不着北；备战此战花了几天时间，却能在对方前面闹得水响。（饶建平，《塞哈范违心变阵》，载《长江日报》2001 年 4 月 22 日 7 版）

“找不着北”之说频频在人们的口头和书面交际中出现，可见其有着相当强的生命力和一定的使用价值，因而，我们也就有弄清其义的必要。

理解“找不着北”的意思，首先要弄清“北”的含义。《说文》：北，二人相背。本是动词，后借为方位词，与“南”相对。如《诗经》：“爰采麦矣？沬之北矣。”曹植《白马篇》：“羽檄从北来，历马登高堤。”“北”又由表地理方位引申为表“方向”，人们通常所说的“找不着北”即“找不着方向”。不过，“找不着方向”只是“找不着北”的引申义之一，而不是全部。语言是发展的，语意也在不断演变。人们正是根据语意具有动态变化的特点，在语用实践中，从不同的表达需要出发，对“找不着北”加以引申使用，使其具有了丰富的内涵。因而，如果将“找不着北”千篇一律地解释为“找不着方向”，就难免以偏概全，出现理解上的偏差。“找不着北”究竟作何解，要结合具体的语言环境来分析。

为了预防日后病毒感染或疾病的发生，医生为不同年龄段的儿童注射疫苗，这本是事关孩子健康的好事。然而随着医学的发展和精细分工，注射的疫苗种类不断增多，已由起初的种牛痘（预防天花病毒感染）等少数几种到如今的数十种。有的疫苗隔一定时段要注射一次，有些年龄段的儿童一年要注射好几种疫苗。例①中的“找不着北”，是说家长被这多种疫苗的注射弄得“昏头昏脑，糊里糊涂”，其潜台词是“不知如何是好”。

英国西北部兰开夏州奥克希尔学院一群 11 岁的小学生写信给布什，祝贺他就任美国总统。他们很快收到了布什的签名来信。布什在信中说：“作为美国青年，你们责任重大，要努力成为一名好公民。”显然，布什搞错了奥克希尔的地理位置，因为美国有个名叫“奥尔希尔”的地方。收信后，这些英国孩子大笑布什将他们称为“美国青年”，并建议布什再回学校好好温习一下地理知识。例②这一标题中的“找不着北”，是嘲讽布什因地理知识欠缺而“张冠李戴”，以致出现常识性错误，留下笑柄。

例③说武汉红金龙足球队为达到激活两个边路而刻苦训练了三个多月，但仍“找不着北”。这里的“找不着北”指的是“找不到有效的途径（方法）”。这一例句中作者对“北”采用的是二步引申法，其引申轨迹是方位——方向——途径。

“找不着北”这一语言单位，结构上属动宾式，其中，“不着”是动词“找”的补充成分，用来交代“找”的结果，“北”是“找”所涉及的对象（作宾语）。从功用上讲，“找不着北”一般在句中充当谓语，如例句①、②、③；从感情色彩来讲，“找不着北”含贬义，在一定程度上表达了作者的嘲讽、不满或贬抑之情；从语意的角度讲，一般不能直接将之理解为“找不着方向”，而应从这一引申义出发，结合具体的语境去引申分析，只有这样，才有助于全面、准确地理解“找不着北”所包含的意思。

“无厘头”

看下面几个例句：

①神秘人玩起了无厘头!?（文题）（载《武汉晚报》2002年1月18日18版）

②《少水浒之时迁》写的是水浒英雄年少时的故事，如今已完成的人物有时迁、孙二娘、鲁智深，颇有《大话西游》的“无厘头”风格。（罗伟，《冯小刚要拍网络“无厘头”》，载《楚天都市报》2002年3月27日8版）

③周星驰没有很好的文化积淀，只能用无厘头的东西去取悦观众。（陈晓敏，《陈佩斯“大话”周星驰》，载《长江日报》2002年4月28日7版）

这三个例子中都有“无厘头”一词。何谓“无厘头”？相信除了大部分年轻人外，多数读者对它比较陌生。这也难怪，因为在《辞海》、《辞源》、《汉语大词典》、《现代汉语词典》等权威工具书中，均不见其“身影”。然而，我们又不能不承认这样一种语言现实，“无厘头”这个含有新意、让人觉得新奇的词语，正越来越多地出现在各种媒体及人们的日常交际中。近年来港台电影中出现了“无厘头派”喜剧电影；2002年5月，中国电影出版社出版了高少星、万兴明合著的《无厘头啊无理头》一书；2002年度的《武汉晚报》副刊“快活林”中有个栏目叫“文字无厘头”。看来，接触并了解“无厘头”一词，对我们正确认识客观存在的语言现象，无疑是很有帮助的。

“无厘头”一词的出处，有两种说法：一说是广东佛山地区的俗语，原意大致是粗俗随意及没文化、没目的的莫名其妙；另一种说法称其为广东顺德的方言，是一句骂人很重的话，意思是说一个人十分无能。我们不必去探究两种说法的正伪，但对“无厘头”一词“咬嚼”一番，还是必要的。

提到“无厘头”，不得不提到周星驰。在港台影视界，人们普遍认为，从一定意义上来说，周星驰就是“无厘头”的别称。这是因为周星驰在电影里曾尝试突破常规，常用一些比较特别、比较奇怪或比较新的方法来表现意念或情节。但圈内多数人认为他的表演只是随意瞎闹胡搞，入不得流，便冠其名“无厘头”。这也是为什么周星驰不喜欢别人说他“无厘头”的原因。总之，我们可以看出，“无厘头”无论是作为俚语俗话，还是用来指代人物，它都是个贬义词。因此，早些时候，不少人认为所谓“无厘头”就是“庸俗”“轻浮”“浅薄”“低级”“表面化”“无原则”“油嘴滑舌”“玩世不恭”等的代名词。随着“无厘头”电影的逐渐风行，随着“无厘头”一词在人们交际中的广泛使用，一种奇怪的语言现象出现了：这个曾经贬义色彩极浓的词语，如今竟被诸多年轻人（有人称这个群体为“新新人类”）不断注入新的内涵，并由此衍生出许多新的意义，以致使其在很大程度上蜕去贬义，成了不少人（尤其是年轻人）喜爱的“香饽饽”。如若有谁再“贬”看“无厘头”，那他就大大地“落伍”了。“无厘头”一词，含义多多。归纳起来，大致有以下几种：对陈腐、虚伪的拒绝；对假正经、假清高、假清纯的蔑视；一种放任、洒脱的生活态度；一种幽默搞笑的文本形式；一种新鲜莫名的消遣娱乐；一种悖理、奇特的行为方式……

无论你从哪个角度、持何种心态去看待“无厘头”，我们都应该承认，“无厘头”已是一个客观存在的语言载体，它有着丰富的内涵，在人们的交际中日益活跃。至于“无厘头”在不同的语境中具体表哪种意思，这就要读者结合实际用心去揣摩了。

“无厘头”，一个值得关注的新词语。

“矛盾”（名词）亦可这样说

“矛盾”是一个兼语词，兼有名词、动词、形容词等词性。用做名词的“矛盾”，主要指双方或多方之间思想等方面存在的问题。“矛”和“盾”是古代两种作用不同的兵器，后来“矛”“盾”连举，泛指对立的人和物互相排斥，如“他俩之间有矛盾”。将抽象的思想问题称做“矛盾”，是比喻的说法。汉语极其丰富，为表述人与人之间各种各样的矛盾提供了诸多不同的词语，从某种意义上讲，这些词语都是“矛盾”的同义语或代名词。

芥蒂：本作“蒂芥”，本指细小的梗塞物，后被用来比喻积在心里的怨恨和不快。苏轼《送路都曹》：“恨无乖崖老，一洗芥蒂胸。”如：①经过调解，两人心中都不再有什么芥蒂了。“芥蒂”多用于书面语中。

隔膜：指彼此互不了解。章学诚《丙辰札记》：“余每叹文人见解不可与言著述，今观《抱朴》所言，则有道之士犹于此事且隔膜也。”如：②他们之间产生了隔膜。

隔阂：彼此情意不通，思想有距离。曹植《求通亲亲表》：“隔阂之异，殊于胡越。”如：③通过老师做工作，同学们之间消除了隔阂。“隔阂”无论是口语还是书面交际中，其使用频率都高于“隔膜”。

纠纷：纷扰；争执的事情。左思《魏都赋》：“至乎勍敌纠纷，庶士罔宁。”如：④要正确处理民族纠纷。“纠纷”一般指对立的双方之间重大的、尖锐的矛盾冲突。

纠葛：纠纷。既指纠缠不清的事情，也用来指双方间存在的矛盾。如：⑤他们之间曾有过纠葛。这句话中的“纠葛”即“矛盾”。“纠葛”比“纠纷”的语意要轻一些。

疙瘩：喻指郁结在心里的苦闷或想不通、难以解决的问题。这一比喻生动、形象。“疙瘩”既可以是单方面的，也可是双方或多方之间的。如：⑥也有那解不开的小疙瘩呀（疙瘩：思想上的困惑——单方面）；又如：⑦解开他们两人之间的疙瘩，并非易事（疙瘩：矛盾——双方之间）。

过结：也说“过节儿”，指因彼此不满或猜疑而发生的恶感。如：⑧因和对门有些过结，所以，两家已有好长时间没有来往了。“过结”系方言用语，使用面不太广，且多在口语中使用。

上述各例中加点的词语，除在语体色彩、语意轻重、使用频率与范围等方面略有区别外，“双方或多方之间思想等方面存在的问题”这一基本义，是它们共同具有的。因此，除例⑥中的“疙瘩”外，其他各例中加点的词语，换用“矛盾”一词，一般也说得通。

有“意思”的称谓语

称谓是表示人们彼此间相互关系的名称，它包括亲缘关系称谓和社交关系称谓两种。一般来说，两类称谓的分工是明确的，使用范围是相对固定的。但分析人们的语用实际，可以发现，表亲缘关系的称谓在使用上愈来愈呈现出灵活性。它一旦与某些词语结合构成合成词或短语，则在一定程度上脱去了原本含有的血亲和旁系联系的意义，成为表社交关系的称谓，并产生某种附加意义。了解这一现象，对正确理解、使用或解释这些词语，准确地传递信息和表达情感，是很有帮助的。

一、“爷”

“爷”原本是方言称谓，指“祖父”。明·沈榜《宛署杂记·民风二·方言》：“祖曰爷。”后“爷”被引申为对长一辈或年长男子的尊称。旧时“爷”又用于对主人、上官或尊贵者的称呼，如“王爷”、“相爷”、“老爷”、“少爷”等；迷信的人对神也称“爷”，如“佛爷”、“土地爷”、“阎王爷”等。如今，“爷”的使用范围又有了新的拓展。人们称那些拥有大量钱财、消费阔绰而又任性傲慢的人为“款爷”，称从事倒买倒卖活动的人为“倒爷”。一些常年东奔西走、浪迹江湖的人则自称“闯爷”。不过，这些“爷”已与“长一辈”、“年长”等义很少有关联了，也不再具有亲切、敬重之义，而是或带上了贬义，或含纳了诙谐的色彩。

二、“叔叔”

从亲缘关系讲，“叔叔”是父亲的弟弟。步入社交关系领域的

“叔叔”，指称跟父亲辈分相同而年纪较小的男子。这类“叔叔”，不但有称谓的功用，还表达着某种情感。如青少年习惯称警察为“叔叔”，这里，被称谓者的辈分与年龄不一定与称谓者的父辈相当，“警察叔叔”只是对警察这一职业男性的礼貌称谓。再如“雷锋叔叔”这一短语，除了指称雷锋同志外，还在一定程度上表现出对雷锋的爱戴之情。提到“雷锋叔叔”，言者大都有一种亲切感。分析语用实际，可知“叔叔”这一称谓已或多或少地附加了崇敬义。

三、“嫂”

哥哥的妻子称做“嫂”。“嫂”原本是亲缘关系范畴的称谓，但如今有些“嫂”与亲缘关系逐渐脱离，因而也就与其本有的含义产生了距离。如“军嫂”的“嫂”，对称谓者来说就已失去了“同辈”和“年长”的内涵，而只有“……的妻子”的意义，“军嫂”即“军人之妻”，江泽民和军委首长就称韩素云（一位模范的军人妻子）为“好军嫂”。再如“月嫂”一词。“如今，请受过特别培训的‘月嫂’专门照顾产后虚弱的妈妈和嗷嗷待哺的宝宝，已成为都市白领的心仪选择。”（李昌建，《做“月嫂”收入不错》，载《楚天金报》2002年5月27日7版）这里的“月嫂”即“以月为时段给人做家政服务的已婚女性”，其“同辈”、“年长”的语意已相对弱化。由“军嫂”、“月嫂”可否类推出“警（警察）嫂”、“季（季度）嫂”等社交关系称谓呢？这有待于在今后的语用实践中去观察、总结。不过，无论发生什么变化，有一点应当明确，这就是“已婚”义是各类“嫂”都必须具有的。

四、“姐”

“姐”指亲戚中同辈而年纪比自己大的女子（一般不包括可以称做嫂的人）。“姐”在从亲缘关系称谓向社交关系称谓嬗变的过程中，内涵呈多元变化的趋势。如“的姐”、“空姐”之称，交代被称谓者性别、年龄是其次要的功用，主要的是，表示其从事的是某一职业或属于社会的某一阶层。又如称谓者若称与之熟悉但无亲缘关系的人为“大姐”时，则不仅表现出双方关系的亲密，也反映了称谓者对这个同辈且年长的女性的敬重。最富有意趣的称谓是“小姐”。时下，在一定范围内，“小姐”已成为一个遭人讨厌的称谓。一些女性认为称她为“小姐”是对她人格上的侮辱。不少人似乎也有这样一种看法，“小姐”就是那种在歌舞厅、夜总会出卖色相的三陪女，是对卖淫女的一种“文雅”称呼。由此可见，“姐”一旦遇上“小”字，往往会被人为地“抹”上贬义的色彩。

五、“妹”

在亲缘关系范畴，被称之为“妹”的人，一定是同辈且年纪比称谓者小的女子，但在社交关系称谓中则不一定全是这样。“妹”是一个“个性”独特的称谓，热恋中的青年男女，尤其是男子，对“妹”情有独钟。“小妹”、“妹妹”之称含纳了男子对女子不尽的喜爱与娇宠。而“打工妹”、“外来妹”、“新疆妹”等社交关系称谓，则很少含带情感的因素。这一类“妹”除了指某一职业、阶层和地域的女性外，附着的是被称谓者的年轻义和未婚义。

由“老公”、“太监”说起

称谓是人们由于亲属或其他方面的相互关系以及身份、职业等而得来的名称。一般来说，各种称谓的指代对象都是具体、明确的，理解上不存在障碍，但有时也会出现这样的情况：因对某些称谓的内涵了解不全面而出现理解上的片面性；有些称谓则随着时代的发展或人们认知观念的改变，其内涵发生了某些变化，从而使人难以把握。对这类称谓，如若不细加辨析而盲目、机械地运用，往往会闹出笑话，或出现令人尴尬之事。看来，称谓之事，马虎不得。

一、“老公”与“太监”

“老公”一词，时下是对自己的丈夫或他人的丈夫的一种时髦称谓。把“丈夫”称做“老公”，在某种程度上含带了妻子的娇嗔与对丈夫的喜爱之情。如：“身为女人，而竟不知媚眼，总是心有不甘。有天终于薅住老公试练。用尽各种眼部表情，整张脸都肌肉拉酸，因为想着可以风情万种，也就忍住。谁想我那位该死的老公自报纸堆中抬头，眉头紧蹙：你出相就出怪相，干吗老翻白眼啊?”（周洵，《媚眼》，载《中国青年报》2001年6月14日）细嚼文中的“老公”，不难想象“我”这个做妻子的是如何在发嗲。在一些人看来，“老公”是个单义词，仅指“丈夫”而已，其实不然，“老公”又是“太监”的称谓。《辞海》中无“老公”这一词条，《辞源》中有“老公”一词，但无“太监”这一义项。《现代汉语词典》则有对“老公（lǎo · gong）”的诠释：“太监”。

清末有名的大太监小德张小时家里很穷，他12岁的那年春节，和哥哥冒寒风去姑妈家拜年，在姑妈家的一辆大套车前停下看了很久。这时候，表兄骄横地过来撵他，并挖苦道："哼，看什么！你们家一辈子也置不起这辆大套车。"他一怒之下，回家把在姑妈家所受的侮辱原原本本地讲给妈听，又问怎样才能发财，也置辆大套车。他妈辛酸地说："穷人家想发财，只有干皇差，当老公。"接着又把怎样阉割才能当老公的过程讲给他听。谁知小德张竟在私欲的驱使下，第二天拿着一把镰刀和一根绳子，在牲口棚里自己动手"净身"。就这样，小德张后来当上了太监。(《中国古代太监阉割术》，载《通俗小说报》）看了这段文字，你该明白了吧，"老公"不是"丈夫"的专用名词，它还含带着个"太监"呢。

二、女儿也可称"公子"

看到"公子"这个称谓，你可能会马上想到男孩子。如若说"公子"也有女的，不知道你会不会相信。但世间确有"女公子"。《现代汉语词典》是这样解释的：公子，古代称诸侯的儿子，后称官僚的儿子，也用来尊称人的儿子。意思再明白不过了，难怪提起"公子"，人们便会不约而同地想到男性。其实，女儿也可称"公子"。"女公子"之说古已有之。"女公子"指诸侯之女。《公羊传·庄公元年》："群公子之舍则以卑矣。"何休注："谓女公子也。"《左传·桓公三年》"凡公嫁女于敌国，姊妹则上卿送之……公子则下卿送之。"句中的"公子"即女儿。又如："初，公雩，讲于梁氏，女公子观之。"(《左传·庄公三二年》）句中"女公子"指鲁庄公的女儿。

随着时代的发展，"女公子"已退出历史舞台，"女公子"这一称谓也渐不为人所知，但它并未也不可能消亡哦。

三、"先生"不分男女

《人民日报》1999年12月21日发布了著名学者、作家钱钟书先生逝世的消息，其中有这么一句话："江总书记亲自给钱钟书先生的夫人杨绛先生打电话……"许多人见后，大为疑惑，有人甚至公开指责用词不当，既然是“夫人”又何为“先生”？不是自相矛盾么？其实，是这位“先生”少见而多怪了。日常交际中，这样的例子不时可以见到。如毛泽东同志就曾称德高望重的宋庆龄女士为“宋庆龄先生”。又如：“冰心先生是深受读者爱戴的文学大师，她的去世，在一段时间内，会在文学和教育界留下空白感。”（梁若冰，《“给世界爱和美”》，载《光明日报》1999年3月3日2版）“先生”一词，其义甚丰，多达十几项。“杨绛先生”之“先生”，用的是“先生”诸义项中“对年长有德业者的敬称”这一义项。这是由“老师”这个义项引申而来的。《礼记·曲礼上》：“从于先生，不越路而与人言。”郑玄注：“先生，老人教学者。”这种“先生”不分男女的用法，是男女平等的表现，是在知识面前人人平等的表现。

闲说“同志”

“同志”是一个出现很早且使用频率较高的词。这个词最初的意思是“志趣（向）相同”。《国语·晋语四》：“同德则同心，同心则同志。”“同志”这一动词用法，后人也有用到的。如《警世通言·杜十娘怒沉百宝箱》：“妾久疏谈笑，亦有此心，郎君言及，足见同志耳。”又如鲁迅《而已集·魏晋风度及文章与药及酒之关系》：“吃散发缘于何晏，和他同志的，有王弼和夏侯玄两个人，与（何）晏同为服药的祖师。”不过，“同志”的表义功用，更多的是用做称谓的名词。

“同志”由“志趣相同”引申指“志趣相同的人”，且这一义项成了“同志”的基本义（我们今天所知“同志”的种种不同内涵，皆是由这一义项生发而来的）。《周礼·地官·大司徒》：“五曰联朋友。”东汉人郑玄明确诠释为：“同志曰友”（同志就是朋友）。王充《论衡·自纪》：“好友同志，仕不择地，浊操伤行。”《红楼梦》第120回：“乐得与二三同志，酒余饭饱，雨夕灯窗，同消寂寞。”“同志”也用来指夫妻。鲍照《代悲哉行》：“览物怀同志，如何复乖别。”句中的“同志”指结为夫妻的同心人。

随着时代的发展，政党出现了。为了表达政党内部政治理想的一致，“同志”便成了政党内部对成员的称呼。在这个意义上的“同志”指的是政治理想相同的人。中国资产阶级民主革命时期，国民党内部就称“同志”。孙中山先生1918年曾发表《告海内外同志书》。1921年中国共产党的“一大”党纲中规定：凡承认本党党纲和政策，并愿成为忠实的党员者，经党员一人介绍，不分性别，不分国籍，都可以接受为党员，成为我们的同志。这是中国共产党正式文件中最早使用“同志”一词。这一党内称谓表明共产党员之间在为共产主义事业而奋斗的大目标下的一种新型关系。一段时期内，“同志”几乎成了党内称呼的专有名词。有人对毛泽东书信中的称呼作了统计，得出这样的结论：毛泽东对党内的人一般称同志，个别称职务或用“兄”、“老”等敬称。

中华人民共和国成立前，“同志”也被解放区的老百姓用来称代干部（不论干部是否党员）。如赵树理的《李有才板话》：“小顺指着老杨对大伙说：‘这是县上来的同志。’”这里的“同志”表明的是老杨的身份。不用细作介绍，乡亲们一听“同志”，便明白了老杨是上面派来的干部。

“同志”有时还是“自己人”的同义语。如电影《渡江侦察记》中有这样一个情节：解放军侦察小分队乘黑夜渡过长江，潜入江南一个临江小村，为了不打扰群众，他们一个个靠在屋檐下躲雨。屋内的老大爷明白了解放军的真实身份后，忙对老伴说：“老婆子，还愣着干啥？这是‘同志’，快，快开门让他们进来。”“同志”一词，即“自己人”。听到老头子说“同志”，老大娘满腹的惊恐、疑惑顿时消逝得无影无踪。

语言是和社会生活发展紧密联系的。随着时间的推移，“同志”一词的内涵也在悄悄地发生变化，它由原先较窄的指代面（专指某种特定的对象）而拓展为人与人彼此间的通称。无论民族、性别、年龄是否相同，也无论相互是否熟识，关系是否亲密，志趣是否相同，都可以“同志”相称。如：“苗族同志，你们辛苦了！”“后面的同志，快点跟上。”“同志，请问去火车站怎么走？”这些句子中的“同志”，仅仅是一种称谓而已，它不含任何别的意思。

值得注意的是，在某些特定的时期或场合，“同志”一词作称谓的功能常被弱化，更多的是用来表达言者的情绪和感情。在这种情况下，如果仍从常规意义的层面去探求“同志”的指代对象，那就很难准确地把握这些“同志”所具有的特定内涵。

在重大的政治活动中，称人“同志”，在一定程度上能增加活动庄重、严肃的气氛。如：“今天××同志、××同志和×××同志也应邀来到会场。”如果去掉“同志”这个词，其庄重、严肃的气氛则逊色许多。

20世纪60年代初，有一篇小说，讲的是主人公因受资产阶级腐朽思想的影响，丧失阶级立场，几乎被敌特分子拉下水。作者为该篇小说拟的题目是“同志，你走错了路”。不难看出，题目中的“同志”，意不在称呼其人，而在表达严肃正告之意。

“文革”中，“同志”一词被抹上了浓厚的政治色彩，成了“革命”的同义语。如若谁失去了被称做“同志”的资格，他必定是被打入了“牛鬼蛇神”之列，或离“牛鬼蛇神”不远了。在那个特定的历史时期，“同志”被人为地“炒”得发烫，“同志”之称谓不绝于耳，以致泛滥成灾。这在一定程度上表现出人们的激进与狂热。

改革开放以来，“同志”的命运也发生了变化，从总体上看，其使用频率呈下降态势。人们之间互称“同志”的现象远不如先前多见。在不同的社交场合，人们多使用“师傅”、“老师”、“老板”、“老总”等称谓，而如若谁在公众场合称对方“同志”，则会从某种程度上给人以耳生和隔膜之感，有时甚至会拉大言者与听者间的距离。

如今，“同志”一词有时又被用来表达嘲讽、贬抑之情。“据报道，刘晓庆将在电视剧《火凤凰》中一人演四个角色，其中一个人物还是‘青春美少女’。这一新闻可让我等影迷着实吓了一跳。五十开外的刘大妈要演‘美少女’，嗲声嗲气地作天真柔美状，哎哟，谁还能受得了？刘晓庆一向是电影界的‘女强人’，她身上始终洋溢着一种‘反叛’精神，任何时候，她都认为自己是最好的。正是因为如此，刘晓庆同志显得更加自信。”（文宇，《老妇聊发少女狂》，载《长江日报》2001年6月5日16版）这段话中的“同志”一词，丝毫无“志趣相同的人”这一基本义或由此引申出的其他各义项的踪迹，而是含纳了作者对年过半百的刘晓庆自不量力的表演计划的怀疑、否定与不满，调侃、嘲讽之情跃然纸上。如果将"同志"换做其他任何一个词语，恐怕很难产生这种表达的效果。

"同志"有时还是"同性恋"的代名词，此类"同志"不时见诸报端。"新春伊始，人们在有关毛宁的'同志'事件的谈论中迎来新的世纪。"（愚记，《2001 年上半年娱乐圈大盘点》，载《武汉晚报》2001 年 8 月 5 日 8 版）"张国荣早期虽然曾交过女朋友，不过后来其言行举止越来越女人化，因此，开始有传闻指他其实是同志。起初张国荣没有承认或否认，不过今年张国荣在接受外国媒体访问时，亲口承认自己其实是双性恋，而这也是张国荣首次公开透露自己的性向。"（载《市场指南报》2001 年 9 月 17 日 16 版）这两个句子中的"同志"，均是作者在其基本义（志趣相同的人）的基础上，灵活地加以引申改造，临时赋予其新的特定的内涵——"同性恋"。"同性恋"这一意义上的"同志"，看似另类，实则从一个方面表明了汉语表义的丰富性和发展的多元性。

掌握"同志"一词的不同内涵及功用，有助于我们辨识丰富多彩的语言现象，准确地运用词语表情达意。"同志"一词内涵的嬗变，不是以人的主观意志为转移的，而是由社会的发展和人们的心理观念的发展来决定的。笔者预言，随着时代的推移，"同志"的内涵和功用还会发生变化，信不信由你，咱们等着瞧吧。

医家缘何称“杏林”?

汉语中，“杏林”除指“成片生长的杏树组成的林子”外，还是医家的代名词。如：“晋代的著名炼丹医学家葛洪（丹阳句容〈今江苏句容县〉人）与擅长灸疗的名医鲍姑（名潜光，山西长治人）是一对杏林伉俪。”（对泉，《杏林伉俪：葛洪与鲍姑》，载《健康报》）。又如黄石《大众中医药》杂志设有“杏林风物”栏目，向读者介绍颇具地方特色、绚丽多姿的中医药知识及历史上有关医家的掌故逸事。医家缘何称“杏林”?

相传，三国时期吴国的良医董奉隐居匡山（今江西庐山。一说安徽凤阳县杏山）时，为人治病不取钱，只求治愈者为其种杏树几株。四里八乡的患者为表感激之情，便循其意相约，凡轻病治愈者植杏一株，重者五株。因董医术高超，治愈患者无数，数年后竟得杏树十余万株，蔚然成林。后董奉在此修炼成仙。于是，人们便称此林为“董仙杏林”（见《太平广记·神仙传》）。后世遂以“杏林春满”、“誉满杏林”等语称颂医生的医德、医术，用“杏林”一词称医家。明代高启《高太史大全集》有诗《杏林为萧沈二医师题》，其中“杏林”即是对医家的称谓。

“夺冠”的同义词

夺标

“标”是锦标。端午节划龙船，相传是悼念爱国诗人屈原，优胜者发给锦标。唐人庐肇考中状元回家时，看见划龙船，写诗云：“向道是龙刚不识，果然夺得锦标归。”既写划船夺标，也表自己科举及第。后人常用“夺标”喻竞赛取胜。

夺魁

“魁”是“首选、第一”之义。明代科举制度分五经取士，每经的第一名为经魁，殿试的第一名称为大魁，这就是现代称竞赛获得头名为“夺魁”的来历。

加冕

“冕”是古代帝王、诸侯、卿大夫所戴的礼帽。后专指皇冠，把登王位叫做“加冕”。相传黄帝时就开始制冕。“冕旒”（旒，音“流”，古代帝王礼帽前后的玉串），是古代礼冠中最尊贵的一种。王维有诗：“九天阊阖开宫殿，万国衣冠拜冕旒。”现人们常喻夺得金牌为“加冕”。

问鼎

“鼎”本是古代的一种烹饪器具，现在还有的地方把做饭的锅叫“鼎锅”。古代的鼎，三足两耳，多用青铜制成。相传夏禹王收九州之金，铸成九鼎，便以鼎为传国的重器，并把建都或建立王朝叫做“定鼎”。《左传·宣公三年》：“楚子伐陆浑之戎，遂至于雒（音“洛”），观兵于周疆。定王使王孙满劳楚子，楚子问鼎之大小轻重焉。”这就是“问鼎”的来历。楚子问鼎，有觊觎周室，欲取而代之的意思。后来遂称图谋王位为“问鼎”。今喻指击败对手夺得最后胜利。

做盟主

“盟主”是古代诸侯盟会中的首领。《左传·襄公二十六年》：“晋君宣其明德于诸侯，恤其患而补其阙，正其违而治其烦，所以为盟主也。”后亦称某集团或团体的首领为盟主。今通常把竞赛中坐第一把交椅称之为“做盟主”。

上（占）鳌头

“鳌”，传说是海中的大龟。屈原在《楚辞·天问》中有：“鳌戴山抃，何以安之?”可见鳌之巨大。唐宋时代的翰林院为“上鳌头”。科举时称中状元为“上鳌头”或“独占鳌头”。今用来喻指竞争成绩居首位。

执牛耳

古代诸侯歃血为盟，割牛耳取血，盛牛耳于珠盘，由主盟者执盘，因称主盟者为“执牛耳”。《左传·哀公十七年》有：“诸侯盟，谁执牛耳?”今也喻指竞赛第一。

不说“失败”，败在其中

在报道体育比赛等的文章中，有不少代称“失败”的词语。这些词语的运用，既使用语富于变化，又能准确地表情达意。

一、沿袭古人用法

①败北

“败北”属古汉语中的词。其中的“北”不是方位词，而是“背”的初文。《说文解字》：“北，乖也，二人相背。”引申为人体的部位——与胸相对的背部。古代所说“败北”，意思是打不赢便转北（背）而逃。

如：身为一名辽宁籍的球员，我为辽宁队今天缺乏斗志而败北感到耻辱。（利彪、邱越，《耻辱与苦衷》，载《足球》1991年12月17日）

二、借用历史战例

②走麦城

语出关羽败走麦城的史实。后以“走麦城”为“失败”的代名词。

如：南洋“走麦城”之后，张斌的思想老成了许多。（高建国，《亚洲篮坛几场大赛风云突变的秘密》，载《追求》1991年第4期）

③滑铁卢

1815年6月18日，英、普联军在比利时南部的滑铁卢与拿破仑军队交战。拿破仑自以为有雄才大略，攻无不克，却没有想到被打得一败涂地。滑铁卢战役在历史上被传为笑柄，此后，人们用“滑铁卢”这一地名代指失败。

如：张瑜在大陆可说是家喻户晓的人物，此番来台湾寻找她演艺事业的“第二春”，却惨遭“滑铁卢”。（文富，《陈冲、张瑜在台拍片受挫》，载《港台信息报》1992 年 2 月 1 日）

三、比喻、引申

④折桨

桨断折，指行船受挫，今多用“折桨”喻指失败。

如：一旦国奥队折桨马岛，则主教练又将重复从“英雄”到“囚犯”的悲剧……（毕照东，《唇齿相依》，载《足球》1992 年 1 月 21 日）

⑤铩羽

羽毛摧落，比喻失意，受挫折，也指失败。《聊斋志异·叶生》：“榜既放，依然铩羽。”

如：巾帼铩羽羊城，又在中国足球的发展史上留下一个令国人永久难忘的感叹。（马勇，《巾帼训须眉鉴》，载《体育天地》1991 年 12 月 13 日）

⑥折戟

杜牧《赤壁》：“折戟沉沙铁未销，自将磨洗认前朝。东风不与周郎便，铜雀春深锁二乔。”“折戟沉沙”指赤壁之战中，孙、刘挫败曹魏的史实。现常用“折戟”代指失败。

如：国奥队以往采用的打法是落后的，似乎这些都成了其在马来西亚折戟的原因。（《关键在把国内的事办好》，载《足球》1992 年 2 月 4 日）

⑦称臣

古时对立的个人、集团或诸侯国，其中一方被击败，或在对方强大的势力面前，无力再与之抗衡，只得认输或归顺对方。常谓之“称臣”。后人多直接指失败。

如：中奥队二战不敌卡塔尔，0∶1 脚下称臣，苦酒也得球迷和徐教头一起干下去了。（伊忱，《今朝苦酒陈年酿》，载《体育天地》1992 年 1 月 28 日）

⑧饮恨

饮恨指抱恨含冤，又指因壮志未酬而留下遗憾，现也指代失败。

如：近十年来，中国足球多次在大赛中饮恨而归。

情感有别的“眼睛”

眼睛是心灵的窗户。人们的喜怒哀乐之情主要是通过眼睛表现出来的，“眼睛”不同，情感有别。了解并掌握“眼睛”所表达的各种不同情感，对于我们丰富词汇和在交际中准确地表情达意，不无裨益。

青眼

亲善、器重的目光、神态。人高兴时眼睛正着看，黑色的眼球在中间，故称“青眼”，也作“黑眼”。白居易《春雪过皇甫家》：“唯要主人青眼待，琴诗谈笑自将来。”冰心《我们太太的客厅》：“近来她渐渐感到青春之消逝，而陶先生之忠诚如昨，在众人未到之先，我们的太太对于陶先生也另加青眼了。”

白眼

鄙视、厌恶的目光、神态，指眼睛向上或向旁边看，现出白眼珠，是一种看不起人的表情（跟“青眼”相对）。宋·刘克庄《赠高九万并寄孙季蕃》：“紫髯长拂地，白眼冷看见。”蒲松龄《聊斋志异·阿纤》：“我以人不齿数故，遂与母偕隐；今又返而依人，谁不加白眼?”

红眼

①羡慕或忌妒的目光、神态，喻指看见别人有名有利或有好的东西时非常羡慕、忌妒，甚至想据为己有或取而代之。如：“不要见别人赚了点钱就红眼。”②亢奋或恼怒的目光、神态。《宋史·张威传》：“（威）临阵战酣，则精彩愈奋，两眼皆赤，时号‘张红眼’。”

冷眼

①冷静、客观的目光、神态。黄庭坚《鹧鸪天》:“身健在，且加餐，舞裙歌板尽清欢。黄花白发相牵挽，付与旁人冷眼看。”茹志鹃《高高的白杨树·妯娌》:“冷眼看了一个月，二妈觉得日子倒是过得极平稳，但自己盼望的那种和气却看不到。”②轻蔑、憎恶的目光、神态。毛泽东《登庐山》:“冷眼向洋看世界，热风吹雨洒江天。”丁玲《母亲》:“有两个小孩子，拖着她，家产完了，伯伯叔叔都像狼一样的凶狠，爷爷们不做主，大家都在冷眼看她。”

暖眼

热情友好的目光、神态。与“冷眼”相对。杜甫《与严二郎奉礼别》:“别君谁暖眼，将老病缠身。”《西游记》第3回:“只是可怜孙行者，下界西方路上又恨他，上界又怨他，佛祖处又有人送风；观音见佛祖怪他，他决不敢暖眼。”

媚眼

娇美动人的目光、神态。南朝·梁·何思澄《南苑逢美人》:“媚眼随娇合，丹唇逐笑分。”明·凌濛初《初刻拍案惊奇》卷三四:“只见他一双媚眼，不住的把闻人生上下只顾看。”

泪眼

忧郁哀伤的目光、神态。内心极度伤悲，以至眼中充满泪水。北周·庾信《昭君辞应昭》:“片片红颜落，双双泪眼生。”欧阳修《蝶恋花》:“泪眼问花花不语，乱红飞过秋千去。”

裂眼

忧郁愤怒的目光、神态。因发怒而双眼圆瞪，眼眶似乎要裂开。刘义庆《世说新语·品藻》:“安石（谢安）故相为雄，阿万（谢万）当裂眼争邪?”

傻眼

呆愣、惊讶的目光、神态，指因某种意外情况的出现而目瞪口呆。高玉宝《高玉宝》第10章:“大夫把老周扒皮的衣服解开，屋里的人更傻眼了。”

>>> 语文漫谈 <<<

影视、小说、歌曲等语言移用现象浅析

一些影视、小说以及流行歌曲等的语言，大都生动、简洁、寓意深刻，具有很强的表现力和感染力，人们或完整地引用，或略加改造，将之移用于自己的口头或书面交际中，其语言便会顿现或新颖隽永、或别致俏皮的特点。这类经过引用改造的语言，既新鲜活泼，又能在特定的语境中准确地表情达意，成为口语中的“亮点”或文章中的点睛之笔。如今，浏览报刊，不时可见这类语言的“踪影”，这已成为一种值得关注和研究的语言现象。影视、小说及流行歌曲等的一些语言之所以被广泛移用，宣传媒体功不可没。正是它们的广泛传播，使得人们对这类语言由陌生而逐渐熟悉，终至耳熟能详，产生共鸣，但更重要的是，这类语言本身有着别具一格的特点：

一、新颖别致，感染力强

著名导演张艺谋的《秋菊打官司》除了向人们讲述了一个“民告官”（村民告村长）的故事外，还使“说法”一词的使用频率大大提高。影片的主人公秋菊的“俺就是要讨个说法”这句话，给观众留下了深刻的印象，以至“说法”一词被广泛借用。如：“一套普通的高二语文统考试题，竟引发一场旷日持久的诉讼战，虽然两审法院均已给出说法，但屡诉屡败的特级教师仍四处申诉。”（李志刚，《是名誉侵权还是学术批评》，载《文化报》1997年7月31日3版）法院处理民事诉讼，是在充分调查取证的基础上依法进行判决的。作者不说“判决”而使用“说法”一词，突破了用语的常规模式，使语句平添了新颖、别致的特点，给人耳目一新之感。又如：“200万张电话磁卡的余额被忽略了。近几年来，人们手中除了电话磁卡外，还有多种卡。类似的磁卡余额问题该不该有个说法?”（周敏，《200万张电话磁卡余额忽略不计?》，载《长江日报》1997年8月13日1版）200万张电话磁卡的余额加起来不是小数目，对此忽略不计，侵害了消费者的利益，有关部门有责任对消费者作出交代（即把事情的原因或处理意见向消费者说明）。句中用“说法”替代“交代”，既增强了词语表义力度，又跳出了直白、俗套的窠臼。

上述两例中，作者根据语意具有动态发展变化的特点，从不同的表达需要出发，灵活地对“说法”一词加以引申改造，使其脱去本有的内涵，临时含纳新的语意。句中的“说法”，新颖别致，准确生动，大大增强了其表现力和感染力。

二、表述准确，概括力强

《爱你没商量》是文兴宇、宋丹丹等人合演的一部室内电视剧。如今，“没商量”一词也在语用实际中频频出现。如：《儿媳算计公公婆婆没商量》（载《爱情婚姻家庭》2001年第4期），《中巴车“甩客”没商量》（载《江城警讯》2001年6月29日4版），《网上聊天好甜蜜　网下偷你没商量》（载《楚天都市报》2001年9月9日4版），《假“伟哥”鱼目混珠　想壮阳骗你没商量》（载《武汉晚报》2001年9月12日15版）。这几个标题中的“没商量”不是“没有商量”，而是“不商量”或“没有商量的余地”之意。上述标题巧妙地借用“没商量”来表情达意，或表现出施动者的贪婪、专横，或表现出施动者的伪善、狠毒。“没商量”之说，表述准确，概括力强，作者将之移用在特定的语境中，既省去了许多笔墨，又得体地表达出自己所要表达的意思，而如若换用其他的词语，则很难有这样的表达效果。

再如从小说《中国人可以说“不”》中移用过来的“说不”，

从中央电视台著名栏目“实话实说”中移用过来的“实话实说”，人们在交际中也常用到。如：《对垃圾邮件说“不”》（《楚天都市报》2001 年 6 月 24 日 2 版），《对求职押金说“不”》（《市场指南报》2001 年 6 月 10 日 3 版），《商场，何以遭厂家说“不”》（《楚天都市报》2001 年 6 月 24 日 2 版）；《中国顶尖娱记实话实说》（《大家参考》2001 年第 8 期），《好莱坞市长广州实话实说 “珍珠港”不怎么样》（《长江日报》2001 年 6 月 17 日 8 版）。细细分析，这类语言在很大程度上是因其概括力强，能准确、恰当地表达出作者所要表达的意思，所以被广泛借用。

三、庄谐相生，幽默感强

一曲流行的爱情歌曲《月亮惹的祸》，清婉缠绵，如泣如诉，唱出了不少年轻人爱恋的心声。其中的歌词“都是月亮惹的祸”，因其极具幽默诙谐、机智俏皮的特点，更是被众人广为借用。日常生活中如若发生了不幸或不顺心的事，而其“祸因”又明白、具体，那么，“都是月亮惹的祸”稍加改造，便可“上岗”了。如，《都是金钱惹的祸》（载《长江日报》2001 年 6 月 13 日 3 版），《都是外遇惹的祸》（载《心理辅导》2001 年第 7 期），《都是水土流失惹的祸》（载《武汉晚报》2001 年 8 月 12 日 6 版），《中毒性菌痢，都是蛋糕惹的祸》（载《武汉晚报》2001 年 10 月 3 日 6 版）。这里的“都是××惹的祸”，既含严肃、认真的成分，又不乏幽默、诙谐的因素，亦庄亦谐，使语句平添了生动、活泼的艺术魅力。

又如台湾作者痞子蔡的网络爱情小说《第一次亲密接触》，其中的“亲密接触”之说，同样具有类似的特点和功用。如：①《数学试题“亲密接触”生活》（载《武汉晚报》2001 年 6 月 13 日 3 版），②《国足球员“与迷同乐” 偶像球迷“亲密接触”》（载《武汉晚报》2001 年 7 月 30 日），③“客厅沙发安家筑巢”（引题） “上万蜜蜂与主人‘亲密接触’”（正题）（载《市场指南报》2001 年 9 月 30 日 6 版），④《火车与中巴车“亲密接触”》

（载《长江日报》2001 年 4 月 7 日 8 版）。例①的“亲密接触”是“紧密联系”的意思；例②的“亲密接触”是“热情会面”的意思；例③的“亲密接触”是“和睦相处”的意思；例④的“亲密接触”则是“突然相撞”的意思。虽是不同的语意，但用“亲密接触”这同一短语表达，都极为准确、得体，原因在于作者正确地把握了“亲密接触”这一说法幽默诙谐的特点，在不同的语境中准确运用，从而使语言庄谐相生，幽默风趣。

四、富含哲理，启示性强

富含哲理，给人启示，是一些影视、小说及流行歌曲的歌词得以被广泛移用的又一重要原因。人们正是根据其这一功能，有选择地将之改造借用，从而使自己的文章或语言大为增色。如“将爱情进行到底”这一电视连续剧的剧名，已成为不少年轻人“爱的宣言”，它在一定程度上表现了热恋者对爱情的执著追求。如今，这一准格言似的语句又被人们由爱情领域移用到了其他领域。如，《将对“玟”字的了解进行到底》（载《语文报》2001 年 4 月 5 日 7 版），《张子恩欲将“文人系列”进行到底》（载《长江日报》2001 年 6 月 9 日 8 版），《红金龙誓将足协杯进行到底》（载《武汉晚报》2001 年 8 月 31 日 1 版），“上级指令国家队必须拿下阿曼、卡塔尔”（引题）　“将东方不败进行到底！”（正题）（载《体坛周报》2001 年 10 月 3 日 1 版）。“将 × × 进行到底”之说，虽是平平常常的一句话，但它将人们不屈不挠的韧劲和不达目的不罢休的决心尽纳其中，蕴含着“决心 + 坚持 = 成功”的人生哲理，给人以启示和教益。上述 4 例的作者正是巧妙地借用“将 × × 进行到底”这一句式，换上特定的表达对象，恰当地表达出所要表达的意思。

“平平淡淡才是真”这句人们耳熟能详的歌词，同样极富人生哲理。人生在世，轰轰烈烈的生活的确让人向往，但轰轰烈烈地生活着的人毕竟是少数，更多的人是一生平凡，甚至不为他人所关注。“平平淡淡才是真”道出了生活的真谛，是生活现状的真实写照。“但当发现对手根本不想赢球，压根儿就想拿一分保出线的时候，咱们的小将也开始恢复到‘平平淡淡才是真’的境界。”（曹竞，《似曾相识》，载《中国青年报》2001年6月22日4版）一句“平平淡淡才是真”，通俗平实，却又富含哲理，故人们在书面和日常口语交际中常常用到。

缩略语的功用及使用要求

缩略语是语言交际中对人、事、物的表述作了某些压缩、删减后的语言。它是语言追求经济性的表现。为适应社会生活的快节奏和满足特定情感的表达需要，人们的语用实践中出现了诸多的缩略语，并呈日渐活跃的趋势。如2003年春，非典型肺炎成为一个世界性的话题，举世关注。媒体报道时，为求表述简洁，将其缩略为“非典”。在后来很长一段时间内，“非典”都是一个高频用词。而“北大”“清华”“政协”“人大”“央视”等缩略称谓，人们更是耳熟能详。

非但表述事物如此，近年来，一种省略官衔的称谓也大行其道，且逐渐被人们所认可、接受和使用。这种称谓法省略的是那个“长”字。处长姓刘，就叫“刘处”；区长姓谢，就叫“谢区”；秘书长姓田，就叫“田秘”。一些公安题材的影视剧中，“李局（长）”、“杨大（队长）”、“齐政（委）”、“王所（长）”之类的缩略语更不少见。这种称谓也在向其他领域“迈进”。如：“沈指谨慎点评新人”（文题）（谭新杰，载《楚天金报》2003年12月12日15版）；又如：“中、意之战结束后，蔡振华将中国男队主教练刘国梁拉到咖啡厅谈了许久，蔡指当时的神情似乎颇为激动……”（任灏瑜，《蔡振华：刘国正必须“壮士断腕”》，载《武汉晚报》2004年3月4日2版）这两例中的“沈指”、“蔡指”，分别是“沈指导”（国家足球队主教练沈祥福）、“蔡指导”（国家乒乓球队总教练蔡振华）的缩略语。

缩略语的主要特点是简洁，主要功用在于口头表达可以节省时间，书面表达可以节省版面。这些，不难理解。至于官衔称谓法一类的缩略语，其功用就不那么单一了。

一般来说，“官衔称谓法”主要用于官场同级之间，或同一机关同一处室的同事之间。而且，也只有关系发展到比较随便时才能这么叫。同在一个办公室工作，日日相见，整天把个“长”字挂在嘴上，大家都不自在，也显得俗气。但也不能罢人家的官呀！于是，就发明了这么一种称谓法，既省事也亲切，还体现了身份感。因为只有官场中人才有资格这么叫，也才懂得这么叫。所以，当一个人向另一个人，尤其是向官场以外的人提起他的领导，不称“刘处长”而称“刘处”时，还会不经意流露出官场中人的优越感。而公安系统、体育界的“李局”、“刘大”、“沈指”等，无论是同级还是上下级关系，则更多的是表现出对被称呼一方的尊重和双方之间关系的密切与融洽。如此看来，缩略语的功用不可小觑。

然而，缩略语是柄“双刃剑”，它简洁经济，用起来省时省力，但如果缩略不当，则可能导致信息模糊或产生歧义，有时甚至是南辕北辙，让人百思不得其解，这就有悖使用缩略语的初衷了。因此，使用缩略语应注意以下几点：

一、忌缩略失当

交际中使用缩略语，表义准确是第一位的。如果只图语言简洁而忽视缩略语表情达意的准确性，那就是舍本求末了。

某校有大小两个食堂，大食堂为学生食堂，小食堂为教师食堂。因为小食堂供应小炒，许多学生过周末、过生日时便跑到小食堂来打牙祭，常常弄得老师吃不上饭。为此，小食堂门口贴出了一则告示：经研究决定，本食堂专卖老师，考虑到实际情况，兼卖学生；但要先卖老师，卖完老师，再卖学生，卖完为止。告示中的“专卖老师”“兼卖学生”“先卖老师”“卖完老师，再卖学生”等话语的本意，人们不难理解，但明显是缩略不当，它很容易让人们想到食堂“出售老师”、“出售学生”。难怪有的学生看了告示，笑曰：“用不了一星期，老师、学生都要被卖完了。”

再看一个例子：繁华的街道上，某食品店与鞋店对门，为了宣传店中所售商品，招徕顾客，两店都在门前立起醒目的宣传牌。食品店写着：儿童肉松、老人肠……鞋店写着：人革鞋、男牛、女猪……商品的名称要能准确地揭示该商品的特征。如果将适合儿童食用的肉松，适合老人食用的灌肠以及人造革皮鞋、男式牛皮鞋、女式猪皮鞋等作上述缩略，不是太吓人了吗？谁还敢前去购买呢？因缩略失当而影响了生意，这恐怕是店主始料未及的。

二、忌缩略不伦不类

2000 年 7 月 26 日，一个名叫贺雅冰的三岁女孩，随母亲一起到建筑工地上找爸爸，不慎坠入了桩基洞。这个洞深达 6 米，而直径只有 30 厘米。经过一番惊心动魄的抢救，女孩终于脱险。《湖南日报》7 月 28 日撰文报道了这一消息，用的标题是“三岁女孩坠深洞　警民营救化安夷”。标题中的“化安夷”读来别别扭扭，原来，是因为缩略不伦不类。句中的“安”即“夷”，“夷”即“安”，二者通常并不连用。可以说“化险为夷”，也可以说“转危为安”。编者之所以不这样说，无非是为了凑齐七个字，和上句保持语言节奏上的对应，结果因形式损害了内容。“化险为夷”是人们熟悉的一条成语，“险”是“化”的对象，“夷”是“化”的结果，一变而为“化安夷”，人们则会误认为“安夷”是“化”的对象，但“化安夷”如何理解？谁说得清？可见，这样不伦不类的缩略，非但没有达到传递信息的目的，反而给理解设置了障碍，这和作者的原意是相悖的。

三、忌不讲适用范围

缩略语还有一个适用范围的问题。有的缩略语全国流行，有的缩略语有地方色彩；有的是社会通用的，有的是行业专用的；有的和大众有关，有的纯属圈子语言。因此，不能不加分析和区别，不看对象，乱搬乱用。某报有一篇文章，标题是“‘战杂’现象值得关注”。若问你“战杂”指什么，你能说得出来吗？笔者曾就此作了一个调查，先后询问了 5 个同事，竟没有一个人知道它是什么意思。后来，笔者无意间问到一个从部队转业的同志，他告诉我，“战杂”是“战士杂技团”的简称，至此，我才茅塞顿开。“战杂”是一个局部范围内使用的缩略语，在部队里，提到“战杂”，也许无人不晓，但面对地方读者，如此简称只会让人如坠五里雾中。

由医院科室更名说“语言和谐”

《武汉晚报》2005年3月28日11版报道了这样一则消息：近日，同济医院声名赫赫的“变态反应科”更名为“过敏反应科”，走廊上喷有“变态”二字的候诊椅也被搬走了。据该科医务主任解释，这样做是为了消除“变态”二字给病人造成的心理压力。同济医院于1990年在湖北省率先成立“变态反应科”，对一些过敏性疾病，如过敏性皮肤病、过敏性鼻炎、哮喘等进行综合治疗。因这些病都有细胞组织上的变态，遵从医学原理，科室成立时也就叫了“变态反应科”。然而，对科室名称中的“变态”二字，病人却难以接受，以致发生不少尴尬之事。一些病人在诊室前走来走去，不敢进门，那写有“变态”二字的候诊椅也无人敢坐——怕自己被人当做是心理变态者。而科室更名后，这类事情再没有发生过。笔者深为同济医院给科室更名的做法叫好，它体现了医院以人为本的服务理念。更换了“变态”这一其意不差、其音不谐的词语，让科室的名称变得中听、和谐了。

语言的运用不是小事。我们知道，构建和谐社会，很重要的一条就是要营造融洽、和谐的人际环境。而要融洽、和谐，就必须有语言作为沟通不同群体的桥梁，且这桥梁必须平坦、畅通，即这些语言必须让人乐于接受，退一步说，最起码也要让人能够接受。

语言是信息的重要载体，在人们的交际中有着重要的功用。教育感化、情感交流、信息传承等，绝大多数是通过语言来完成的。语言的运用不仅有技巧层面的问题，而且也有观念、认识、情感层面的问题。同样的意思，如果表达上的情感态度、价值取向不同，其沟通效果则可能天壤之别。试想，如若伤人的“暴力语言”充斥于生活，成为一种无意识的思维、表达习惯，人们内在的文化、心理秩序又怎能是和谐的？可以肯定，那缺乏人际尊重、体谅氛围的语言环境，必然损害人们的文化心理根基，是建设融洽、和谐社会过程中必须破除的障碍。

2005 年的两会期间，全国政协委员、重庆力帆董事长尹明善向大会提交了一份名为《和谐社会需要和谐语言》的提案，引起了与会委员及各家媒体的高度关注。尹委员的提案，是对和谐语言的强力呼唤。细观现实生活，你会发现，一些暴力语言已在不同程度上对人们的心理和情感造成了伤害。

如“打破‘铁饭碗’”这个喊了多年的口号，人们已耳熟能详，但不可否认，它确实过于冷漠、无情。谁不怕失业？谁不希望有个稳当当的“铁饭碗”？可偏偏要说“打破”，让人提心吊胆，感到工作不可靠，生活不可亲。的确，当今社会还没有实力去实现人人有“铁饭碗”，就像当前没法实现高级阶段的社会主义一样，但我们不能冷冰冰地打破人们心中的追求，让亿万同胞人人自危。准确的说法应是“打破‘大锅饭’制度”。客观地宣传管理主张或措施没错，但话不能说得太过生硬。比如，“今天工作不努力，明天努力找工作”，其意也好，其音也谐，何不以之取代“打破‘铁饭碗’”之类的说法呢？

又如，“银行就是要嫌贫爱富”，这句话尽管言简意明，其实也属不和谐音。须知，银行是国家特许配制特殊资源的特殊企业，不是人人都可以开的。既然是国家特许的，就应为国家担负起发展经济、和谐社会的特殊责任。而银行一方却公开宣称“嫌贫爱富”，这不免有厚此薄彼之嫌，无疑会使千万个相对贫穷的中小企业“很受伤”。构建和谐社会，不可急不择言，不可口无遮拦。“银行就是要嫌贫爱富”之说，其声刺耳，其意偏颇，而若换成“不愁资金不足，只怕信用短缺”之类的话，要比“嫌贫爱富”中听得多。

无须多举语例，只要用心观察、分析，你就会发现此类不和谐的语言在生活中还有不少。

做事须循法理，出言要顺人心。“良言入耳三冬暖，恶语伤人六月寒”，构建和谐社会，我们一定要慎用、不用那些让一部分人感到不愉快的话语，以免造成几家欢乐几家愁的不和谐局面。要多用、多创造暖人心窝的语句，使人感到春风拂面，无酒也醉。

由社会用语说到教育教学用语。应当坦率地承认，我们的教育中也有不少“暴力语言”，诸如“没想到你这么难开窍”，“家长再不到学校，你别来上学了”，“像你这样还有什么意思”，等等。这些训斥的话语，对学生是恶意的刺激，令学生十分反感，不但达不到教育的效果，而且极易造成师生对立。医院科室的更名，政协委员的提案，当能给我们教育工作者一些有益的启示。

广告用语四忌

广告用语是在公共场合广而告之的语言，它或用来传递某种信息，或对公众给予某种提示、警示，目的在于使其内容为公众所周知。如今，广告已深入到社会生活的方方面面，在人们的生活中起着重要的作用。然而，不少人忽视广告的用语要求，所拟的广告语言存在着这样或那样的语病，使其难以产生预期的宣传效果，有的甚至还产生了负面影响。广告用语有四忌：

一忌语意重复

广告要求用简洁的语言准确地表达特定的内容，其最基本的要求是语意通顺。然而，留心一下街面的广告，不难发现，有的广告用语连这最起码的要求都没达到。《武汉晚报》2002 年 12 月 18 日 B14 版有篇文章报道，武汉市武昌街道口（地名）一条巨幅广告耸立路边，上书一行大字：湖畔边的生活哲学家。比肩而立的还有一巨幅广告：领先生活表率。这“表率”与“哲学家”挤在一起，站在路边，实在有煞风景。“湖畔边”在哪里？“领先”与“表率”是何关系？叠床架屋，语意重复，读来让人一头雾水。对此类广告，确实需要动动“手术”，让“哲学家”要么蹲在“湖畔”，要么站在“湖边”；要么“领先”，要么就做“表率”。各归其位，穿戴整齐。这样，清除这一视觉污染，还市民一个干净的世界。须知，拟写广告用语，如若卖弄学问，故作高深，或者刻意追求“另类”，往往会弄巧成拙。而一个连话语都不通的广告，人们看了只会嗤之以鼻，又怎能发挥其应有的功效呢？

二忌语意缺失

《武汉晚报》2002 年 11 月 15 日第 5 版报道了这样一件事：在汉口解放大道新武展旁的人行道上，一上书“行人请走地下通道”的指示牌，令行人备感困惑。原来，这一指示牌是有关部门设在此处的，以提醒过街行人避开马路走地下通道。孤立地看，标牌上的提示语句通顺，表意明白，不存在任何问题。但标牌置于人行道上，问题就出现了：提示语令不过街的直行者感到莫名其妙，使他们面对指示牌举足不定。仔细分析一下，责任还在立标牌的“有关部门”，他们的本意是提醒横过街道的行人，但忘了行人中还有沿人行道直行者，忽视了标牌放置地点的特定用语要求，因而造成提示语语意缺失，使之成了“问题指示牌”，误导了直行者。广告用语要求恰到好处地表达相关的内容，既不能有冗词赘句，也不能漏掉必要的信息，否则，就会产生谬误。上述提示语就是因语意缺失而出现问题。改正的方法很简单，在“行人请走地下通道”前加上“过街”二字就行了。

三忌语意模糊

广告用语要求表意明确而有一定的韵味，也不排除用含蓄的语言来传递信息，但含蓄不等于模糊，更不等于圆滑，模棱两可的广告用语是不足取的。据《南方都市报》报道，深圳街头，一个广告牌发包广告是这样做的：一个性感女子的巨幅剪影，配以“等……着你来包”的醒目文字，其中“包”字还被特别用黄颜色突出。在此广告被人指责为“包二奶”广告并遭投诉时，工商部门却认为，该广告并未违反《广告法》，市民不该往“邪”处想。此广告是否违反《广告法》，自有权威部门裁定，但“等……着你来包”的醒目文字，仅从第一感觉看，就难免给人以广告在为“包二奶”张目之嫌。市民的投诉，正说明了相当多的人对此有同感。客观地说，广告具有负面效应是不争的事实，而不是谁有意要往“邪”处想。广告策划者之所以这样“出牌”，可能正是看准了它的“模糊性”，然而，他却违背了广告用语“语意指向要明确”的规则。语意模糊是广告用语之大忌，不懂规矩，改过即可，有意为之，则要三思了。

四忌语含歧视

广告用语除了要求表意通顺、完整、准确之外，还应有人情味和亲和力，要让人愿看、乐看，要使人看后有所悟或有所得。即便是劝阻、禁止类的广告，也要实话细说，直话婉说，万不可粗语伤人。须知，用语粗俗或语含歧视的广告，非但不能收到任何宣传效果，反而会令人心生不快，甚至备感厌恶。

为了提醒民工上厕所注意卫生，北京某公厕打出了“禁止民工如厕，违者罚款50”的告示语。（胡萍，《民工 城市不可缺少的风景线》，载《楚天都市报》2002年12月18日21版）可以这样说，在各类失败的广告用语中，评这则广告语为“最差”，一点也不委屈它，因为它作为广而告之的语言，进入了社会生活的范畴，这种语言歧视的背后，是社会生活中的人格歧视。它完全不该在公众场合“立足”。“恶语一句六月寒”，“禁止民工如厕，违者罚款50”，这则含歧视的广告，深深地刺激着进城民工，让诸多民工心里“很受伤”。即使是城里人看了，也会指责其用语偏激尖刻的。拟出这样的广告语，除说明作者缺乏最起码的写作常识外，还在一定程度上表现出作者的粗俗与无知。

惯用语的反常使用

惯用语也叫“熟语”，是人们口语中短小定型的习惯用语。惯用语大多数是贬义的，人们使用惯用语，多是揭露、批判社会上丑恶的、消极的东西，或是揭露、批判“国民劣根性”。然而，分析具体的语用实际，不难发现这一现象，即如若有意把贬义的惯用语用于褒义语境，造成褒贬错位，能使其语言呈现出生动幽默、机智俏皮的特点，收到特定的表达效果。如：

①汉正街人爱面子，他们不惜“血本”打造“面子”，是因为该街是武汉市“窗口”之一。(李昌建，《汉正街悄然推行“面子工程”》，载《楚天金报》2002 年 12 月 8 日 7 版)

②李爹爹喜当传声筒（文题）(朱素芳，载《长江日报》2002 年 11 月 11 日 1 版)

③鼓励吹枕边风（正题） 鞍山警方请“警嫂”当督察（副题）(陈光明，载《武汉晚报》2001 年 3 月 20 日 5 版)

④木地板保修有“说法”（引题） 新规定给商家念紧箍咒（正题）(叶永笔，载《楚天金报》2002 年 11 月 20 日 3 版)

“爱面子”喻指人爱慕虚荣，其贬抑之情显而易见。例①的“爱面子”被作者巧妙地换用了语境，用来形容汉正街人注重自身形象，自觉维护城市窗口的声誉。说“汉正街人爱面子”，是赞扬汉正街人素质高，自觉做文明市民的意识强。这一惯用语的反常使用，完全脱去了原本含纳的贬义色彩，使所表达的内容新颖活鲜，给人耳目一新之感。

例②说的是，武汉市江岸区单三社区 77 岁的李华庭爹爹，近段时间天天都要给远在加拿大的二女儿挂电话，讲自己身边的新鲜事，谈党的十六大召开的喜悦心情；他每天晨练后买份报纸回家，第一件事就是把报上有关党的十六大的最新消息，念给中风在床的老伴听。“传声筒”原喻指跟着人家的话说、自己毫无主见的人。这是个贬义的惯用语。然而，在此句中它非但无丝毫贬义色彩，反而得体地将李爹爹热情地向女儿述说新鲜事、对老伴讲新闻的喜悦心情表达出来了。从中，读者可以真切地感受到李爹爹关心国家大事、热爱幸福生活的情感。

如果单看例③的正题“鼓励吹枕边风”，定会令你大惑不解，“枕边风”岂可鼓励“吹”？而将正题、副题结合起来看，你便会明白作者遣词用语的高明所在。惯用语“枕边（头）风”原本喻指妻子贴近丈夫说的话，含有一定的私秘成分。此例说的是鞍山市公安局铁西分局党委启动“亲情工程”，请“警嫂”们当好贤内助，把好丈夫8小时之外的动态关，帮助他们增强工作时间以外自我约束的能力。“枕边风”的使用，看似戏谑，实则庄重，给读者留下了深刻的印象。

“紧箍咒”源于《西游记》。唐僧用来制服孙悟空的咒语，能使孙悟空头上的紧箍缩紧，使他头疼，因此叫“紧箍咒”。久而久之，“紧箍咒”成了人们的惯用语，比喻束缚人的东西。一般来说，“紧箍咒”是不能念的，因为它压抑、束缚新生的、正义的事物或力量。然而，例④中的“紧箍咒”却让人为之叫好。原来，从2002年12月1日起，《木地板铺设面层验收规范》、《木地板保修期内面层验收规范》正式实施。这两个条例均明确规定：装饰工程竣工后未使用或在正常维护条件下使用，木地板保修期至少为一年。这就有效地制约了商家对消费者的欺诈行为，维护了消费者的权益。试问，“念”这类“紧箍咒”，消费者哪个不欢迎呢？

语言是动态的、多元的，将通常用于描述、揭露、讽刺或批判社会上的各种弊病，各种丑恶以及人性中的弱点、缺点的惯用语，用于褒义语境，是语言表达中一道颇具特色的“菜肴”。

成语的特殊用法

成语是人们长期以来习用的、简洁精辟的定型短语，是语言组织材料中的单位之一。成语作为语言特殊的建筑材料，在人们的口头和书面交际中起着重要的作用。不可否认，成语有许多优长之处，但在特定的语境中，如若原封不动地将之拈来，有时往往难以达到理想的表达效果，于是，人们就想办法对所要使用的成语加以改造，以求更加准确、鲜明、生动地表情达意。这样，就产生了诸多的成语的特殊用法。

一、巧取直义

成语是文化积淀的产物。众多成语在漫长的历史演进中，在其直义（字面上的意义）、本义之上衍生出林林总总的比喻义、引申义等附加意义。一部分成语的直义与其本义、附加义共存，而更多的情况是成语的本义、附加义被广泛认可，走上前台，其直义则退居其次，乃至逐渐消隐，以致不少人将直接使用成语的直义看做“另类”，称之“返祖”、“返源”。

实际上，运用成语时，有意避开其比喻义或引申义，恰当、得体地取用直义，不仅能给人以新颖别致、耳目一新的感觉，还能有力地突出事物的特征，增加幽默情趣，平添语句的表现力和感染力，如：

①这个科室的护士给病人打点滴，几乎个个能一针见血。（孔明，《生活原本是洁白的》，载《辽宁青年》2002年第15期）

②头顶炎炎烈日，身没齐腰河水，在这样的水深火热之中，他们仔仔细细地寻找着罪犯杀人用的那把尖刀。（史彤彪，《法律的

另一种“效应”》，载《人民法院报》2002年7月8日）

③幼童患上巨趾症（引题） 医生为他削足适履（正题）（胡彩丽，载《楚天金报》2002年11月5日8版）

“一针见血”，通常喻指论断简明扼要而切中要害。例①中的“一针见血”是“真针”见“真血”，巧取成语直义，形象地写出了护士们娴熟的注射技术。例②中的成语“水深火热”，真实直观地摹写出了公安人员寻找罪犯作案工具时的极端艰苦的环境。提到“削足适履”，人们都知道这是一种“无原则地迁就和勉强凑合”的做法，如果说是实实在在的“削足”，定会让人惊讶不已，而例③中的“削足适履”确实是实话实说。两岁半的童童（化名）患上巨趾症，右脚第三、第四个脚趾生长的速度特别快，两岁时，这两个脚趾即相当于正常脚趾的三倍，以致穿的鞋都是一只大一只小。整形外科医生为他做了矫形手术，削掉了脚趾过大的部分，使他右脚也穿上了正常的鞋。句中“削足适履”的使用，可谓准确之极，堪称巧取直义的“经典”。

留心一下近年来人们的交际用语，尤其是广告用语，不难发现，取用成语直义的现象有增多的趋势。要注意的是，成语的这种特殊用法，需要有与其直义相协调的语境，缺少这类语境，盲目直用，是难以收到预期的表达效果的。

二、简缩字词

结构定型是成语的一个重要特点，因此，一般来说，成语的字数是不能任意增减的，但万事都可能有个别例外的情况。人们讲话也好，写文章也好，总是力求做到言简意赅，即使是成语的运用也是如此。在不改变成语内涵的情况下，缩减成语中某一个或几个字词，有时会使之显得更加精练、简洁，运用起来给人齐整、灵活之感。成语的这种特殊用法，即简缩字词法。如：

④成王败寇。与临走前韩国总统金大中盛宴款待希丁克相比，米卢走时连送行的队员都没有，不免让人有几分心凉。（陈开，《希丁克荣归故里》，载《武汉晚报》2002年7月14日20版）

⑤如何看待“特殊工作制”(引题)　读者评说见仁见智（正题）(梅军，载《楚天都市报》2002年11月26日3版)

⑥减肥是一个渐进的过程，“欲速不达”的道理应该明白。(陈蔚文,《淑女》，载《女士》2002年第10期)

上述三例中的“成王败寇”“见仁见智”“欲速不达”分别由成语“成者为王，败者为寇”“仁者见仁，智者见智”“欲速则不达”简缩而来。此类的例子还有“亲痛仇快”（“亲者痛，仇者快”)、“星火燎原”（“星星之火，可以燎原”)、“有志竟成”（“有志者，事竟成”）等。这些多音节成语被缩成“四字格”，不只是一种字数上的选择，也是一种文化上的选择，因为四字成语最具有汉语和汉文化特点的庄重典雅的形式，它最符合汉文化中的“以偶为佳”、“以四言为正”的审美要求。

简缩后的这类成语，有助于调节音节的抑扬顿挫、高低起伏的变化，使之富于音韵感，便于组成多种多样的结构和格式。成语的这种简缩，不但未影响语意的表达，反而使之呈现出简洁生动、新颖活鲜的特点。当然，成语的这种简缩使用是有前提的，那就是不伤语意，不减少所含载的信息量。如果减去成语中的某一个或几个字词，造成语意费解，词不达意，甚至闹出笑话，那就弄巧成拙了。同时，成语的简缩使用也是有限的。毕竟，成语的使用有其约定俗成的一面，使用也必须遵守它的“游戏规则”。

三、错位使用

许多成语的褒贬色彩是很明显的，使用的时候，有意地把贬义成语用于褒义语境，把褒义成语用于贬义语境，使这些成语临时含纳与其本有的感情色彩相对的感情色彩，造成褒贬错位，是成语的又一种特殊用法。如：

⑦高校一些新生到校“不务正业”(引题)　陪亲人逛街（正题）(柯锐，载《楚天金报》2002年9月15日24版)

⑧“芭比”裙源于日本，这股炫酷之风经香港又到了内地。它不同于超短裙，在仅仅37cm的长度上玩尽“花样”，看上去是

一身的花枝招展，青春得一塌糊涂。(《芭比裙，37cm 的媚惑》，载《武汉晚报》2002 年 3 月 29 日 B3 版)

⑨他利用手中的权力，将子女及亲友照顾得无微不至。(刘仁洲，《七条高速　一窝蛀虫》，载《风云》2002 年第 18 期)

“不务正业”指从事不正当的职业，现多喻为不注重职务范围内的事，其贬义色彩显而易见，而例⑦中的“不务正业”却全无“贬”的痕迹。家住外地的新生到校刚放下行囊，报到注册后的第一件事，就是陪亲人逛街。他们借这种方式表达对即将离开自己的亲人的感谢与留恋。“不务正业”这一成语的错位使用，将学子浓浓的亲情得体地表现出来。“一塌糊涂”形容糟糕到极点，是个贬义色彩极浓的成语。例⑧将“一塌糊涂”用在一个褒义的语境，极言“芭比裙”青春气息的浓烈，时尚得无法用语言描述，给人以几近震撼的感受。换用其他任何成语，都难以产生这种强烈的表达效果。“无微不至”是一个褒义成语，指没有一个细微的地方不照顾到，通常用来指上级对下级、长辈对晚辈关心、照料得非常周到。例⑨的作者一反常规，将之用于一个贪官，斥责与嘲讽之情跃然纸上，从中可让读者形象地感受到这个贪官自私、贪婪到了何种程度。

成语的错位使用，与成语的意义有关，取决于对成语意义的再认识，它在一定程度上表现出作者驾驭语言的能力。

四、改换字词

改换字词是根据特定的表达需要，将成语的个别字词改换成另外的字词。成语的这种特殊用法，给写作带来了新气象。它不仅丰富了表达形式，而且特点独具，体现出汉语灵活机智的一面。如：

⑩人类只有一个地球，保护环境是万年大计。(谭延桐，《家是地球的中心》，载《散文百家》2002 年第 8 期)

⑪ 张昆桐是在其前任河南省交通厅厅长曾锦诚“落马”后接任交通厅厅长的。张昆桐案发后，曾有媒体说他是个“前‘腐’后继”的厅长。(胡慧，《河南落马贪官监狱生活揭秘》，载《武汉

晚报》2002年12月2日15版）

⑫ 饥“要”择食（文题）（车延高，载《长江日报》2002年11月25日1版）

例⑩中的“万年大计”由成语“百年大计”改造而来，将“百”改为“万”，使之在意义上有了很大的扩展和深化（延伸了时间跨度），突出了保护环境的极端重要性。例⑪的“前‘腐’后继”由成语“前仆后继”改造而来。“前仆后继”的意思是，前面的倒下了，后面的跟上来，用来形容革命人民英勇斗争，不怕牺牲。作者将“仆”换为“腐”，一字之改，其意顿殊，将张昆桐步其前任的后尘，走上腐败堕落道路的情状形象地展示给读者，同时，又从另一个侧面表现出反腐败斗争形势严峻，不能放松。例⑫是一篇有关经济活动的杂文的题目，说的是为了加快经济发展，各地都把招商引资摆在了极其重要的位置，有的还下了招商指标。因此，有的地方为了单纯完成招商任务而放松关口，只图数量，不顾质量，一路绿灯，一概准入；有的丧失原则，超越政策，一味优惠，使惟利是图者有机可乘。作者撰文分析这种情况，将成语“饥不择食”反其意而用之，改“不”为“要”，鲜明地表达了自己的观点：饥“要”择食，（经济发展）即使有急切的需求，也要有所选择。其潜台词是：不要只顾眼前体面，盲目引进。

改换字词这种特殊的用法，主要是借助原有成语对人们的影响来表达情感或传递信息，其目的在于使所表达的内容得到强化，给读者留下深刻的印象。

成语的特殊用法，是对成语一种创造性的活用，说明了成语既有习用性的一面，也有灵活性的一面。成语的这种种特殊用法，不仅带有这样或那样的修辞色彩，能提高表达效果，而且对于新成语的形成，也能起到一定的促进作用。

“文白夹杂”与“古语今用”

人们无论是说话还是写文章，目的都是要让别人明白自己的意思。有些人不顾具体情况，无论是口语或书面语中，喜欢使用一些古词语，致使自己的话语或文章不能准确地传递信息、交流情感，有时还会弄巧成拙，落下笑柄。鲁迅的小说《孔乙己》中有这样一段描写：

有几回，邻舍孩子听得笑声，也赶热闹，围住了孔乙己。他便给他们茴香豆吃，一人一颗。孩子吃完豆，仍然不散，眼睛都望着碟子。孔乙己着了慌，伸开五指将碟子罩住，弯下腰去说道，“不多了，我已经不多了。”直起身又看一看豆，自己摇头说，“不多不多！多乎哉？不多也。”于是这一群孩子都在笑声里走散了。

这段“分茴香豆”的细节描写很有特点。孩子们从孔乙己那儿分得茴香豆，吃了以后又向他讨要，而他们在听到孔乙己的一番话后，便“都在笑声里走散了”。这里，孩子们觉得可笑的，不仅是孔乙己分豆时的动作、神态，而且还有他那半文半白的话语。孔乙己先说“不多了，我已经不多了”，这些孩子们都能听懂，而他接着却说出了《论语》里的句子——“多乎哉？不多也。”这就让孩子们“莫名其意”了，他们怎不一哄而散地笑着走开呢？半文半白的话语，从一个特定的角度表现出孔乙己的迂腐可笑。不难看出，此处孔乙己的可笑，就在于他说话不看对象，一味地卖弄学问，其话语犯了“文白夹杂”的毛病。

“文白夹杂”指的是说话或行文中，忽而使用现代汉语，忽而使用古代汉语。文白夹杂的话语，听起来感到别扭，语意也令人费解。文白夹杂属语体风格上的毛病，它会降低语言的表现力，甚至造成语言的混乱。如："那时候，我年幼，尚不省事，每天跟着爸爸到小市场去摆摊子。"这句话里，"那时候"和"每天跟着爸爸到小市场去摆摊子"是纯粹的现代口语，而中间却插入"年幼"、"尚"、"省事"等词语，这样文白夹杂，语意不顺不说，字面上也显得不伦不类。

由此可见，无论是说话还是写文章，就整体而言，应该有统一的语体风格，文白夹杂破坏了这种统一，因而使人感到不和谐、不一致。当然，强调语体风格一致，并不是说某种语体一定要纯而又纯，其间不能有任何的变化。任何事物都是相对的，在特定的条件下，为了某种表达的需要，现代文的行文中偶尔使用少量的"文言古语"（"文言古语"指现代汉语中很少用而只能在古典作品里看到的词。因为它们是从许多文言文中流传下来的，所以也叫"文言词"），使古代语言中有生命力的语汇，为现代文章增辉添彩，也是允许的。这些"文言古语"如若使用恰当，非但不是瑕疵，而且还是语言中的"亮点"。但这不叫"文白夹杂"，而叫"古语今用"。古语今用要讲究说话的场合，要注意说话的对象，这是一个很重要的前提。古语今用有着特定的表达功用。具体来说，有以下几点：

一、古语今用有助于反映时代特点或人物身份

我们知道，生活中的各类人物，其生活年代、学识经历、性格特点、身份地位是各不相同的，要准确地表现出各自独有的特点，有时要借用古语。如：

疯子：叫我起，我就起，尊声娘子别生气！……列位大嫂！……娘子差矣！（老舍《龙须沟》）

在这篇现代作品的对话里，作者用了一些旧时曲艺常用的语词，如程疯子的口语中出现的"尊声""列位""差矣"这些古词语，正好符合他这个人读了几句古书、当过曲艺艺人的特点。又如：

齐仰之：你究竟是干什么的？

陈　毅：要问我是干什么的，我倒是干大事的。鄙人是上海市的父母官，本市的市长。

齐仰之：（一惊）什么？你就是电话里说的那个陈市长？

陈　毅：正是在下。

齐仰之：那……半夜三更来找我有何贵干？

（沙叶新《陈毅市长》）

陈毅和化学家齐仰之的这段对话，古语用得恰到好处，准确地表达出各自不同的特点。从陈毅对话中的“鄙人”、“在下”等古语，可以看到他豪爽、泼辣的性格以及略带点滑稽、幽默的语言特色；齐仰之在听到陈毅报出身份后，对话中运用“贵干”这一古语，得体地表现出他的学者身份和教养，表现出他的清高、固执的性格以及想了解来者意图的心理。如果两人对话舍弃这些古语的使用，那语言的魅力就逊色得多。

二、古语今用能使行文简练、能凸现语言的感情色彩

在一些重要的公文文件（如命令、公告、通报、请示、计划、总结等）、规章制度（如法规、公约、条例、守则等）和日常应用文（如信函、倡议书等）中，恰当地使用一些古词语，不仅能使行文紧凑、简练，而且使文句也具有言简意赅的特点。如“特此函达”“妥否”“欣喜”“为荷”“顺颂”“恭祝”等古语，用在不同的文体中，能大大增强文章语言或庄重、或亲切的色彩。

如：双方全权代表在本条约上签字盖章，以昭信守。（《中华人民共和国和日本国和平友好条约》）“以昭信守”的使用，将中日两国政府郑重严肃的态度、立场很好地表达出来了。

三、古语今用可以使文句达到某种强调或修辞的目的

某些现代文中适当使用文言古语，能增加语言的表现力和感染力，使文章呈现出生动活泼、富于变化的特点，有时还能起到幽默或讽刺的功用。如：

现在许多人在提倡民族化、科学化、大众化了，这很好。但是

“化”者，彻头彻尾彻里彻外之谓也；有些人则连“少许”还没有实行，却在那里提倡“化”呢！（《反对党八股》，《毛泽东选集》第三卷，1966）

这里用表判断的文言句式“……者，……也”，强调了“化”的内涵，话语幽默、诙谐，风趣横生。

“另类”比喻 别样传情

比喻是使语言生动形象化的一种修辞手法，是准确、得体地传递情感或信息的有效手段。一般来说，运用比喻有两点需要特别注意：一是相似点。喻体与本体间无相似之处不能构成比喻；二是褒贬色彩。“一切景语皆心语”，世上万物，大都被人们烙上了情感的印记，选用不同的事物打比方，无不表现出作（言）者不同的情感倾向。如若褒贬不分，则有可能引发误解，或者闹出笑话。所以，被人们赋予了情感色彩的事物，自然也就决定着不同比喻的褒贬义。但任何事物都不是绝对的，语言交际中，常可见到有人这样组成比喻，只求喻体与本体间的相似点，而有意淡化或略去用做喻体的事物所含有的情感倾向，使比喻以“另类”的面目出现在读者面前。请看：

①蒋梦麟：北大“功狗”（文题）（徐百柯，载《中国青年报》2005 年 1 月 26 日 4 版）

②李金华：国家财产的“看门狗”（文题）（载《楚天都市报》2004 年 6 月 27 日 8 版）

③谁花 4 800 元来听课？（引题）　“地头蛇”居多（正题）（左洋，载《武汉晚报》2004 年 11 月 7 日 3 版）

蒋梦麟是哥伦比亚大学教育学博士，1932 年 2 月出任北大校长，直到抗战胜利，是北大历史上掌校时间最长的一位校长。一次，傅斯年在演讲中说：“孟邻（蒋梦麟）先生学问比不上孑民（蔡元培）先生，办事却比孑民先生高明。”蒋梦麟听后笑言：这话对极了，孑民先生是北大的功臣，我不过是北大的“功狗”。蒋梦麟将“功狗”与“功臣”对举，以“功狗”自喻，不仅出语幽默，而且表明了他开朗、豪爽的性格。这位“功狗”执政北大，上任之初，即叮嘱文、理、法三学院的院长：“辞退旧人我去做；选聘新人，你们去做……放手去做，向全国挑选教授与研究的人才。”愿承担辞退旧人这种得罪人的事，正应了蒋梦麟的自我评价。所以，胡适赞扬他是一位“有魄力、有担当”的校长。例①这个比喻句，言简意赅，新颖诙谐，借用蒋梦麟的“功狗”之说，得体而深刻地赞扬了他扎实做事、敢做敢为的性格特点和谦卑自律、不计名利的美好品质。由此可见，“功狗”这一看似“另类”的比喻，作用实在不小。

“审计就是国家财产的‘看门狗’”，这是国家审计署审计长李金华解释审计职能时一个通俗的说法。“看门狗”即看门守护的狗，它是一个贬义色彩很浓的词语，旧时常用来喻指官僚、地主家里的管家一类。但例②中“国家财产的‘看门狗’”这一说法，则完全退去了贬抑之意，不仅如此，它还暗中传递出这样的信息：国家资产有了这“看门狗”把关，政府放心，人民放心。作者拟题时，信手将李金华所用的比喻拈来，以“看门狗”对主人的忠实，来喻说李金华履行职责严肃、认真，赞扬他对国家和人民高度忠诚、负责的品德。淡化事物的贬义色彩，扣住喻体与本体间的相似点拟题，使之收到看似贬抑、实为褒扬的效果。这一“另类”的比喻，别有一番情趣。

例③讲的是湖北省经济学界在武汉举行经济论坛，门票昂贵得令人咋舌，但却仍吸引了众多的有识之士前来听讲。据记者报道，前去听讲的有深圳新一佳超市湖北总经理、武汉融泰保险代理有限公司董事长、武汉天龙黄鹤楼酒业有限公司总经理等人。这些持4 800元昂贵门票来听课的省内各经济行业的老总，学习极其认真。他们一大早便提前赶到会场，会中用心做笔记，甚至用录音笔记录全过程。“地头蛇”本是个贬义的惯用语，指当地强横无赖、欺压人民的人。此处，其贬义色彩荡然无存。正题用“地头蛇”来喻指省内各经济行业大佬，有意给人以喻体褒贬错位之感，可谓匠心独运。作者称各位老总为“地头蛇”，不是否定经理、董事长们用钱大方的行为，而是意在凸显其身份重要，肯定他们是当地经济行业中举足轻重的人物。如若看了文章后，仍觉“地头蛇”这一比喻含有贬义色彩，理解就有偏差了。

巧用“另类”比喻，妙传特定情感。这类以贬义事物来喻说正面人、事、物的比喻，乍看似觉不雅、不妥，有些甚至让人难以接受，但明了个中实情后，则会感受到其自然贴切、新颖别致的特点。这些“另类”比喻，堪称比喻苑中的“奇葩”。

>>> 语法·修辞·标点 <<<

不具量词性质的双音节名词也可重叠

一般认为，“名词一般不能重叠”。“少数带有量词性质的单音节名词可以重叠，重叠后表示‘每一’的语法意义，如‘年年’、‘月月’、‘家家’、‘户户’等。”（何世达、郭明玖、柴世森合编，《现代汉语》，北京大学出版社，1983年10月）黄伯荣、廖序东主编的高等学校文科教材《现代汉语》也持这一观点。

事实上，有些不具量词性质的双音节名词是能重叠的，并且汉语早就有这类词重叠使用的现象。如：“虽我之死，有子存焉；子又生孙，孙又生子；子又有子，子又有孙；子子孙孙无穷匮也。”《列子·汤问篇》）“上上下下都一齐哈哈大笑起来，湘云撑不住，一口茶都喷出来，黛玉笑岔了气，扶着桌子直叫‘嗳哟’……”（曹雪芹《红楼梦》）

在现代汉语里，不具量词性质的双音节名词重叠更多，主要有以下几类：

一、联绵词重叠

①表面看，改造前后似乎是一个男人和两个女人的故事，都是一位台胞回大陆省亲而引发出与昔日恋人、带回假妻三人之间的纠纠葛葛，但是内涵与立意已迥然不同。（程广民，《28轮变幻不一的圆月》，载《湖北广播电视报》1991年第3期5版）

②旮旮旯旯都找遍了，就是不见那把棕刷的影子。

二、表对举的方位名词重叠

③里里外外一把手，穷人的孩子早当家。（京剧《红灯记》）

④……所以，必须上上下下各级领导都具有拼搏意识，完成任务才有切实可靠的保证。（马寅后，《拼搏意识不能丢》，载《中国青年报》1990 年 12 月 12 日 3 版）

三、一般名词重叠

⑤年方二十出头的年轻人，寄居异国，形单影只，何况是离开了老婆，声色犬马，云云雾雾的风流韵事，就在所难免了。（红叶，《蒋氏父子》）

⑥《风华绝代》的策划人宗华一念之间想到了曾给他留有印象的刘晓庆。虽然经历了波波折折，但最终还是有了结局：《风华绝代》6 月 5 日在北京开镜。（孙维宁，《刘晓庆与〈风华绝代〉》，载《南方周末》1991 年 7 月 19 日）

⑦故乡的路是历史的见证者，山里人祖祖辈辈含辛茹苦。山里人年复一年奋力追求。（黎传礼，《故乡的路》，载《中学生学习报》1991 年 8 月 26 日 1 版）

不具量词性质的双音节名词重叠使用有以下作用：

一、有的重叠后，拓宽了词义的外延，表示所指的是该对象有机的全部，不容脱漏任何部分

⑧经历、阅历、环境、家庭、教育、修养……方方面面，我、你、他，我们、你们、他们……芸芸众生，构成了可见可感可摸可触的、眼前眼后的、身边周围的、复杂多变的家庭与社会。（鲁梅，《曾渴望过就曾生活过》，载《中国青年报》1990 年 12 月 16 日 4 版）

⑨山山岭岭都找遍了，没有。走丢了？狼吃了？淹死了？种种猜测。（徐雅雅，《面对血淋淋的断指》，载《人民公安》1991 年第 4 期）

⑩一起“杀娘灭证”案的前前后后（文题）（喻本立，载《报刊文摘》1990年12月18日4版）

二、有的重叠后，有着重指出之意，起进一步突出、强调的作用

⑪谁让你多事，管这些是是非非。（影片《堕落的深渊》）

⑫在整部《渴望》的恩恩怨怨、争争吵吵中，最后应该说是刘家打胜了，王家打输了，或者说是平民价值观打败了贵族价值观。（夏天阳，《〈渴望〉干嘛和王家过不去?》，载《中国青年报》1991年12月16日4版）

三、有的重叠后，产生某种感情色彩，增强了词语的感染力和表现力

⑬“蹦嚓嚓，蹦嚓嚓”，舞场上的男男女女整整跳了一夜。

使用“男男女女”一词，其不满、斥责之情显而易见。

⑭群龙靠首。决定社会主义之“玉”能否在朱湖闪光，关键在该场的头头脑脑。（王尊益，《从朱湖看怎样发掘社会主义的潜在力量》，载《湖北日报》1991年2月7日4版）

例中“头脑”一词的重叠使用，庄中有谐，谐中有庄，得体而生动地表现了作者情感中的褒扬色彩。

四、有的重叠后，词性改变，变成了形容词

⑮到时候，我一定要风风光光地将你娶过来。（影片《霸王花》）

句中的“风风光光”是“体面”、“热闹”之意。

⑯这事情疙疙瘩瘩的，办得很不顺手。

联绵词“疙瘩”重叠为“疙疙瘩瘩”，用来形容障碍多，难处理。

五、有的重叠后，其比喻的特征明显增强

⑰……后因旧社会黑暗势力的迫害拆散了这对情侣，两个可怜的同命人各自漂泊，经历了六十年的风风雨雨。(《萧乾长篇〈梦之谷〉上荧屏》，载《文艺报》1991年1月26日)

⑱……生活是一条路，怎能没有坑坑洼洼？生活是一杯酒，饱含着人生的酸甜苦辣。(电视连续剧《篱笆·女人和狗》主题歌)

⑲已经跨过了沟沟坎坎，何必责难那扭曲的创伤。(电视连续剧《深圳人》主题歌)

"风雨"、"坑洼"、"沟坎"，可以指自然现象或人工所为之物，也可以从比喻这种修辞手法的角度去理解，但重叠之后，一般只存在比喻的意义了。例⑰中的"风风雨雨"喻指社会生活中的风波、斗争；例⑱中的"坑坑洼洼"和例⑲中的"沟沟坎坎"均比喻前进道路上出现的困难和遇到的挫折。

有人认为，诸如"里里外外"、"风风雨雨"等是单音节名词"里"和"外"、"风"和"雨"的分别重叠，这是不对的。固然，"里"、"外"、"风"、"雨"都是单音节名词，但人们在口语或书面语中，是不单独重叠使用的。就"里（A）外（B）"、"风（A）雨（B）"而言，只有在AB结合构成一个双音节合成词（即将"里外"、"风雨"等各作一个名词）的基础上，才能将之重叠使用。这些不具量词性质的双音节名词重叠后，或词义、或词性、或情感色彩等发生某些变化，在一定程度上增强了语言的表现力，满足了人们表情达意的需要。

判断句中的否定词如何保留

“碰到有否定词语（‘不’、‘没’、‘没有’等）的句子，要把否定词语放在主干中，以免和原句意思相反。”这是义务教育初中语文第三册语法知识短文《句子的主干》中的一句话。这句话告诉读者分析句子找主干时处理句中否定词语的方法，但按照这种方法分析具体的语用实例，并非完全行得通，有的甚至会出现明显的错误。原来，教材这一说法过于抽象，失之准确、严密，存在着以偏概全的弊病。语言现象是丰富多彩的，找主干时，不同的句式中的否定词是否都得保留，须视具体情况而定，不能一概而论。只有这样，才能正确把握句子的基本结构，准确理解它所表达的意思。本文仅就分析判断句时是否应该保留否定词，谈点个人看法。

“是”是一个特殊的动词，在句中作谓语，起判断（包括肯定判断、否定判断）作用。含“是”的判断句中的否定词语如何处理呢？

一、肯定判断句

有人认为，肯定判断句中没有否定词语，有否定词语的句子不是肯定判断句。这是一种误解。其实，肯定判断句中使用否定词语的现象相当普遍。如：

①这是一种不好的习惯。

②白杨树是不平凡的树。

③旧时，狗肉是不能上席的一道菜。

这三个肯定判断句中都使用了否定词“不”，分别对“好”、“平凡”、“能上席”进行否定，对宾语“习惯”、“树”、“菜”的性质予以界定，而与句中的谓语“是”无关。这三个句子的主干分别是“这是习惯”、“白杨树是树”、“狗肉是菜”。教材说“碰到有否定词语的句子，要把否定词语放在主干中”，那么，这种句子中的否定词语该如何“放”呢？将其保留下来不是明显的病句吗？可见，找句子主干时，肯定判断句中的否定词语是不能保留的。

二、否定判断句

1. 否定判断句中，如果谓语判断词“是”所带来的宾语没有任何修饰或限制成分，那么，句中的否定词语必须保留在主干中。如：

①这不是足球。

②河南姑娘邓亚萍确实不是演员。

③在解放区产生极大影响的《白毛女》不是话剧。

例①的宾语“足球”、例②的宾语“演员”、例③的宾语“话剧”均直接与判断词“是”结合，其间未含其他任何成分。故①~③中的否定词“不”应保留在主干中。其主干分别是“这不是足球”、“邓亚萍不是演员”、“《白毛女》不是话剧”。

2. 否定判断句中，如果谓语判断词“是”所带的宾语有修饰或限制成分，那么，句中的否定词语不能保留在主干中。如：

①这不是一件普通的衬衫。

②那个戴红领巾的学生不是我们学校的少先队员。

例①的宾语“衬衫”前有两个定语“一件”、“普通的”分别对其作限制、修饰；例②的宾语“少先队员”前有定语“我们学校的”来限制。这两个句子中的宾语均没有与谓语判断词“是”直接结合，故句中的否定词“不”不能保留在主干中。例①的主干为“这是衬衫”；例②的主干为“学生是少先队员”。分析此类句子，如果将否定词语保留在主干中，那才真正会与原句意思相反。

3. 否定判断句中，如果谓语判断词“是”所带的宾语有且只有一个数量短语作定语，句中的否定词语是否保留，则要具体分析，因为这类句子在意义的表述、理解上是有歧义的。如“这不是五斤苹果”一句，其含义可以有两种理解：①这不是（五斤）苹果，而是苹果以外的其他东西；②这些苹果不是五斤，而是少于或多于五斤。在这种单有一个数量短语作定语的歧义句中，其否定是否保留在主干中，要结合特定语境视作者表述的具体内容而定。如果是前者，否定词保留在主干中，例句的主干为“这不是苹果”；如果是后者，否定词不能保留在主干中，例句的主干应为“这是苹果”。又如“这不是一颗流星”的主干，可以分别是“这不是流星”、“这是流星”。

词语的形象色彩及其功用

词语的形象色彩即词所引起的人们对现实中某种形象的联想，它是与词语的感情色彩、语体色彩处于同一语言层面的概念。汉语里不少词语在表意的同时，还兼含某些直感的形象色彩。这些形象感觉是建立在一定的生活经历、经验基础上的。没有具体的生活感受，词语所含的形象色彩则无法感知。形象色彩是词语中客观存在的事实，它不是词语在个别人意识中引起的，而是人们共同具有的形象感觉。比如人们听到或看到“梅花鹿”这个词时，脑海中便会涌现出身上带有梅花状花斑的动物的形象，说到“蜂窝煤”，就会想象出经过加工的类似蜂窝状的煤球。

汉语词汇极其丰富，具有形象色彩的词语给人的形象感觉也是多种多样的。“蜂拥”“龟缩”“蚕食”“蘑菇云”“羊角辫”“喇叭裤”等词语描摹动作行为的状貌、事物的外观，给人的是视觉形象感；“轰隆”“乒乓”“扑哧”“咣当”“刷刷刷”一类的拟声词，描述各种不同的声响，使人见之如闻其声，这类词给人的是听觉形象感；“冰凉”“冷飕飕”“热乎乎”“火辣辣”等给人的是触觉形象感；而“香喷喷”“臭烘烘”“酸溜溜”等给人的则是嗅觉、味觉的形象感。

词语的形象色彩是相对于词义来讲的，虽然处于次要的、依附的地位，但其功用不可低估。《世说新语·假橘》里记载的“望梅止渴”的故事，是具有形象色彩的词语在生活中发挥作用的范例。口渴得要命的士兵一听到曹操说“梅子”，头脑里马上就产生了对“梅子”颜色、形状、味道的联想，一想到梅子的酸味，口腔内就立即分泌出许多口水，步子也不由得加快了。可见“梅子”这个具有形象色彩的词语的作用是多么的大。在具体的语言环境中，这类词有着独特的功用：

一、准确地表现人物的情感

“老孙头跑到柴垛子边，抽根棒子，撵上儿马，一手牵着它的嚼子，一手抡起木棒，棒子落到半空，却扔在地上，他舍不得打。”（周立波《分马》）作者在叙述老孙头“抽棒打马”这一情节时，精心挑选了“抽、撵、牵、抡、落、扔”等含有形象色彩的词语，摹写一连串的动作，将老孙头因当众出丑而极度气恼、急于教训儿马但又舍不得打的复杂心理十分准确地表现出来了。读者可以从这些具有形象色彩的词语中，想象出老孙头一举一动的具体情状。这段文字并没有说老孙头心情如何，但读者却能准确地把握住他的内在情感。这样的表达效果，得益于对具有形象色彩的词语恰当地使用。

二、形象地描绘事物的状貌

①满天都是星光，火把也亮起来了。从山脚向上望，只见火把排成许多“之”字形，一直连到天上，跟星光接起来，分不出是火把还是星星。（陆定一《老山界》）

②看不清天空里蛛网似的电线；只见运材料的铁斗子，顺着架在山腰的高架索道，来回运转。（杜鹏程《夜走灵官峡》）

句①的“‘之’字形”描写的是举着火把的红军队伍翻越老山界时的状貌。这里，对“之”的使用，已完全除去其义，而只取其形。读者借助“之”字的形象色彩，即可联想到长长的红军队伍沿着蜿蜒崎岖的山路艰难前行的情状。句②中的“蛛网”所具有的形象色彩更为直观。“蛛网”一词不仅道出工地上空电线之密，而且绘出了电线相互交错的样子。这两段话如果舍去“之”、“蛛网”等词语，那么，要表达与原句相同的意思，不仅要多费笔墨，而且表义也难以精确。可见，恰当地运用含有形象色彩的词语，可以准确、形象地描摹出事物的状貌，给读者留下具体、深刻的印象。

三、具体地揭示事物的特征

事物的特征即可以作为特点的标志或征象。一般来说，作为事物特点的标志，多是外表的、具体的，可观视、可触感，读者不难理解，但事物特点的征象，大多是内在的、抽象的。如果对其只是一般的说明，行文难以简洁，且有的会给人枯燥、模糊之感。而使用带有形象色彩的词语表述，则能化抽象为具体，促进对有关特征的感知、把握。如："处处干燥，处处烫手，处处憋闷，整个老城像烧透了的砖窑，使人喘不过气来。"（老舍《在烈日和暴雨下》）这段话描写农历六月十五那天太阳出来后天气的特点——酷热。写这一特点，作者不着"热"字，而是遣用具有形象色彩的词语来表现。"烫手"一词给人以触觉的形象感，读者可以根据自己的生活体验去感知"热"的程度，天气炎热的特点也不是抽象的、难以把握的了。

四、增强语言的表达效果

词语的形象色彩是通过人们不同的感官感知的。叙事、状物、抒情时，运用含有形象色彩的词语使感觉转移，把读者的某个感官上的感觉转移到另一个感官上，凭感受相通，互相应照，有助于启发读者联想，体味余韵，可以增强语言的表现力和感染力。如："我将深味这非人间的浓黑的悲凉；以我的最大哀痛显示于非人间，使它们快意于我的苦痛……"（鲁迅《记念刘和珍君》）句中"浓黑"一词的形象色彩极为明显。它本是客观存在的能作用于视觉器官的现象，鲁迅先生用来形容主观感觉——"悲凉"。通过这种对感觉的巧妙移挪，更准确地刻画出旧社会的黑暗现实，深刻表现了作者极度愤懑之情，大大增强了语言的表达效果，深化了作品的意境和主题。

定语、状语位置改变的类型及作用

定语、状语是句子的两种辅助成分，前者修饰或限制主语、宾语，后者修饰或限制谓语。一般来说，定语、状语在句中的位置是固定的，即用在所修饰或限制的词语前边，但有时为了表达的需要，也可变动二者的位置，形成不同的句子结构，使之产生特定的表达效果。定语、状语位置的改变有后置、前置两种情况，其表义功用也有所不同。

一、后置

后置是指定语、状语离开它原本应在的位置，处于所修饰限制的词语后边。定语或状语后置可以突出和强调它们自身的追加补充的意味。

① 在他们有了办法之后，我们忍辱求全地设法不叫青年们受到最大的损失——肉体上的，精神上的。

② 他打死了敌人二十多个。

例①中“肉体上的，精神上的”、例②中“二十多个”均属定语后置，前者补充和强调事物的对象，后者补说和突出事物的数量。

③祝福吧，为那些平凡的妻子和母亲。

④他走过来了，慢慢地，一步一歪地。

例③中“为那些平凡的妻子和母亲”、例④中“慢慢地，一步一歪地”是状语后置。前者强调“走”的情形，内中还含有几分同情；后者强调“祝福”的目的，表达了对“那些平凡的妻子和母亲”的深情厚意。可见，后置状语在强调突出所表达意思的同时，在一定程度上还能使所说的话富于情感。

定语、状语后置，还可以梳理句子的结构，使之便于诵读、理解。

⑤ 各样的桃子，圆的，扁的，血红的，全绿的，浅绿而带一条红脊椎的，硬的，软的，大而多水的，和小而脆的，都来到北平给人们的眼，鼻，口以享受。(老舍《四世同堂》)

⑥ 想起来就记得，吴稚老的笔和舌，是尽过很大的任务的，清末的时候，五四的时候，北伐的时候，清党的时候，清党以后的还是闹不清白的时候。(鲁迅《伪自由书·新药》)

例⑤的定语“圆的，扁的，血红的，全绿的，浅绿而带一条红脊椎的，硬的，软的，大而多水的，和小而脆的”与例⑥的状语“清末的时候，五四的时候，北伐的时候，清党的时候，清党以后的还是闹不清白的时候”都很长，如果按常规语序，将其置于所修饰或限制的词语前边，句子结构就显得很臃肿，也不便于诵读，而将它们后置，则既可以使句子结构疏朗，又好看易读。

二、前置

定语、状语前置的情况有些区别，定语是从原位往前提（所提的具体位置视情况而定），状语是直接提到句首。无论哪种前置，都起强调的作用。

定语离开原位前置的情况较少见，但还是有的。

⑦ 人家凤凰似的，好容易养了一个女儿，比花朵儿还轻巧，原看的你是个人物，才给你做媳妇……(《红楼梦》第79回)

句中“人家凤凰似的”不是主谓短语，其中的“凤凰似的”是后文“女儿”的定语，为了强调这个女子的模样，将它从原位提前了。

状语直接提到句首是一种很常见的语法现象。

⑧ 清晨，他从家赶往学校。

⑨ 哗喇喇一净桶尿粪从上面直泼下来，可巧浇了他一身一头。(《红楼梦》第12回)

句⑧的前置状语“清晨”，强调了“赶往学校”的时间；句⑨的前置状语“哗喇喇”，强调尿粪泼下来的情状，这个状语提到句首，不仅醒目，同时还收到了“先声夺人”的良好的修辞效果。

被动句的功用与选用条件

被动句指主语是动作或行为的受事者（支配对象）这样一种句式，它是与主动句相对的语法概念。任何一种动作行为的发生，都有其施事者和受事者，表述的时候，既可用主动句，也可用被动句。语言交际中，究竟是使用主动句还是被动句，与具体的陈述对象有密切的关系。一般来说，主动句的谓语动词是没有限制的，而被动句的谓语动词则有限制，而且一般表示“遭受”的意思，所以，被动句比较少用。但少用并非不用，某些时候，选用被动句往往比用主动句更为得体，更能准确地表情达意。被动句的功用与选用条件有哪些呢？

一、强调动作行为的受事者

在某些场合，为了强调被动者，使之给读者留下深刻的印象，要用被动句。这种情况下的主动者，一般不需要说出，或无从说出，或是作者不愿说出。例如：“小男孩脸上的汗珠被吹干，换上调皮的笑意。”（高风《金黄的大斗笠》）“小男孩脸上的汗珠”被什么“吹干”了呢？原句没有说，这是因为在那特定的语境中，对于“吹干”这一行为的主动者“风”，不说出来读者也明白，故使用了被动句。又如：“假如一生可以被分成许多阶段，那么与北大的际遇，便是又一个新的开始。”（田晓菲《十三岁际遇》）人的一生被什么分成几个阶段？按什么标准来划分这几个阶段？作者没有说，这是因为不便说出而使用了被动句。再如：“她慢慢理好了柔长的头发，被抬走了。时间不长，她又被抬回来。”（杨沫《青春之歌》）这里，作者没有交代“抬走”、“抬回来”这一动作的主动者是谁，这是因为作者不愿说出而使用了被动句。

二、保持叙述角度的一致

在特定的上下文中，为了保持前后分句叙述对象的一致性，使语意连贯，语气流畅，要用被动句。例如："大海，也被这霞光染成了红色，而且比天空的景色更要壮观。"（峻青《海滨仲夏夜》）这句话陈述的对象是"大海"，讲大海的景色在霞光的映照下颇为壮观。如果将"大海，也被这霞光染成红色"改为主动句"霞光把大海染成红色"，就与后面（"而且比天空的景色更要壮观"）的叙述语调不一致。为了避免这一问题，前句使用了被动句。再如："一直走到紧跟前，罗盛教才看清是一位朝鲜老大娘，手里提着一盏灯。她全身都被雨水淋透了。她的嘴抿成一条线，一绺白发紧贴在额角上，雨水顺着白发流下来，她一手提着灯，一手指着自己的脚边。"（《罗盛教》）"她全身都被雨水淋透了"这一被动句式，也可换成主动句"雨水淋透了她的全身"。但这句话的前后各句都是讲"她"的，而这句换做讲"雨水"，其叙述对象明显地与上下文不一致。所以，作者选用了被动句式，仍以"她"作为陈述对象。这样就使前后各句紧密相连，收到了话题集中、突出和语意连贯的表达效果。

三、避免歧义产生

为了使语意细密周至，以便准确地传递信息或表达情感，避免歧义产生，要用被动句。例如："半夜里，桥修好了，我们立即踏上征途。就在汽车要过桥的时候，忽然听得桥头有人喊道：'同志们，别太快了，桥刚修好！'"前一句话里，如果使用主动句"半夜里，修好了桥，我们立即踏上征途"，那就有可能被误解为"我们修好了桥"（"修好了桥"的主语是"我们"，它只是蒙后省略了）。其实，原意并非如此，修桥的不是"我们"，而是别人。后一句如果使用主动句"同志们，别太快了，刚修好桥！"那读者不免要问，何以"刚修好桥"就要"别太快了"呢？其间句法粗疏，语意不相连属。而原句说得是清清楚楚的：因为“桥刚修好”（还很不结实），所以（汽车过桥）“别太快了”。通过以上分析，不难看出，句中的两个被动句都是应该使用的，它们准确地传递了信息，避免了歧义的产生。

四、强调某类动作行为、增强语势

为了强调某类性质的动作行为的接连发生或主动扑来，以增强语势或有意让主动者处于应接不暇的被动地位，要用被动句。例如：“苍茫的冀中大平原，笼罩在阴云之下。不少村民的亲人被杀了，房屋被烧了，牲口被抢了。那唯一还属于自己的，是眼中的泪水和心头的仇恨。”这里，三个被动句（“亲人被杀了，房屋被烧了，牲口被抢了”）组成了排比，揭露和痛斥敌人的罪行，语势强烈。如果改为主动句，其语势要减弱许多。再看另一个例子：“在林区长大的孩子，怎能不爱森林？……森林啊，森林，它是孙长宁的乐园：他的嘴巴被野生的浆果染红了；口袋被各种野果塞满了；额发被汗水打湿了；心被森林里的音乐陶醉了。”（张洁《从森林里来的孩子》）一般来说，按照汉语的习惯，被动句所叙述的行为，对于主语大都是不愉快的或不希望受到的，而某些被动句的使用，却可以打破这个界限。上例即是利用被动句来反常规，强调好事主动扑来，不但增强了语势，而且突出了被动句所叙述的行为对于主语来说是愉快的，希望接受的。

话欲委婉这样说

日常交际中常常有这种情况，在一些特定的时间、场合或面对特定的对象，有时要用委婉的话语来传递信息、表达情感。因此，从一定意义上讲，善于根据需要委婉地表情达意，是一种重要的交际能力。话怎样才能说得委婉呢?

一、注意词语运用

表达同样一个意思，要说得强调一些，语气应重些，要说得委婉一些，语气可以轻些。请看：

①他有错→②他也有错→③他不是没有错→④他也不是没有错→⑤他也不是没有错吧→⑥他也不是一点错都没有的吧

上述一组句子，都表达了“他有错”这层意思，但各句的语气是有区别的。其中，句①的语气最强，是一种不容置疑、不可辩驳的语气，有咄咄逼人之感。句②多了个副词“也”，虽然“他有错”之意未变，但其语气已无逼人的锋芒。此后，副词和语气词逐层加上后，语气渐次减轻且语意愈加婉转。可见，欲使话语委婉，要注意副词、语气词的恰当使用。

二、注意句式选择

话要说得委婉，选择句式时要注意两点：

1. 不用命令语气的祈使句。

在公共场所，旁若无人地大声喧哗或随地乱扔果皮纸屑，令人生厌。而如若用“不许吵闹”、“不要乱丢垃圾”等带有命令语气的话语去制止，效果往往不佳。“禁止喧哗”、“严禁乱扔果皮纸屑”之类的标语牌立在那儿，常难奏效。原因何在？抛开某些人素质低下不谈，从语言的角度讲，有一个很重要的原因，就是这些命令语气的祈使句，给人一种居高临下的威严感，容易拉开双方的距离，甚至使人在一定程度上产生逆反心理。这就很难获得他人的配合了。

2. 不用语气强硬的反问句。

反问句是用疑问的形式表示确定的思想内容，其主要作用是为了加强语气。也就是说，用无疑而问的反问句表达肯定的思想，其语气比一般的陈述句要强得多。因此，话要说得委婉，忌用反问句。试比较：

①这样做是不对的，他会明白的。

②这样做是不对的，难道他不明白吗？

句①是一般陈述句，语气舒缓婉转；句②是一个反问句，表达的情绪激动，在某种情况下，它与句①表达的意思相同，但诘责之意浓烈，容易刺激对方，引起不愉快。

三、注意用语含蓄

含蓄是用语不直接明白而是委婉曲折地把意思表达出来。含蓄的话语能引人深思，让人经琢磨领悟言者的用意。用语含蓄，在特定的场合往往能收到上佳的效果。成都市的垃圾桶上贴有这样的话语：“当你想丢点什么的时候，请想一想，可千万别丢脸。”“脸”何以能丢？仔细思考一下，不难明白其潜台词。这委婉含蓄的话语，催人警醒，激人自律。它虽然不是严厉的制止和训斥，但欲随意扔弃垃圾者看到后，势必感到脸红，进而检点自己的行为定是自然的了。据说，某公园开放不久，新修的草坪即被游人践踏行走，草坪内出现几条明显的“小径”。管理人员一改往日的做法，套改鲁迅先生的话立牌于草坪：“其实，这里本没有路，走的人多了，也便成了路。”这一着果然奏效，之后，确实很少有人再在草坪内行走了。看来，用语含蓄、幽默，在某些时候，不失为使语言委婉的有效方法。

四、注意标点使用

标点是书面语言的重要组成部分，同样的话语，使用的标点不同，语气、语意大相径庭。所以，话欲说得委婉，书面表达时还要注意标点的使用。试比较：

①过来，给我一张纸。

②过来！给我一张纸！

由于所用的标点不同，句式也就有了变化。句②与句①的语气截然不同，它语势严厉而失之谦和，缺乏有求于人时应有的谦恭与委婉，难免令人反感。试想，听到这样的话语，谁还愿意遵其令而给其物呢？

浅说否定句

否定句是对事物作出否定判断的句子，它是与肯定句相对的语法术语。否定句作为交际中的一种语言形式，有着独具的特点。对此，必须正确认识。

一、什么是否定句

有人认为，否定句就是使用了“不”、“没有”之类否定副词的句子，有的语法书上也这么讲。其实，这种说法失之严谨、准确。请看：

①对于这个地方，他并不陌生。

②这种看法是不全面的。

③北风刮得不小。

④白杨树是不平凡的树。

⑤小刘到现在还没有来。

⑥主观与客观的矛盾永远不会消失。

这几个句子虽然都使用了否定词，但并不都是否定句。准确地说，②、④两个句子是由表判断的动词“是”作谓语所组成的肯定句。因为两句中的否定词“不”没有对句中的判断予以否定，因而，它们不是否定句。判定含有否定词的句子是不是否定句，两个前提条件必须满足其一：一是否定词用在作谓语的词语前面，对其叙说的动作、行为或性质、状态进行否定。有两种情况：

1. 动词作谓语。如：①二连到现在还没有发现目标。②他们谁都不肯回家。

2. 形容词作谓语。如：①阿华的个子不高。②这孩子学习不用心。二是否定词用在作补语的形容词前面，否定其补充说明的内容。如：①他跳得不远。②厂长的话说得不清楚。除这两个前提条件之外，即使句中使用了否定词，也不是否定句。

二、否定句的表意功用和类型

否定句的表意功用主要表现在句子语意的轻重强弱上，且这种语意的轻重强弱都是相对于肯定句而言的。在具体的语用实践中，可以根据特定的表达需要，选择使用不同的否定句式。

（一）单重否定句

单重否定句中只有一个否定词。它包括两类：

1. 一般否定句。

一般否定句是简单、直接地对事物进行否定判断的句子。如：①即使有风，刮起的沙也不多。②要在两年内建起那么一座大桥不是一件容易的事。因为这两句的形容词谓语（多、容易）前分别用了否定词“不”，比之于肯定句直说“××少”、“××困难”，语意要轻些，语气要弱些。

2. 反问否定句。

反问否定句是借反问的句式对事物进行否定判断的句子。如：①你不觉得我们的战士是最可爱的人吗？②这样做岂不是自欺欺人吗？反问否定句带有诘责的意味，因此，语气比肯定句要强。

（二）双重否定句

双重否定句最常见的是先后连用两个否定词。如“没有……不……”，“不……不……”、“无不……”等；也可以用一个否定词加上否定意义的动词或反问的语气。双重否定句表示肯定的意思。大多数双重否定句比一般的肯定句语气更强，更加肯定。如：①古往今来，每一场真正的革命，都是大大推动社会生产力发展的。②古往今来，没有一场真正的革命，不是大大推动社会生产力发展的。例①是肯定句，表示一般的肯定语气。例②是双重否定句，用“没有……不……”表示十分肯定，使意思得到了强化。又如：③每个时代的伟大思想，无不是那个时代的社会的产物。句中“无”“不”这两个否定词连用，使句子表达的意思明显的强于肯定句的语意。这类句子，将两个否定词连用，主要是为了强调所说的情况没有一个是例外的。

值得注意的是，双重否定句虽然确实可以表示强烈的语气，但也不能把它增强语势的功能绝对化。有的双重否定句也可用来表示一种委婉的语气，其语势不但没有强化，反而要弱些。如：①同来的人都知道，他不会不了解吧！②历史已经证明：中国资产阶级是不能尽此责任的，这个责任就不得不落在无产阶级的肩上了。这类双重否定句，使用“不会不”、“不得不”、“不能不”等词语表达“双重否定”的意思，语气比一般肯定句要委婉些，有的还带有“情势使然”的意味。

三、否定句的句式变换

语言训练中，常有相对应的句式互相变换的练习。就否定句而言，就是按照要求把不同类型的否定句改换为肯定句。熟练地掌握将否定句转换为肯定句的方法，对提高交际能力无疑是有帮助的。

1. 把一般否定句变成肯定句。

例如，“蜘蛛饲养不容易”可以改换成“蜘蛛饲养很难”。又如，“这里的冬天不冷”可以改换成“这里的冬天暖和”。改换的方法是：去掉否定词，将句中的形容词谓语改为与其对应的反义词（其音节的多少可不考虑），如前一句的“容易”改为“难”，后一句的“冷”改为“暖和”；此外，为了语意的顺畅，有的还要加上适当的辅助性词语，如前一句就在“难”前，加用了“很”这个副词。

2. 把反问否定句变成肯定句。

例如：①“你不感到内疚吗？”②“你不觉得我们的战士是最可爱的人吗？”这两句可分别改为：“你应感到内疚。”“你一定觉得我们的战士是最可爱的人。”这类句式改换的方法是：根据句意表达的需要，用相关的且表示肯定的词语代替句中的否定词。如句①用“应（该）”替换“不”，句②用“一定”替换“不”；同时，去掉句末表疑问语气的词语“吗”，并将句末的问号改为句号。

3. 把双重否定句变成肯定句。

双重否定句连用两个否定词，实际上是对一个否定判断的否定，它表达的是肯定的语意。如“不吃饭不行”的意思是“必须吃饭”；又如“这个秘密无人不晓”的意思是“这个秘密人人都（知）晓”。将双重否定句变成肯定句，首先，要注意去掉原句中所有的否定词，否则，就不符合句式变换的要求。例如：“从前线回来的人说到白求恩，没有一个不佩服的。”这句可改为：“从前线回来的人说到白求恩，个个都佩服。”其次，要注意相应地改动个别有关联的词语，使句子意思表达顺畅、准确，防止出现表达别扭、不规范的现象。

下定义与作诠释

下定义与作诠释是说明文中两种常用的说明方法，二者具有大致相同的功用——解说事物或事理。使用和辨析中，不少人常将其混淆或混同，其实，二者是有区别的。

一、内容要求有别

下定义和作诠释的内容要求有宽严之别。下定义要准确而简要地揭示事物的本质特征，使读者对被说明对象的本质属性有正确的认识。如："食物是一种能够构成躯体和供给能量的物质。"这个句子准确地解释了"食物"的含义，对"食物"这一概念作了严密科学的表述。这就是下定义。又如："粉笔是用熟石膏制成的条状书写工具。"这句话运用下定义的方法，对"粉笔"这一事物作说明，从制作材料（熟石膏）、物体形态（条状）、作用（书写）等方面，作了准确严格的界定，揭示了"粉笔"的本质特征。

下定义这种说明方法的特点是准确、简洁、严密、科学，它要求准确地揭示事物的本质特征，反之，不能准确地揭示事物本质特征的阐释就不是下定义。因此，在内容的阐释上，下定义的要求是严格的，而作诠释的内容要求则宽泛得多。作诠释与下定义的最大区别在于：它不要求一定要揭示事物本质特征；可以说明事物某一方面的特点，也可以说明与事物相关的其他方面的内容。如："每两个石拱之间有石砌桥墩，把11个石拱联成一个整体。由于各拱相联，这种桥叫做联拱石桥。"这段文字运用作诠释的方法，交代的是卢沟桥称做"联拱石桥"的原因。又如："植物叶子中的叶绿体吸收了太阳的光能，把二氧化碳和水合成含有高能的有机物质

(主要是碳水化合物)，同时放出废气——氧，由气孔排出，这一生理过程就是光合作用。”这段文字用通俗的语言，对植物生长的生理过程（光合作用）作了解说，使读者对“光合作用”这一抽象的概念有了具体的认识。

二、阐释形式不同

作诠释的目的在于说明事物某个或某些方面的原因、特点、功用等与之有关联的内容，让读者对其有所“知”，它在内容阐释的形式上没有具体的规定，而下定义则不然。下定义的目的是揭示概念或事物的本质属性，有其固定的构成格式。它要求作者按照这个格式去阐释概念、事物，让读者知晓被定义对象的本质特征。下定义的格式用公式表示为：被定义概念 = 种差 + 邻近属概念；常见的语言表达形式为：主语（被定义者） + 判断词（是） + 定语（事物特有属性“种差”） + 宾语（邻近属概念)。例如：“食物是一种能够构成躯体和供应能量的物质。”该定义中，“食物”是被定义概念，“物质”是比被定义概念“食物”范围大一级的概念，是“食物”的“邻近属概念”，“构成躯体和供应能量”是“食物”区别于其他物质的特有属性，即“种差”。知道了“食物是……物质”是给“食物”下定义的基本格式，再按照下定义的要求，在恰当的位置加进“食物”特有的本质属性——“构成躯体和供应能量”，这就准确而又严密地为“食物”下了定义。再如为“人”这一概念下定义。与“人”邻近的属概念是“动物”，而“人”区别于其他动物的特有属性(“种差”) 是“会思想、会说话、会劳动”。知道了“人”的邻近属概念及与之并列概念之间的差别(“种差”)，即可按照下定义的格式为“人”下定义：人是会思想、会说话、会劳动的（高等）动物。

试辨析下列各句所使用的说明方法：

①防风林是人工种植的、并行排列且两列距离不超过林木高度20倍、用于减小风力的林带。

②词是最小的能独立运用的语言单位。

③另一种叫异养。所有的动物和大部分微生物都是这一类。它们自己不能制造食物，靠植物来生活。

④句号表示陈述句末尾的停顿。

⑤飞艇是没有两翼、利用装着氢气和氦气的气囊所产生的浮力上升、靠螺旋桨推动前进的飞行工具。

⑥这种书叫帛书。它可以卷起来，一部书就是一卷或几卷绸子，用木棒做轴，所以也叫卷轴。

（①、②、⑤为下定义；③、④、⑥为作诠释。）

一种特殊的比喻

先请看下面句中加重点记号的词语：

①少时，一狼径去，其一犬坐于前。（蒲松龄《狼》）

②及敌枪再击，寨中人又鹜伏矣。（徐珂《冯婉贞》）

③有狼当道，人立而啼。（马中锡《中山狼传》）

显然，这些词语若译做“狗坐着”、“鸭子伏着”、“人站立着”，则与本意大相径庭。“犬坐”是“像狗那样蹲坐着”、“鹜伏”是“像鸭子那样伏着”，“人立”是“像人一样站立起来”。可见，这些词语是一种浓缩了的特殊的比喻。有时，为了使要表现的人、物更具体、形象，或为了句式工整、音韵和谐，也连续作比。如：“逆夷各狐凭鼠伏，潜避两炮台中，不敢出入。”（《三元里抗英》）“狐凭鼠伏”（像狐狸、像老鼠一样凭依炮台潜伏着）两喻连用，形象地表现出英国侵略者在三元里人民同仇敌忾、奋起围攻的情况下威风扫地、狼狈龟缩的丑态。

说这种比喻特殊，是因为无论单个使用，还是成对使用，都具有异于通常所说的明喻、暗喻、借喻的特点：

1. 对明喻、暗喻的三要素作了节减，字面上不出现比喻词。

2. 形式固定。由“名+动”组成，其中名词作状语。

3. 结构紧凑。就全句看，本体直接同喻体结合。如：“乡民蚁拥蜂攒，布满山麓，约有十余万众。”（《三元里抗英》）句中的本体“乡民”后紧接“蚁拥蜂攒”。

4. 这类比喻有的本体也不出现，看似借喻但又异于借喻：①喻体不处在本体应该出现的位置上。②可以结合具体语境在这种比喻前补出本体。如：“潭西南而望，斗折蛇行，明来可见。”（柳宗元《小石潭记》）根据上下文内容可在“斗折蛇行”前补出它所喻的本体“泉水”。

上述各例中的特殊比喻，重在用喻体的动作、行为来喻其本体。这种比喻，现代汉语中也经常使用。如“冰释”“雀跃”“蔓延”“龟缩”“灰飞烟灭”“鬼哭狼嚎”“风驰电掣”等。

此外，这种特殊的比喻，还有另一种形式，即由“名＋名”组成。如：“于时冰皮始解，波色乍明，鳞浪（像鱼鳞似的波纹）层层，清澈见底。”（袁宏道《满井游记》）这种形式的比喻，同样具有无比喻词、形式固定、结构紧凑等特点，不同的是喻体在前，本体在后，重在用喻体的状貌来喻其本体，以求更具体、更形象地表现本体的特征。现代汉语中，已多形成相对固定的词语，如“柳叶眉”“马尾松”“蜂窝煤”“羊角辫”等。

换个角度看“比喻”

比喻是最常用的一种修辞手法，是使语言形象化的重要手段。通常，人们大多是从句中使用哪种比喻词及本体是否出现来分析、辨识比喻句的，其实，我们还可以换个角度，从构成比喻的事物之间的相互关系这一层面上来分析、认识比喻。

一般来说，事物之间能构成比喻，主要是缘于以下几种原因：

一、形像

形像类的比喻在整个比喻中占有很大的比例。由于这类比喻中喻体与本体间具有形（外貌、形状）像（类似、相同）的特征，所以作者常扣住二者的这一共同特点，以人们熟识的事物来喻比所要说明的对象，借以帮助读者加深对所说之物的认识或理解。如：

①被浓云衬托着的大坝仿佛是一只停泊在海里的大军舰，更加雄伟了。(王愿坚《普通劳动者》)

②看不清天空里蛛网似的电线，只见运材料的铁斗子，顺着架在山腰里的高架索道，来回运转。(杜鹏程《夜走灵官峡》)

③恒元的孩子是本村的小学教员，名叫家祥，民国十九年在县里的简易师范毕业。这人的相貌不大好看。脸像个葫芦瓢子，说一次话眨十来次眼皮。(赵树理《李有才板话》)

句①中的“大坝”与“军舰”、句②中的“电线”与“蛛网”、句③中的“脸”与“葫芦瓢子”，均属于两类本质完全不同的事物，但双方在“形”这方面极其相似，所以作者用后者来比喻前者。生活中，“大坝”的形状各不相同，但作者说文中的这个“大坝”像“军舰”，这就使读者舍去了自己头脑中原有大坝的诸多形状，而将自己的感知定格在“军舰”这一特定物体的形状上了；热火朝天的劳动工地上，空中的电线多，来往交错，这一场景，无论怎么客观描述，要讲得清楚准确，都有难度，但一个“蛛网”即将其描摹得十分具体、形象了；“家祥”的“相貌不大好看”，究竟怎么“不大好看”，读者茫然，而“葫芦瓢子”之说，就将他那张极有个性特点的“脸”形象地推到读者面前，这样，读者就可以依据自己的生活经验去想象、体会了。

二、神似

这类比喻，如果仍从喻体、本体两种事物的形状上去分析、理解，你会发现，二者之间有很大的距离，有些比喻甚至会让人感到莫名其妙。但在具体的语用实际中，又不乏这样的比喻。原来，作者运用这类比喻是不究其“形”像而求其“神”似，从本体、喻体内在的本质特征这方面来使二者构成比喻。如：

①大家都注视着陈伊玲：嫩绿色的绒线上衣，咖啡色的西裤，宛如春天早晨一株亭亭玉立的小树。（何为《第二次考试》）

②在他后面，浅花像一片叶子轻轻地从门里飘出来。（孙犁《藏》）

③敌人是秋后的蚂蚱，蹦达不了几天啦！

句①用“树”喻人，扣住“（春天早晨的）小树”与“陈伊玲”之间共同具有的朝气蓬勃、充满生命活力这一特点来作比，让人借助春天茁壮生长的小树，去感悟陈伊玲朝气蓬勃的青春气息。句②说“浅花像一片叶子”，是因为此语境中的人（浅花）与物（叶子）的行为都有轻快、使人不易察觉的特点，作者以之作为切入点使二者构成比喻，极言“浅花”动作既轻松又快捷。句③将敌人比做“秋后的蚂蚱”，众所周知，“秋后的蚂蚱”气数将尽，去日不多，而“敌人”也是大势已去，行将灭亡。二者的“神”何其相似，故这个比喻形象、贴切。

三、功用同

还有一类比喻，喻体与本体之间，“形”既不同，“神”也不似，它们构成比喻，主要是因为二者具有相同的功用。如：

①可是我知道这后来阴森森的村庄里还埋着星星点点的火种，等这些火种越着越旺，连串起来，就会烧起漫天大火的。（王愿坚《党费》）

②我似乎打了一个寒噤；我就知道，我们之间已经隔了一层可悲的厚障壁了。（鲁迅《故乡》）

③生存的小品文，必须是匕首，是投枪，能和读者一同杀出一条生存的血路的东西……（鲁迅《小品文的危机》）

细读句①，不难发现，句中的“火种”比喻的是“革命的有生力量”（本体未出现）。“火种”与“革命的有生力量”都能给人以希望，只要其存在，就能不断发展壮大，渐成燎原之势。因相同的功用而构成比喻，将原本抽象的事物变得具体，给人以鲜明的印象。句②也是一个借喻，作者直接用“厚障壁”作喻体，喻指“他”（闰土）与“我”之间已形成的隔阂。这里的“隔阂”与“厚障壁”都具有表“阻隔，使之不能相通”的功用，所以“厚障壁”的说法十分生动、形象。句③的“匕首”、“投枪”都是武器，用来比喻“小品文”，扣住了它们之间的相同功用（进行斗争），从而突出了小品文的战斗性。如果小品文不具有战斗武器的功用，无论如何，是不能用“匕首”、“投枪”来作比的。

换个角度看比喻，能使我们清楚地认识不同类型比喻的切入角度及其功用，有助于我们在语用实际中，准确把握本体、喻体间形像、神似、功用同等特点，选择恰当的比喻来表情达意，从而大大增强文章的表现力和感染力。

排比的特点与类别

排比是一种极富表现力的修辞手法，有人将之称为“亮丽语言的魔方”。排比运用广泛，功用显著。古人道“文有数句用一类字，所以壮气势，广文义也”，说的就是排比的作用。排比运用恰当，可以使语言产生节奏感，旋律美，能够增强语言的气势。

准确掌握排比的特点与类别，恰当运用，有助于准确地传递信息、表达情感，增强语言的表现力和感染力。

请看下面一组排比句：

①大理花多，多得园艺家定不出名字来称呼。大理花艳，艳得美术家调不出颜色来点染。大理花娇，娇得文学家想不出词句来描绘。

②在这里，蓝天明月，秃顶的山，单调的黄土，浅濑的水，似乎都是最恰当不过的背景，无可更换。(茅盾《风景谈》)

③常跟着比我大八九岁的丫姑，摘杨芽，采柳叶，捋榆钱儿。(刘绍棠《榆钱饭》)

④他们的品质是那样的纯洁和高尚，他们的意志是那样的坚韧和刚强，他们的气质是那样的淳朴和谦逊，他们的胸怀是那样的美丽和宽广。(魏巍《谁是最可爱的人》)

⑤没有新中国，便没有长江大桥，黄浦江中便没有自造的军舰；没有新中国，乡村里便没有电灯，农民便没有独立自尊的人格；没有新中国，便没有核子弹，更没有今天中国在国际上的地位。(刘庶凝《〈还乡梦〉自序》)

⑥不必说碧绿的菜畦，光滑的石井栏，高大的皂荚树，紫红的桑葚……（鲁迅《从百草园到三味书屋》）

⑦保卫家乡，保卫黄河，保卫华北，保卫全中国。(《黄河大合唱》)

⑧春天像刚落地的娃娃，从头到脚都是新的，它生长着。

春天像小姑娘，花枝招展的，笑着，走着。

春天像健壮的青年，有铁一般的胳膊和腰脚，领着我们上前去。(朱自清《春》)

分析上述排比句，可知排比具有如下特点：

1. 排比的句数必须是三个或三个以上，少于三个不构成排比(排比之“排”，是“成排”、“一系列”之意)；

2. 排比的结构应相同或相似，一般有“共同词语”(各部分共有的结构相同的词、短语或句子)；

3. 构成排比的各句，语气一致，意思密切关联。

排比的类别，可从两个方面来分：

一、结构形式上的分类（排比运用的广泛性，决定了排比构成的多样性与灵活性）

1. 句子成分排比。

句子的各种成分都可以构成排比，如例②的主语是排比，例③的谓语是排比，例⑥的宾语是排比（限于篇幅，定语、状语、补语等句子成分构成排比的语例未列出)。

2. 句子排比。

单句和复句（其中包括分句）都可以构成排比。

如例①是三个单句的排比，例④是四个分句的排比，例⑤是三个复句的排比。

3. 段落排比。

如例⑧是由三个单句独立成段而构成的段落排比。

二、语意关系上的排比

构成排比的各个短语或句子的排列不是随意的组合，而应合乎一定的语意关系和逻辑顺序，这样，才能使排比铺陈有序，表意恰当，呈现出其独具的修辞魅力。构成排比的各部分，一般具有以下两种语意关系：

1. 平列式排比。

构成排比的各部分，不仅结构关系相同，而且语意相关，语气一致，它们之间是完全平等的，没有主次、轻重、大小之分。因而，各部分之间的位置调换后，不影响其结构的完整与语意的表达，如例①、例④。不过，作者在运用此类排比时，往往注意到了音调的和谐以及与上下文的照应、配合，所以，这类排比各部分的位置还是不调整为好。

2. 渐进式排比。

这类排比在排比中占多数。构成排比的各部分，依据一定的关系顺序排列，如时间关系、空间关系、逻辑关系等。它们之间有事物的主次、语意的轻重、范围的大小或先后的顺序等方面的区别，哪项在前，哪项在后，都是作者根据内容表达的需要和所强调对象的不同而精心安排的，因而，各部分之间的位置不能调整。

如上述例句中，例②的"山——黄土——水"（按空间高度由高到低排列）、例⑥的"菜畦——石井栏——皂荚树、桑葚（树）"（按空间高度由低到高排列）、例⑦的"家乡——黄河（流域）——华北（地区）——全中国"（按地域范围由小到大排列），这些按一定空间顺序排列的各项组成的排比，层次清楚、叙述畅达，如调整它们的位置顺序，就会结构混乱，语气不畅。例③的"摘杨芽——采柳叶——捋榆钱儿"（按事物出现的先后顺序排列）、例⑧的"娃娃——小姑娘——青年"（按年龄段由先到后排列），这类排比，依照时间先后顺序排列各项，符合事物发展、人生成长的客观规律。如若调整它们的位置顺序，则悖情悖理，出现谬误。例⑤按事物作用的大小与意义的轻重排列，三项之间，语意一层比一层深。这一按逻辑顺序排列各项的排比，收到了表述精辟、感情强烈的表达效果。而若调整三个复句间的顺序，则会条理失当，重点模糊。

设问与反问的区别有哪些?

设问（又叫“正问”）与反问（又叫“反诘”、“诘句”、“激问”）是两种不同的修辞手法。从句子用途的角度讲，它们都属于疑问句。从句子形式上看，设问是自问自答，即先故意设置问题，然后自己回答；反问是只问不答，答案就在问句中。但二者的区别远不止于此。全面了解设问与反问的区别，有助于正确理解和使用这两种修辞手法。设问与反问的区别表现在：

一、位置

设问与反问在文中有相对固定的位置。设问一般用在论述的开头，目的在于引起下文的论述；反问常常用在论述的结尾，因经过一定的论述后，结论已经很明显，用反问句式来作结，能凸现结论的内容，给读者的留下深刻的印象。

二、功用

设问的作用在于引起读者注意，启发读者去思考、去求知，同时可使文章波澜起伏，活泼生动。如：

① 谁是我们最可爱的人呢？我们的战士，我感到他们是最可爱的人。（魏巍《谁是最可爱的人》）

② 一个外国人，毫无利己的动机，把中国人民的解放事业当作他自己的事业，这是什么精神？这是国际主义的精神，这是共产主义的精神，每一个中国共产党员都要学习这种精神。（毛泽东《纪念白求恩》）

例①的“谁是我们最可爱的人呢？”与例②的“这是什么精

神?”的提问，都紧扣住了读者的心理，启示他们去思索，寻求答案。

反问是用疑问的形式表示确定的思想，运用反问，主要是为了强调和突出所要表达的意思，使所说的话具有一种不可辩驳的气势。如：

③ 多向前看，少向后看，这不很好吗？（吕叔湘《“偃旗息鼓”与“圆满结束”》）

④ 你不觉得我们的战士是可爱的吗？你不以我们的祖国有着这样的英雄而自豪吗？（魏巍《谁是最可爱的人》）

例③的意思是“多向前看，少向后看，这是很好的”，但这么说，语言显得平淡无力，改用反问句式，就加重了语气，增加了语言的力量。例④连用两个反问句，既强烈地表达了对志愿军战士的喜爱之情，又表现出因有这样的英雄而产生的自豪感。

三、句型

设问只是为提请读者注意和思考而提出问题，它只有一种句子形式，且本身不表示肯定什么和否定什么；反问句则有两种形式，即肯定形式的反问句和否定形式的反问句。如：

⑤ 嘴里天天说“唤起民众”，民众起来了又害怕得要死，这和叶公好龙有什么两样！（《湖南农民运动考察报告》，《毛泽东选集》第一卷，1991 年）

这是一个肯定形式的反问，其意在于表否定，即“这和叶公好龙没有什么两样”。而例④是否定形式的反问，其意在于表肯定，即“你应该觉得我们的战士是可爱的，你应该以我们的祖国有这样的英雄而自豪”。

四、句数

设问和反问在数量上也有区别。反问是一个句子，它只有一个句末符号，如果有两个或两个以上的句末符号，那它就是两个或多个反问句连用（如例④是两个反问句连用），而不能看成是一个反问句。设问是句群（由两个或多个句子组成的语言单位），其句末符号的数量视句子数量而定。如例①是两个句子。再如：

⑥ 不用行不行？不行！（吕叔湘《“偃旗息鼓”与“圆满结束”》）

这个设问句也是两个句子。不少人认为，例①的“谁是我们最可爱的人呢？”、例⑥的“不用行不行？”就是设问句，这是错误的。它们只是设问的一部分，孤立地看，它们确实是一句独立的话，但离开后面的回答，它们只是个一般的问句，只有和作答的内容结合起来，才是一个完整的设问句。

五、疑问代词的虚实

设问句中的疑问代词“谁”、“什么”、“哪”等是实有所指的，即这些疑问代词表示真正对事物某方面的疑问。如例①“谁是我们最可爱的人呢？”中的“谁”，是对“最可爱的人”的属性的疑问，例②“这是什么精神？”中的“什么”，是表示精神性质的疑问。反问句中的疑问代词并不表示疑问，是虚指的。如例⑤中的“什么”就不表示疑问。

六、标点

设问和反问虽然都是无疑而问，但是设问总是以疑问句的形式出现，只不过它不要求别人回答，而是自问自答，因此设问句的句末一律用“？”；反问句是用问句的形式表示确定的意思，既不要求别人回答，自己也不回答，是寓答于问，疑问语气不明显。因此，反问句的句末既可以用“？”（如例③、例④），也可以用“！”（如例⑤），甚至还可以用“。”。例如：

⑦ 跟红军二万五千里长征比起来，我们这点困难算得了什么。（黄飞《党员贺六》）

夸张三要

夸张是把客观事物的某些特征有意地加以渲染扩大，以提高语言表达效果的一种修辞方式，它是突出事物本质和强化思想感情的一种手段。作者对客观事物有了强烈的感受，感到平实的说法不足以表达自己的感情，因而情不自禁地将客观事物的某些特征加以渲染和夸大，以加深读者的印象，唤起读者的共鸣。例如：

①目下，这里，卷着雪片的狂风，把人团团围住，真是寸步难行！（杜鹏程《夜走灵官峡》）

②原来是满野的荔枝树，一棵连一棵，每棵的叶子都密得不透缝，黑夜看去，可不就像小山似的！（杨朔《荔枝蜜》）

③他委实是支撑不住了，他的一双眼皮像有几百斤重，只想合下来。（茅盾《春蚕》）

现实生活中，“寸步难行”这种情况是不会有的，但例①“寸步难行”的使用却十分准确、得体，它突出了行人迈步的艰难，使读者对“雪大风狂”这种恶劣的天气有了直观的感受。无论哪里的树，不管它的树叶有多密，其间总有些缝隙，绝不可能“密得不透缝”，例②中“密得不透缝”之说，极言树叶之密。读者闭上眼睛，便可想象到那树叶茂密的程度。例③写的是人困乏之极时的感觉。“一双眼皮像有几百斤重”将这种极度困倦的状况形象地表现出来了。上述例句，之所以能收到特定的表达效果，完全得益于夸张手法的准确运用。

必须明白，夸张不是吹牛皮，其重点也不在摹写事物的原型，而是通过夸大事物的某些特点以表达作者深刻的感情和强烈的愿望。它所表现的是感情的真实，而不是数字般的真实；是本质的真实，而不在表面的真实。其奥妙在于不似真实，而又胜于真实。

运用夸张，要注意以下几点：

一、夸张要有基础

任何事物，如果缺乏基础，它就难以存在。夸张也是这样。夸张的基础是客观实际。如例①说人“寸步难行”，那是因为有风，且风特别大，而如若无狂风的阻挡，“寸步难行”就失去了基础，再说举步如何艰难，行进如何缓慢，人们都不会相信。再如，有一首打油诗这样写道：一个南瓜如月球，架在五岳山上头，把它抬到大西洋，世界又多一个洲。这首诗看似气魄宏伟，但经不起推敲，因为它缺乏应有的现实基础。要知道，夸张是以事实作基础的，只是把实际的事物写得或说得比实际更高、更强烈、更有集中性而已。不以事实作基础的说大话，不是夸张，而是浮夸。刘勰在《文心雕龙》中说，“夸而有节，饰而不诬”（夸张要有节制，不能虚夸），就是这个道理。

二、夸张要有分寸

夸张的分寸把握得是否得当，在一定程度上决定着夸张的运用是否成功。夸张的用意要明确、显豁，要让人一看就知道是夸张，而不会误认为是事实。如，“听君一席话，胜读十年书”，这是明显的夸张；而如若说“听君一席话，胜读一夜书”，这就很难说是夸张还是事实了。再如：“这间卧室很宽敞，简直可以摆下八张床。”这里说的好像有点夸张，又好像确实可以摆下八张床，使人无从捉摸。如果改成“简直可以当球场”，意思就显豁了。因此，使用夸张既要以客观实际为基础，又不能没有艺术的联想。

三、夸张的运用要有选择

夸张是根据表达的需要而故意“言过其实”，用事实上不可能有的事来对事物作扩大或缩小的描述。它含有一定的艺术想象的成分。正因为如此，运用夸张要有选择，不能什么时候、什么场合都用夸张。一般来说，在文学作品中，特别是诗歌中，经常使用夸张，而在新闻报道，经验总结以及说明道理、描述事实的科学论文等文章中，是不能滥用夸张的。比如，唐代诗人李白的诗句“黄河之水天上来”，这是很好的夸张，表达了诗人对事物的特定感受，但教师在讲授地理知识时就不能这么说，一定要准确地说明黄河是从什么地方发源的；法庭在案件的审理中，那些表述案件起因、经过、结果的文字以及相关证人的证词等，则更是绝对禁止使用夸张的。

简说对偶与对比

对偶和对比是两种不同的修辞手法，它们在结构形式、语意内容等方面，既有区别又有某些联系。在具体的语用实践中，可以从以下几个方面去认识或辨析这两种修辞手法。

一、着眼点

对偶也叫“对仗”，它以字面结构为特征，着重在“对”。对偶的上下句在诸多方面有特定的要求，如上下两句字数要相等，结构要相同或相似，意义要相关联等。此外，严格的对偶对词性以及字的平仄等也有具体的要求。对偶形式整齐，节奏鲜明，声音和谐，日常生活中使用范围极为广泛。对比又叫“对照”，它以语句意义为特征，着重在内容层面上的“比”。通过对比，使所表现的人和事物的特征更加突出，从而达到鲜明地表达思想、说明问题的目的。

二、结构类型

1. 对偶有“严式对偶”和“宽式对偶”两种。

严式对偶，除了上下句字数相等、语意相连外，还要求相对应词语的词性相同（实词对实词、虚词对虚词）、平仄相对（平声对仄声、仄声对平声），且上下句不得有重复的字词。严式对偶多见于古代格律诗。宽式对偶只要求上下语句字数相等，结构相似，字面可以重复，平仄可以不对。它多见于现代诗文。如：①几处早莺争暖树，谁家新燕啄春泥。（严式对偶）②人误地一时，地误人一年。（宽式对偶）例②这个宽式对偶中，不仅上下两句有重复的字，而且句末对应的“时”、“年”二字，其平仄也是相同而不是相对的。

2. 对比有“两体对比”和“一体两面对比”两种。

“两体对比”是两种人或两种事物之间的对比。它的目的在于突出好同坏、善同恶、美同丑等的对立，给人以深刻、鲜明的印象。如：③“你是革命第一，工作第一，他人第一，而在有些人却是出风头第一，休息第一，与自己第一。”（《为徐特立六十岁生日写的贺信》，《毛泽东文集》第一卷，1993 年）这句话通过徐特立和“有些人”的对比，使徐特立同志全心全意为革命的崇高品质更加突出。“一体两面对比”是同一人或同一事物不同的性质、特点等内容的对比，它可以突出事物本身所包含的矛盾现象，使读者对作者要表达的内容有全面深刻的认识。如：某些人表面说友好，暗地派间谍，当面讲安全，背后搞颠覆，嘴里唱裁军，实际搞扩军。这个对比讲“某些人”的“言”与“行”的不一致——说的是一套，做的又是一套。深刻地揭露了他们两面派的嘴脸。

三、语意范围

从语意范围的角度讲，对比的涉及面要窄一些。用做对比的内容间必须有关联，且这种关系必须是相反或相对的，即语意相反或相对是对比的必要条件，其他类型的语意关系都不能构成对比。而对偶所涉及的范围要宽泛得多。一般来说，对偶上下句所表达的内容有“正对”、“反对”和“串对”三种。“正对”就是一对语句所表达的意思相近或相似。这种对偶的特点是形式整齐美观，谐调匀称，内容凝练而集中。如：④“春分刚刚过去，清明即将到来。‘日出江花红胜火，春来江水绿如蓝’。”（郭沫若《科学的春天》）这是两组内容相似的对偶句：前面一组写出了季节的交替，第二组的两句古诗，上下句互相映衬，互为补充，从两个侧面共同描绘出江南春天绚丽的景色。“反对”即一对语句所表达的意思相对或相反。其特点是上下两句的语意能形成强烈的对比，既使形象突出，又使意义鲜明。如：⑤“看洞中依然旧景，望窗外已是新春。”

(罗广斌、杨益言《红岩》)这两句内容相反：上句说的是渣滓洞中特务横行、一片恐怖的黑暗景况；下句是借自然界春天的来临，暗示解放战争即将胜利，全国人民都在迎接解放的新春。“串对”又叫“流水对”，它是一对语句所表达的意思相关相联。如：⑥一着不慎，满盘皆输。上下两句为因果关系，说明决策中局部对于全局的利害关系。又如：⑦昨日偷桃钻狗洞，不知是谁？他年攀桂步蟾宫，必定有我。(连贯关系) ⑧豪门不下地狱，穷户难进天堂。(条件关系、假设关系)

从另一个角度讲，对偶与对比之间又有着某种联系。如，对偶里的“反对”，从结构上看是对偶，从内容上看是对比，即两种修辞手法并存于同一语句中。换句话说，凡是结构相同、字数相等、词性相对的两个句子，表现相反相对的修辞格式，就是对偶和对比的兼用。但是这句话却不能反推，也就是说，不是所有的对比都是对偶里的“反对”。例如：⑨“吴天宝人小，器量可大，看出姚大婶气色不善，也不介意……”(杨朔《三千里江山》)句中的“人小，器量可大”，是吴天宝的年龄与器量的对比，内容上属一体两面的对比辞格，但在结构上，它是一般的散句，并没有构成对偶。

“比喻”、“比拟”的区别与辨识

“比喻”与“比拟”是两种最常见的修辞手法，其相似点都是将两事物相比，以此来凸现所表达对象的特征，使之显得生动形象、具体可感。“比喻”、“比拟”运用恰当，能有效地增强语句的表现力和感染力，给读者留下鲜明、深刻的印象。

“比喻”、“比拟”的区别是：比喻要求用来作比的事物（喻体）和被比喻的事物（本体）之间有相似点，其重点在“喻”，即以乙事物来喻说甲事物，甲、乙两事物一主一从，而且除借喻外，本体、喻体一般都出现；比拟是直接把甲事物当做乙事物来写，乙事物一般不出现。比拟不要求甲、乙两事物有相似点，也不是为了作比较说明，其重点在“拟”（模拟）。例如：

①连绵起伏的山岭上，意志坚强的松柏傲然屹立，抵御着寒流的袭击。（王仁宗《夜明星》）（拟人）

②我爹爹像松柏，意志坚强，顶天立地，是英勇的共产党。（《红灯记》）（比喻）

例①直接把“松柏”当人来写，用适于人的词语“意志坚强”对松柏加以描述，赋予松柏以人的情感特点，这就将松柏人格化了。例②的“爹爹”与“松柏”有相似点——坚强，这个比喻句用“松柏”作喻体来塑造“爹爹”的形象，有力地突出了“爹爹”坚强不屈的性格特点。

③自从蒋介石派来了凶恶的警犬——宪兵三团团长蒋孝先来到北平之后，共产党员和爱国青年，每天都有大批大批的人失踪、被捕、被枪杀……（杨沫《青春之歌》）

④我们要下决心抗战到底，做堂堂的人呢？还是自甘中途妥

协，帮助日本帝国主义造成四万万五千万的“奴隶”，使日本帝国主义代言人对世界侮辱中国民族的狂吠得到事实上的证明？（邹韬奋《全国应注意的重要关头》）

例③是句式结构特殊的省略了比喻词的暗喻，例④是比拟中的拟物。这两个句子暗扣着同一物（狗）来表情达意，生动地表现了作者对所说对象的仇恨与嘲讽。从修辞手法的角度讲，二者是有区别的：前者是用“警犬”作喻体，刻画“宪兵三团团长蒋孝先”（本体）效忠主人、凶狠毒辣的本质特征；后者是直接用适用于物（“疯狗”之类）的词语来写人的。可见，前者是“喻”，后者是“拟”。

弄清“喻”和“拟”的不同特点，有助于区别“比喻”与“比拟”这两种修辞手法，但在语用实际中，“比喻”与“比拟”又有着紧密的联系，因此，还需进一步掌握辨识二者的方法 。

看下面几个例子：

⑤ 二十五团的战士像猛虎一样冲向了敌人。

⑥春天像小姑娘，花枝招展的，笑着，走着。（朱自清《春》）

⑦月光如流水一般，静静地泻在这一片叶子和花上。（朱自清《荷塘月色》）

说这三句话都用了“比喻”，这是不错的，但严格说来，例⑤与例⑥、例⑦是有区别的。这里，介绍一种辨识它们的方法——成分省略法。先省去三个例句中的比喻成分，将它们分别改为：

⑧二十五团的战士冲向了敌人。

⑨春天花枝招展的，笑着，走着。

⑩月光静静地泻在这一片叶子和花上。

此时，将改前与改后的句子相对照，就知道其区别何在了。例⑤的“像猛虎一样”，是对战士们冲锋的情状所作的比喻，而“冲”是人可以发出的动作，是对战士们勇猛行为的如实描述。例⑧省去了“像猛虎一样”的内容，就是不含修辞格的一般陈述句了。例⑨将例⑥的比喻成分“像小姑娘”省去，直说春天“花枝招展的，笑着，走着”。“花枝招展”是人的装束打扮，“笑”和

“走”是只有人才具有的动作行为，这是把春天当人来写了（拟人）；例⑩说“月光静静地泻在这一片叶子和花上”，实际上，“月光”是不会“泻”的，句子用“泻”这个动词摹写月光映照大地的情态，是在比喻的基础上把月光当成了一种液体（水），这是用了拟物的修辞手法。可见，例⑤是个单一的比喻句，没有再用别的修辞手法；例⑥、例⑦是比喻同比拟的接连使用，而例⑨、例⑩都只用了比拟的修辞手法。要说明的是，一般的比拟句都包含了“先喻”和“后拟”两个步骤。在具体的语用实践中，有时，作者会根据特定的指令或表达需要，把比喻的部分隐去，如例⑨和例⑩。因此，我们可以这样说：凡是比喻同比拟接连使用的句子，如果字面上不含比喻的部分，它就是比拟（拟人或拟物）；如果字面上有比喻的内容，就是比喻。

象征和比喻

语文学习中，常碰到象征和比喻，因二者都具有“借此言彼”的特征，都具有启发读者联想、给人以鲜明印象的功用，故对二者的区别与理解有一定的难度。象征与比喻的区别主要表现在：

一、类别与功用不同

象征是文学创作的一种表现手法。它是借助某一具体事物的形象来表现某种抽象的概念、思想或情感的。这种表现手法能够启发读者深思、想象，所表达的内容给人以含蓄、深刻、有力之感。

比喻是语言运用的一种修辞手法。它是用具体、通俗、浅显的事物或道理，来比喻说明生疏的事物或抽象、深奥的道理。它既能使抽象的事物形象化，给读者以鲜明的印象，又能使深奥的道理浅显化，易于读者理解和接受。

二、结合点不同

象征是利用象征物与被象征物之间的某种联系，借助于想象而采取的一种含蓄的说法。即目的要说乙，因甲跟乙有联系，于是，只说甲不说乙，使人从甲联想到乙，从而使乙事物的某一内容得到含蓄而深刻的表现。这就是所谓的“托义于物”。如诗人郭小川在《青纱帐——甘蔗林》中，运用象征手法，赋予“青纱帐”和“甘蔗林”以深刻的象征意义：“青纱帐”象征革命战争年代，“甘蔗林”象征社会主义建设年代。作者用思想和感情的纽带，把二者有机地联系在一起，由此联想到我们曾经历过的昨天、今天，展望明天。写出了战争年代同社会主义革命与建设时期的内在联系，歌颂了继往开来、代代相传的革命传统，抒发了对老一代永葆革命青春、新一代健康成长并肩战斗的欣慰之情。

比喻是根据事物之间的相似点将二者联系起来，使读者借助熟悉或易于理解的事物，去认识或感知被比喻的事物。如："雨住一会儿，又下一阵儿，比以前小了许多，祥子一口气跑回了家。抱着火，烤了一阵，他哆嗦得像风雨中的树叶。"（老舍《在烈日和暴雨下》）祥子在瓢泼的大雨中，艰难而又无奈地拉车，冷得全身发抖，具体情形如何？作者用"哆嗦得像风雨中的树叶"来作比，读者由"风雨中的树叶"这一喻体，可以想象出祥子那冷得不停颤抖的样子。这就给人以深刻而鲜明的印象。又如："这一次船头的激水声更其响亮了，那航船，就像一条大白鱼背着一群孩子在浪花里蹿，连夜渔的几个老渔父，也停了艇子看着喝采起来。"（鲁迅《社戏》）月色下孩子们兴奋地驾船返航，他们因心情激动，个个很卖力地划船。作者用"那航船，就像一条大白鱼背着一群孩子在浪花里蹿"这个比喻句来摹写这一情状，读者可以从中想象出船只激水有声、行速极快的具体情景。这一比喻，新奇而又贴切，加深了读者对作者所述事物特点的理解。

三、本体有出现与否之别

象征由象征体、本体两部分组成。如巴金的散文诗《日》，文中的"飞蛾扑火"、"夸父追日"是象征体，作者写它们为追求光和热，或不惜将身子扑向油灯而死在灯下，或为追赶日影而渴死在旸谷。但作者的目的并非要写"飞蛾扑火"和"夸父追日"，而是借这两个象征体，来象征 20 世纪四五十年代初那个特殊时期，志士仁人们为追求自由和光明，为祖国轰轰烈烈献身的英雄行为。需说明的是，象征中的本体在文中是不出现的，它隐于象征体的背后，需要读者在熟悉背景材料的基础上，通过认真地阅读去感知、去把握。如若本体直接出现在文中，那它深刻而含蓄的特点则会荡然无存，也就算不上真正意义上的象征了。

比喻则不同。比喻由本体、喻体和比喻词组成，其功用在于化深奥为浅显、变抽象为具体。一般来说，除了借喻外，明喻、暗喻等类型的比喻，不仅出现喻体，而且本体也出现。如：

①大家都注视着陈伊玲：嫩绿色的绒线上衣，咖啡色的西裤，宛如春天早晨一株亭亭玉立的小树。（何为《第二次考试》）

②“胡马依北风，越鸟巢南枝”，在北美的沙漠中，我是一株水土不服的故园里的橘树，我的诗篇不过是些苦涩的果实。（刘庶凝《〈怀乡梦〉自序》）

③至今，我仍盼天天能扎进头去醉心读书，只可惜光阴紧迫，事物冗繁，而社会人生这部深奥绵长而无页码的大书，我什么时候才能读通啊？（叶文玲《我的“长生果”》）

句①是明喻，本体“陈伊玲”，喻体“（春天早晨一株亭亭玉立的）小树”。句②、句③均是暗喻，句②的本体分别为“我”、“诗篇”，喻体分别是“（水土不服的故园里的）橘树”、“（苦涩的）果实”；句③的本体是“社会人生”，喻体为“（深奥绵长而无页码的）大书”。不难看出，明喻、暗喻中本体和喻体的共同出现，使比喻的喻义指向更加直观、明确，有助于读者对本体事物特点或特征的理解。

四、意义范围有别

象征作为一种创作方法，其象征义往往蕴涵在一段或一篇文章之中，如果孤立地从一两句话去看，不容易看出它的象征意义。如高尔基的《海燕》，作者用象征手法构思全文，将暴风雨来临前海面上的种种物象构成一幅完整的画面，让海燕、大海、暴风雨、海鸥、海鸭、企鹅、乌云、狂风、雷声、闪电等分别象征斗争的形势环境和各种力量，表现了1905年俄国革命前夜的社会现象，预示了无产阶级革命风暴的到来。而这诸多象征体的象征意义，只有在熟悉其时代背景的前提下，在通读全篇后才能准确把握。如仅从某一句或某一段去揣度其象征义，则很难找准正确的答案。

比喻是一种修辞手法，一个比喻针对着一种事物或现象，它的语意范围比象征的语意范围要小得多，即其语意只存在于这个比喻句中。如《海燕》中的“海燕像黑色的闪电，在高傲地飞翔”一语，读者仔细阅读这句话，便可知晓这个比喻突出的是海燕敏捷、矫健的特点。它不需要读者再作进一步的联想、拓展，即可把握其比喻义。

从一则启事看标点的重要性

有这样一个笑话：

有个叫王二毛的人卖茶水，在屋后扎了一圈半人高的篱笆，内堆柴草等物。不料，因周围没有厕所，人们内急时常跑到篱笆内去“方便”。王二毛很不高兴，就在篱笆边插了一块牌子，上写一则启事：众乡邻过路人等不得在篱笆内小便。这则启事本应在“等”字后用个逗号，但王二毛马虎了，没写上，这下不打紧，到篱笆内小便的人反而更多了，王二毛对此非常恼火。一天，他拦住一个到篱笆内“方便”的青年人，指着篱笆外的牌子问：“你看见那上面的字没有？为啥还在这里撒尿？”“我正是看了那牌子才来撒尿的，你看上面写得很清楚：‘众乡邻、过路人，等不得，在篱笆内小便。’”王二毛一听，傻了眼。

这虽是个笑话，但它说明，标点符号是不能马虎的，因为标点符号是书面语的重要组成部分，为了准确地表情达意，必须正确使用标点符号。不然，往往会使读者难明其意，甚至误解作者的本意，把事情弄得适得其反。

一个不该使用的括号

昨日，市教育局向新闻媒体透露，全市小学（幼儿园）新学期将执行新的作息时间。（胡小华《武汉小学生在校时间短了》载《长江日报》2002 年 2 月 21 日 1 版）

上句中的括号用错了。

国家语委和新闻出版署 1990 年 3 月联合发布的修订本《标点符号用法》（1995 年 12 月国家技术监督局批准列为国家标准）明确指出：用于句中的括号，其功能在于标示文中注释的部分。即括号中的内容系对前面所说的话起补充说明或解释的作用。现行中学语文教材中有不少句中使用括号的例子。如：

①轻捷的叫天子（云雀）忽然从草间直窜向云霄里去了。（鲁迅《从百草园到三味书屋》）

②我先看那后记（我读鲁迅先生的书，一向是这么读法），但是看完第一面就翻不开了：书没有切边。（阿累《一面》）

③他说："妈妈说，我的印（任）务是看妹妹。妈妈回来了，我就下班了！"（杜鹏程《夜走灵官峡》）

句①括号中的内容补充说明"叫天子"还有"云雀"这一种名称；句②括号中的内容是补充说明"我"对鲁迅作品习惯性的读法；句③括号中的"任"补充交代了它是成渝所说的"印"的正确用字。无论哪种情况，括号中的话与其前面的内容都是有联系的。这种联系或是二者的外延完全一致，如句①；或是后者从某个角度诠释前者，二者之间有着某种内容或意义上的关联，如句②、句③。

明白了这一点，就不难知晓上句中括号的错误所在了。"小学”、“幼儿园”是对不同年龄段的孩子实施不同教育的机构，是两个相对独立的教育实体。从逻辑学的角度讲，二者既非同一关系（两个概念的外延完全重合），也非属种关系（两个概念的外延系包含和被包含关系）。也就是说，“小学”与“幼儿园”除了时间上有先后承续的关系外，没有其他方面的联系。“小学”不包括“幼儿园”，“幼儿园”不是“小学”的一部分，也不是“小学”的一个阶段。“小学”、“幼儿园”都是执行新的作息时间的对象；因此，不应该在谈“小学”时来一个“幼儿园”对之作补充说明。“幼儿园”用上括号，整个句子的意思反而令人费解。正确的表述应是“全市小学和幼儿园新学期将执行新的作息时间”，或“全市小学、幼儿园新学期将执行新的作息时间”。

“?”使用莫随意

问号是一个句末点号，在书面语言中，它有相对固定的位置——疑问句（包括设问句、反问句、一般问句三种）的末尾。使用问号要满足以下两个条件：一是句子必须是疑问的语气；二是必须是一句话的结束。有人不明白这一要求，随意使用问号，结果影响了语意的表达。错用问号，主要有以下两种情况：

（一）没有准确理解表疑问的词语与疑问句的关系，错误地将使用了表疑问词语的句子当做疑问句而使用问号。如：

①小军已离家三天了，家人多处打听，仍不知道他在哪里?（于在涛，《累犯》，载《微型小说选刊》2002 年第 6 期）

②你快告诉大家他是干什么的？（边东，《美丽的冲动》，载《散文》2002 年第 4 期）

表疑问的词语如“谁”“哪里”“怎样”“什么”“是不是”等，其功用虽然主要是表达疑问，但因其在具体语境中的语法功用或语意指向不尽相同，因此，含有这类词语的句子并不一定就是疑问句。句①、句②虽然分别使用了表疑问语气的词语“哪里”、“什么”，但其句意不在提出问题，全句没有疑问的语气，因而它们不是疑问句。句①是陈述句，告诉人们“小军”的家人虽到处打听，但仍不知其下落；句②是祈使句，意在要求将“他”的身份尽快告诉众人，故这两句的末尾均不能用问号，而要用句号。

以下是正确使用点号的例子：

①什么姑娘，我现在已经忘却了；总之不是长姑娘；也终于不知道她姓什么。（鲁迅《阿长与〈山海经〉》）

②我拿着信号找他试探试探，看是不是自己人。

（二）没有理解复句中的分句与单句的关系，错误地将表疑问语气的选择复句的各分句当做独立的单句而使用问号。如：

①你是去北京？还是去上海？（《“现代人”的误区》，载《燕赵都市报》2002年2月28日4版）

②技术原因？权力之争？（引题）　阿富汗大国民会议推迟（正题）（载《武汉晚报》2002年6月11日12版）

句①中的“去北京”、“去上海”是两个不定的选项，由表选择关系的一对关联词语“是”、“还是”将之组合起来，共同构成了一个疑问句。这个疑问句提出的是一个问题而不是两个问题。“你是去北京”只是整个问句的部分内容，它不是完整的一句话，因为整个问题尚未问完。作者在“你是去北京”后用问号作结，肢解了句意，导致了谬误的产生。从书面形式上看，句①使用了两个句末点号（问号），因而它已不再是复句，而是句群，但这个句群的两个单句又不能各自表达相对完整的意思。将这个特定语境中的“你是去北京”与“还是去上海”割裂开来理解，只能给人不知所云的感觉。一个表意本来很清楚的选择复句，成了语意模糊、令人费解的句群，原因在于作者误用了问号。

句②的错误与句①相同。作者的本意是要将之构成一个表疑问的选择关系复句。若将引题与正题的内容结合起来，可知作者的疑问是：阿富汗大国民会议推迟是因为技术原因，还是权利之争？为了用语的整齐和简洁，引题中省略了关联词语“是”、“还是”，但作者在“技术原因”后用了问号，这就给读者带来了阅读和理解上的障碍，也影响了句子准确地表情达意。句①、句②改正的方法很简单，只需将第一个问号改为逗号即可。

此类句子标点正确的例子如下：

①你们掌握着人民给予的权力，到底是在为祖国谋利，还是在为不法港商效劳？（《腐败：一种不死的蛀虫》，载《万科》总第401期）

②她是从四叔家出去就成了乞丐的呢，还是先到卫老婆子家然后再成乞丐的呢？（鲁迅《祝福》）

问号使用有特定的要求，误用问号会导致语病产生。在书面表达中，切莫随意使用问号。

纯属“蛇足”的引号

请把目光投向下列语例中的引号上：

语例一：

黄石一大排档摊主义动福建商人（引题） 捡到300余万“巨款”如数归还（正题）（张卫华，载《楚天金报》2005年12月28日1版）

语例二：

三次自杀唤不回“多情妇”（引题） 福州亿万富豪枪杀变心情人（正题）（载《武汉晚报》2006年2月8日26版）

辨析上述两个语例中引号的正误，先要弄清引号的功用。引号是标号的一种，其作用主要在于标示。引号的用法有四种：

1. 表引用。用于标示直接引用别人或别的书籍、报刊的话；表示人物的对话、自语或心理活动，以与叙述人语言相区别（这是引号最常见的一种用法）。

2. 表强调和突出。用于标示特别需要突出表达的内容，以起到强调的作用。

3. 表专有名词或特定称谓。用于标示某些含有特定意义的词语，以引起读者的注意与重视。

4. 表讽刺或反语。意在凸现词语的某种语意特点。

请看以下例句：

①我这才回忆到前几天的一件事。因为要开同级会，干事便在黑板上写广告，末一句是“请全数到会勿漏为要”，而且在“漏”字旁边加了一个圈。（鲁迅《藤野先生》）

②也许还有人心里隐隐约约地说：你说的就是那些“兵”吗？

（魏巍《谁是最可爱的人》）

③……便使我忽又良心发现，而且增加勇气了，于是点上一枝烟，再继续写些为“正人君子”之流所深恶痛疾的文字。（鲁迅《藤野先生》）

句①中的“请全数到会勿漏为要”是干事所写广告中的话，加上引号表示引用（引号的第1种用法），“漏”加上引号是为了突出其重要，起到强调的作用（引号的第2种用法）。

例②中加引号的“兵”，与通常意义上所说的“兵”有区别，它有特定的指代对象，即“中国人民志愿军”，所以用引号标示（引号的第3种用法）。

句③中的“正人君子”绝非指正直、有道德的人物，而是用来讽刺那些为军阀政客张目而自命为“正人君子”的反动文人。用在句中是反语，故用引号标示（引号的第4种用法）。

明白了引号的功能及具体用法，再来看前面两个语例的有关情节：

语例一：2005年12月24日晚10时许，准备来黄石投资的福建老板夏仁清，和朋友来到钟楼夜市海峰3号大排档消夜，走时将包忘带了。次日凌晨3时左右，摊主陈海峰打扫卫生时，发现了这个包。打开一看，他惊呆了。包里有现金7 000余元，美元、澳元等折合人民币5万余元，存折上有300万元人民币。更要命的是，夏老板为了业务方便和生意上的需要，没给存折设置密码，300万元的存款凭身份证就可取出。陈海峰不为巨额金钱所动，马上收摊，然后在寒风中等候。直到25日一大早，夏老板抱着一线希望来海峰3号大排档寻找，确认身份后，陈海峰当即将包和现金悉数归还，并婉言拒绝了夏老板的6万元感谢费。

语例二：现年49岁的郑光达是福州颇有名气的房地产投资商，身价数亿。他本已娶妻生子，但经不住年轻貌美、比自己小14岁的已婚女子林月娇的诱惑，与之开始了地下情。两人经常出入各大宾馆、舞厅。为了讨情人欢心，郑光达出手大方，陪林月娇购物、旅游，多次送给她名贵首饰，还给她买了部豪华车。然而，这些并没有拴牢生性风流的林月娇的心。不久，她又与英俊洒脱、比自己小10岁的医大毕业生方刚好上了。郑光达认为自己受到了羞辱，多次与林月娇争吵，并先后三次自杀，逼林月娇断绝与方刚的关系，都未成功。一次，两人又为此事争吵起来，气急败坏的郑光达取出私藏的霰弹枪，只听“砰”地一声枪响，林月娇应声倒地，郑光达逃离现场。林月娇在送往医院途中死亡。

细加分析，可以发现，语例一中的“巨款”与语例二中的“多情妇”，两处引号都不该用。从语意的角度讲，尽管无权威人士给“巨款”从数目上作明确的规定，但将“300万元”称做“巨款”，是无任何疑义的。既然如此，语例一正题中的“巨款”加上引号，又如何理解呢？语例二中的林月娇，本已是有夫之妇，却去当有钱老板的情人，不久又移情于年轻、英俊的医生，称她是“多情妇”，恰当而准确，一点都不冤枉。而引题中的“多情妇”却加上引号，反倒让人疑惑不解。再从引号用法的角度看，很明显，它们既不属引用，也不是专有名词和特定称谓，既没有强调、突出的必要，也不是讽刺或反语。总之，“多情妇”、“巨款”上的引号，与引号的哪一种用法都对不上号，因为在这两个具体语境中，它们原本就无需使用引号。本已清楚、明白的东西，却要人为地画蛇添足，结果弄巧成拙，成为文题中的瑕疵。

需要说明的是，近年来，引号有滥用的倾向，主要原因还在于对引号的功用认识不清。这两个语例提醒我们：不该使用的引号莫滥用，否则，容易出现“蛇足”之病。

破折号的使用有讲究

看下面两段话：

①92 岁高龄且重病缠身的章士钊，承负着毛泽东的巨大期待，他到港的第一天，就急匆匆地安排会见各方面的朋友，以打通与台湾的联系。但风烛残月，7 月 1 日，章士钊的生命之火在香港——这个联结国共的驿站熄灭了。（阿昌，《毛泽东和蒋介石的遗愿》，载《党员文摘》2003 年第 9 期）

②阅兵的前一天，原亳州市委书记李兴民像新郎官一样，兴奋无比。为了不误第二天的阅兵，他住进了亳州市榴花宾馆的豪华套间（某中央领导曾住过此套间）。次日清晨便召集亲信开会，布置一级警戒任务，防止有所谓的“阶级敌人”来行刺他——这位亳州市的最高首长。（《庆祝升官耗资 200 万大“阅兵”》，载《武汉晚报》2003 年 9 月 24 日 17 版）

请把目光投向文中的两个破折号。我们知道，点号的作用在于标示，主要是表示书面语言中某些词语的特殊性质。破折号作为点号的一种，其作用有多种：或表示对前文有所解释、说明，或表示语意的转换、跃进，或表示语音的中断、延长。

上面这两段话中的“——”均表解释、说明，但全句读起来总觉得语气不够顺畅。原来，使用表解释、说明的破折号是有讲究的。这类破折号中有这样一种类型：“——”后面的内容对前面的内容起补充说明作用，且所指是同一人、事或物，前后两部分语法地位一样，只是语言表述不同。也就是说，意义上前后有复指关系，结构上是同位关系。如：

③这就是朝鲜战场上一次最壮烈的战斗——松骨峰战斗，或者

叫书堂站战斗。（魏巍《谁是最可爱的人》）

④迈进金黄色大铜门，穿过宽阔的风门厅和衣帽厅，就到了大会堂建筑的枢纽部分——中央大厅。（孙世恺《雄伟的人民大会堂》）

句③的“朝鲜战场上最壮烈的战斗——松骨峰战斗”，破折号前后的内容指的是相同的事件；句④的“大会堂建筑的枢纽部分——中央大厅”，破折号前后的内容指的是相同的建筑。二者的共同点在于：破折号后面的内容均对前面的内容作进一步的解说，目的是使所表达的意思更明确，给读者留下的印象更清晰、更具体。同时，前后两部分的内容通过破折号联结起来，在一定程度上起到了强化语意的作用。这类属同位关系的语言结构中，不容许再插入与其陈述的内容无关的语词。否则，轻者使其语气失之顺当，重者会在某种程度上改变语意，影响信息的正确传递或情感的准确表达。

明白了这一点，就不难知道前面两段话的“病”在哪里了。句①中的“香港——这个联结国共的驿站”，句②中的“他——这位亳州市的最高首长”，均违背了“同位关系的语言结构中，不容许再插入与其陈述的内容无关的语词”的规则：它们在原本是同位关系的语言结构中加进“——”来表解说，又在“——”后插入“这个”、“这位”再作说明。这就使句中的“——”与“这个”、“这位”在语意的表达上相互重复，从而导致了语病的产生。改正的方法有两种：要么去掉“——”，使原“——”前后的内容直接结合，要么分别删去“这个”、“这位”。这样，语句才简洁，语气才顺畅。需要指出的是，如果选择保留“——”，那么，句①中破折号前的“香港”与后面的“联结国共的驿站”应调换一下，这才有助于突出香港所具有的“联结国共的驿站”这样一种特殊的地位和作用，也就更符合作者的本意了。

“逗号官司”与“逗号”无关

据报道，“央视大厨”刘仪伟在为湛江某食品公司担任形象代言人时，爆出了“一个逗号索赔60万元”的“逗号官司”。刘仪伟以湛江某食品公司侵犯了自己的肖像权为由将其告上了法庭。这桩肖像侵权案在全国范围内引起了广泛的关注。日前，北京市西城区人民法院开庭审理了此案。

诉讼的起由是这样的：湛江某食品公司（以下称甲方）与刘仪伟（以下称乙方）商定，聘请刘仪伟作为公司的形象代言人。双方签署如下合约：甲方聘请乙方作为品牌形象代言人。制作后的广告可以在中国内地的电视媒体和平面媒体（平面媒体包括报章、杂志、户外广告位包装及各销售点）上展示或刊登……据此合约，甲方在其生产的水果罐头产品的外包装上，使用了乙方的肖像；乙方则据此合约诉甲方侵权。

让我们先看看双方的陈诉。甲方认为，起草合约书时他们粗心大意，在对“平面媒体”的解释中，漏掉了在“户外广告位”和“包装”之间的逗号，其生产的水果罐头产品的外包装上使用乙方的肖像，是在合约范围之内，并没有侵权；乙方认为，合约规定在“户外广告位包装”使用肖像，并非在“包装”上使用，所以甲方在产品外包装上使用他的肖像，属于侵权。

双方因观点截然对立而将“逗号官司”闹得沸沸扬扬。官司由法庭去判，笔者要说的是，这场“逗号官司”与“逗号”无关。

这场官司的缘起是合约书中对“平面媒体”的诠释——“平面媒体包括报章、杂志、户外广告位包装及各销售点”。从句子成分的角度讲，这是一个主谓句，其宾语是由一个并列短语组成。这个短语有四个并列的义项，即①报章、②杂志、③户外广告位包装、④各销售点。四者之间使用顿号和功用与顿号相同的连词“及”，只表示某种逻辑上的顺序，在语意上没有先后、大小、主次、轻重之分。甲方认为漏掉了在“户外广告位”和“包装”之间的逗号，从标点符号功用的角度讲是不对的。因为逗号只表示一句话中间的停顿，其作用在于间隔语速、舒缓语气，“户外广告位”与“包装”之间使用逗号，增加了语句的层次，且使“包装”及“各销售点”失去了动词谓语“包括”的支配，这就模糊了语意，致使语病产生。按照甲方的本意，应使用顿号才对（顿号表示句中较短的并列短语的停顿）。乙方认为在“户外广告位包装”使用肖像，并非在“包装”上使用，是将“户外广告位包装”作为一个偏正短语，“户外广告位”对“包装”起限制作用。这一限制语的使用，大大缩小了“包装”的外延，这也正是乙方诉甲方在产品外包装上使用其肖像为侵权的关键所在。就乙方所诉来看，他强调“户外广告位包装”是一个独立的偏正短语，不能再行分割，不能用顿号（并非甲方说的逗号）将之处理为两个并列的项。

双方最初究竟是如何商定的，不得而知，法院审理结果如何，未见下文，但有一点必须明确：“逗号官司”与“逗号”无关。

“……”这样使用不恰当

中学生上书市长表露心声并寻求帮助的行为，是对自己成长和自我生命的一种善待之举。善待自己，其实就是好好对待自己。它是一种自我释放、自我调节、自我塑造……的行为方式，也是一种积极健康的生活态度。

这是2004年武汉市中考语文试卷中话题作文所给的一段材料。其中“它是一种自我释放、自我调节、自我塑造……的行为方式，也是一种积极健康的生活态度”这句话，读来总觉不顺畅，仔细分析，原因在于其中的省略号使用不恰当。

我们知道，省略号是标号的一种，在文中表省略的部分。具体到上面这句话，它是因同类事物较多，无法一一列举而用省略号来表示列举的省略，此处省略号的作用与“等”或“之类”相同。

这类表列举未尽的省略号，所省略的内容与前面并列举出的事物是一致的，省略号后说的则是另一方面的内容。从句子的起始处到省略号，是一个完整的语言片段，诵读时，应有个语气上的停顿。如：

①过年的时候，我们各地的花样一向可多啦：贴春联、挂年画、舞狮子、玩龙灯、跳旱船、放花炮……人人穿上整洁的衣服，头面一新。

②我接着便有许多话，想要连珠一般涌出，角鸡、跳鱼儿、贝壳、猹……但又总觉得被什么挡着似的，单在脑里面回旋，吐不出口外去。

③在广州的花市上，牡丹、吊钟、水仙、梅花、菊花、山茶、墨兰……春秋冬三季的鲜花都挤在一起啦！

这三个语例中，省略号所省略的内容均与其前面并列短语的内容同类。句①省略的是未列出的各地过年时的习俗、活动的“花样”，省略号后面的话说的是人们衣着打扮的情况；句②省略的是未列出的儿时认为很有趣的小动物，省略号后面的话转而述说“我”“觉得被什么挡着”而“吐不出口”的情状；句③省略的是未列出的其他花名，省略号后面的话，说的是各种花都集中在集市上。读的时候，省略号处都要有语气停顿，然后再读后面的话。

材料中的“它是一种自我释放、自我调节、自我塑造……的行为方式，也是一种积极健康的生活态度”之所以让人感到别扭，是因为省略号后不能有语气停顿，必须与它后面的话连在一起读，否则，停顿之后再读“的行为方式”就令人费解，因为“的行为方式”不具有独立的语意，更无法单独成句。有省略号而不能停顿，其列举未尽之意就没有表达出来；而如若停顿了，后面的话语又令人费解，可见此句确有语病。其实，著名语言学家吕叔湘、朱德熙先生早已举例对省略号的此类用法作过评点。他们举了这样一个语例：“假如真有这一日，则和尚、道士、巫师、星相家、风水先生……的宝座就都让给了科学家，我们也不必整年地见神见鬼了。”接着，两位先生明确指出：“这个省略号现在有用得太多的趋势，有许多地方不如用‘等等’或‘之类’。”（《语法修辞讲话》）

表列举未尽的省略号的使用有特定的要求，具体地说，就是要将句子的语意与语气结合起来整体考虑，忽略了任何一方都会致使语病产生。根据具体的表达内容，不难看出，材料中的省略号改用“等”或“之类”才恰当。

错用的书名号

①高中是否还要分科学习？高考是否与科学课的精神相一致？昨日，在湖北教育报刊社科学课编辑部组织的座谈会上，来自武汉三镇的家长都呼吁有关部门能够尽早明确科学课的走向，让学生静下心来学习。（赵莉，《科学课如何与高考衔接》，载《楚天金报》2005 年 1 月 15 日 5 版）

②两会代表叫停《科学》课的消息见报后，引起家长们的强烈关注。在昨日举行的《科学》课期末座谈会上，不少家长呼吁：《科学》课停不停，应当举行市民听政会。（鲁珊，《给〈科学〉课开一个听政会》，载《武汉晚报》2005 年 1 月 15 日 10 版）

以上这两段话，分别选自两篇刊自不同报纸的文章。二者报道的是同一件事情，“科学”一词均三次出现，但其区别是明显的：例①中的“科学”未用书名号，例②中的“科学”用了书名号。这不免令人生疑。其实，二者的正误不难分辨。

书名号属标号的一种，其作用在于标明。具体地说，它是用来表示某些词语是书籍、篇章、文件、报刊、剧作、影视、歌曲等的名称。（见国家语言文字工作委员会、国家新闻出版署 1990 年 3 月颁布的《标点符号用法》）如：

③前天，已将《野草》编定了，这回便轮到陆续刊载在《莽原》上的《旧事重提》了。

④小说《祝福》对祥林嫂这个人物的刻画是成功的。

在例③中，《野草》是鲁迅写的散文集的名称，《莽原》是鲁迅 1925 年 4 月在北京创办的刊物的名称，《旧事重提》是鲁迅的一部回忆往事的散文集的名称；例④中的《祝福》是鲁迅一部小说的名称。所以，这些词语都用书名号来标注，它们表义清楚、明白。

例②中的“科学”一词，不是书名、篇名、文件名，也不是报刊、剧作、影视、歌曲等的名称，而是一门课程的名称，它在此只是带有强调性质的陈说，而并非指用做教学的这本名为“科学”的书。所以，使用书名号是错误的。在例②该文中还有这样一段话：“物理、化学、生物、地理四课合一而成的《科学》课，在我市初一年级已试行了一个学期。”这段话中，作者陈说“物理、化学、生物、地理”等课程时未使用书名号，而陈说与它们并列的课程“科学”时却又用了书名号，二者不一致，显然，后者是错误的。实际上，作者的目的不在标注而在强调，因此，只需给“科学”二字加上引号即可（不加引号也可以），而使用书名号则显得不伦不类了。

切记：书名号的使用应“遵规守纪”，只有在文中说到某篇文章、某本书或某一文件、报刊、剧作、影视、歌曲等时，才可使用，其他时候，用则出错。

马先生为何拒签保单?

《武汉晚报》2001年2月13日报道了这样一件事:

东风汽车模具厂职工马先生1998年在太平洋保险公司为妻子买了一份老来福保险和半份附加住院医疗保险。2000年11月10日，其妻因十二指肠溃疡并伴有出血住院治疗。主治医师在出院诊断一栏上写的是“消化道出血：十二指肠球部溃疡”。同年11月底，保险公司作出理赔。可是当马先生于12月26日为妻子续保时，发现该公司所开出的限制承保单与其妻的出院诊断结果不一致：病史中的一处冒号被改成了逗号。马先生当即要求公司把逗号改正过来，但遭到拒绝。于是，马先生拒绝在保单上签字。

马先生因保险公司将其妻病史中的一处冒号改成逗号而拒签保单，是否小题大做？此举有无道理？有分析一番的必要。

逗号和冒号都是点号，它们的共同作用在于点断，主要表示说话的停顿和语气，但二者有区别:

逗号是常用的点号，表示句子内部的一般停顿，除解说关系外，逗号前后句子间可以是其他不同的复句关系；冒号有专门的用途，它表示提示性话语之后或总括性话语之前的停顿，冒号后面的内容一般是对冒号前面内容的具体阐释或补充说明。明白了逗号与冒号的区别，就可以判断马先生的做法是否在理了。

上例中医生开的诊断“消化道出血：十二指肠球部溃疡”，其中的冒号系用于提示下文。“十二指肠球部溃疡”是对“消化道出血”的具体说明。此诊断告诉病人患的仅仅是十二指肠球部溃疡并伴有出血，消化道的其他部位没有毛病。而保险公司开出的限制承保单中所写的“消化道出血，十二指肠球部溃疡”，虽然只是将冒号改为逗号，但语意却发生了变化。它表达的是这样的意思：消化道出血及十二指肠球部溃疡。这就明显地扩大了疾病存在的部位。将冒号改为逗号，对保险公司来说，其责任免除范围扩大了，也就是说，马妻以后凡是消化道任何部位患病，都不在保险公司理赔的范围。这对马先生来说显然是不公平的。由此看来，马先生拒签保单完全有道理，他是在依“法”（《标点符号用法》）维护自身的利益。

逗号与冒号，功用不同，表意有别。“马先生拒签保单”一事，应当给我们以启示。

一个顿号三万元

初看文题，你定会疑惑：一个不起眼的顿号，何以与钱扯到一起，而且价值3万元？

请看下面这个案例：

王某和杨某是同事，1996年10月，两人口头约定，合作生产玻璃钢阳台柜，王某提供资金，杨某组织经营。王某按协议付给杨某30 000元现金后，杨某迟迟没有动静。王某心生疑惑，提出收回资金，杨某不同意，提出将此款作为贷款，双方后订立了书面协议。

1998年元月1日，杨某付给王某利息2 000元，王给杨出具了一张收据："今收到杨某给付的30 000元现金利息2 000元整。"

此后，杨某再也没有按协议付给王某利息，也没有退回合作资金，双方多次交涉未果。1999年3月，王某向武昌区法院起诉，要求杨某偿还借款3万元及利息。杨某承认与王某合作是事实，也曾收到了王某30 000元投资款，但是早已付给了王某32 000元，此款已结清，根本不存在再归还30 000元借款的问题，并出示了王某亲笔书写的收据。

王某看了杨某出示的收据后表示：该收据是我亲笔所写，但是"现金"二字后面多了一点，是他人故意添加上去的，以混淆是非。

收据上的这"一点"到底是谁人所为成了该案的焦点。法官将收据委托市中级法院证据鉴定所进行鉴定，结论是：收据中"现金"后的顿号属添加字迹。

据此，武昌区法院经审理判决：杨某偿还原告王某贷款3万元，利息超出银行部分不予保护。市中级法院终审判决杨某返还王某借款3万元，利息按银行同期一年流动资金贷款利息计算。（见《武汉晚报》2000年6月22日4版）

一个小小的顿号，竟关涉3万元现金并引出一场官司，可见顿号的作用不可小觑。国家语言文字工作委员会、国家新闻出版署1990年3月修订发布的《标点符号用法》对顿号的用途作了如下界定：顿号表示并列词语间的停顿。就案例中收据上所写的“30 000元现金利息2 000元”来说，这是个偏正短语，其中“30 000元现金”是“利息2 000元”的定语，王某收到的只是30 000元现金的利息2 000元。而“现金”后加顿号，表明“30 000元现金”与“利息2 000元”是并列关系，二者共同作动词“收到”的宾语，即王某收到了30 000元现金和利息2 000元。这样杨某当然称“此款已经结清”。看来，杨某确实是一个很有心计的人，他正是利用了顿号的这种作用，想赖掉应还王某的30 000元钱。

官司由法官裁定，但这个案例给人的警示是深刻的。它告诫人们：顿号是书面用语的重要组成部分，有着特定的作用，用与不用，得慎之又慎。

一个误用的顿号

①记者在该丛书(指“高考状元丛书”，笔者注）之一、《谈我的中学》一书中选择了郝煜、李洋两名学生，他们都是2002年的北大状元。(《揭秘“高考状元速成班”》，载《楚天金报》2005年7月3日11版)

这段话中两处使用了顿号，但第一个顿号用错了。

顿号是点号（句中点号）的一种，其作用在于点断，主要表示句中并列词语之间的停顿（它一般比逗号停顿的时间短)。句中的“郝煜”“李洋”是两个学生的名字，其结构、意义上是并列关系，二者间没有先后、主次、大小、轻重之分，故“郝煜”后用顿号来点断。但句中的“丛书之一”与“《谈我的中学》”不是并列关系，而是解说与被解说的关系，即“《谈我的中学》”这本书是对“丛书之一”的具体解说。顿号不具备表解说的功能，用在此处造成语意混乱，让人费解。分析这句话的语境与语意，不难发现，“丛书之一”与“《谈我的中学》”之间的顿号用错了，换用“——”，则语意清楚、明确，因为破折号的主要作用是引出注释性的词语。实际上，该文中就有两个正确地使用“——”表示解释说明的句子。如：

②他还强调，他来自中国的最高学府——北京大学。

③要获得一张学习卡，必须购买北大金秋的科研成果——一套“高考状元丛书”。

“北京大学”是对“中国的最高学府”的具体说明；“高考状元丛书”是对“北大金秋的科研成果”的具体说明。

正确地使用标点符号，能使书面语更好地发挥交际作用，反之，则会产生语病，影响情感的表达和信息的传递。顿号误用，同样是文章的疵点。所以，一定要重视标点的正确使用，万万不可粗心大意。

诗文鉴赏篇

如果你想得到艺术的享受，你本身就必须是一个有艺术修养的人。

——马克思

>>> 锦句涵泳 <<<

鸡声茅店月，人迹板桥霜

商山早行

宋·温庭筠

晨起动征铎，客行悲故乡。
鸡声茅店月，人迹板桥霜。
槲叶落山路，枳花明驿墙。
因思杜陵梦，凫雁满回塘。

“鸡声茅店月，人迹板桥霜”，欧阳修赞它是写辛苦于言外的名句。

上句用三件景物写“早”。“鸡声”和“月”色，点出时辰之“早”，“茅店”点出地点偏僻、艰苦。早行赶路之人在这荒凉的地方歇息，岂不辛苦异常？下句用三件景物言“行”。“板桥”上有“霜”，既说天早，又说天冷。但“板桥”上却已有人走过。句中不状人行，而写“人迹”，颇具匠心。“板桥”上清晰的脚印，给读者以丰富的想象空间：早行者是谁？为何这么早踏霜赶路？……这是以“行”表艰辛。上下两句，字字相对，句句扣题。写早不用“早”，状行不言“行”。两句诗均不见“辛苦”二字踪影，但字字无不诉说着旅人奔走劳顿之辛苦。这正是诗句的高妙之处。六个名词直接组合，展现出一幅静寂芳寒的画面，表达了作者对旅人的忧怜。此句与马致远的词句“枯藤老树昏鸦，小桥流水人家，古道西风瘦马”有同工异曲之妙。

为人性僻耽佳句，语不惊人死不休

江上值水如海势聊短述

唐·杜甫

为人性僻耽佳句，
语不惊人死不休。
老去诗篇浑漫兴，
春来花鸟莫深愁。
新添水槛供垂钓，
故著浮槎替入舟。
焉得思如陶谢手，
令渠述作与同游。

“为人性僻耽佳句，语不惊人死不休”，是杜甫的七律《江上值水如海势聊短述》的首联。大意是：自己的性情有所偏爱，写诗总喜欢造出美好的句子，所运用的语言如果不能够打动读者，是死也不肯罢休的。这既是作者严肃认真的创作态度的表露，也是他写作上毕生追求的目标。

“语不惊人死不休”，是人们世代相传的名句。许多人把它当做座右铭，勉励自己在语言运用上狠下工夫，精心地锤词炼句。一个“惊”字特别值得玩味。它既含“打动”、“感动”的意思，又有使人惊喜万分、击掌称绝的意味。“惊人”一词不仅传神地表达出佳句的震撼力，而且连读者赞叹不已的神态也栩栩如生地刻画出来了。这样，作者将创作与生死联系起来，表达写不出佳句妙语死也不罢休（死不休）的决心，足见诗人写作态度之坚定，追求之执著。正因为如此，杜诗的语言艺术才达到了出神入化的地步。

千磨万击还坚劲，任尔东西南北风

竹　石

清·郑燮

咬定青山不放松，
立根原在破岩中。
千磨万击还坚劲，
任尔东西南北风。

清人郑板桥的这两句诗吟咏的是生长在岩石上的竹子，今人常用它来形容不畏艰险和坚定不移的气魄与精神。

诗句中竹子的生长环境是在岩石之上，它还经常不断地遭受种种折磨和打击，其生长之艰难可想而知。然而，岩竹并没有屈服，更没有被摧毁，相反，它“还坚劲”。显然，诗句将岩竹人格化了，让读者透过它顽强生长的形象感悟出其内在坚定、刚毅、正直的品格。“东西南北风”是比喻的说法，它将外界的各种“磨”、“击”形象化、具体化。对这种种“磨”、“击”，岩竹的态度是“任尔”——任凭风吹雨打，雷震电击，都无所畏惧，傲然挺立。岩竹生命力如此顽强，性格这般坚韧、刚毅，怎不令人对之表示深深的敬意？诗句创设的画面神形兼备，虚实相生，动中含静，景中寓情，堪称咏物的佳句。

诗言志。作者一生喜竹，并与竹结下不解之缘。他在赞美岩竹品格的诗句中，寄寓着自己的高尚情操。

春江潮水连海平，海上明月共潮生

春江花月夜

唐 · 张若虚

春江潮水连海平，海上明月共潮生。
滟滟随波千万里，何处春江无月明。
江流宛转绕芳甸，月照花林皆似霰。
空里流霜不觉飞，汀上白沙看不见。
江天一色无纤尘，皎皎空中孤月轮。
江畔何人初见月，江月何年初照人？
人生代代无穷已，江月年年只相似。
不知江月待何人，但见长江送流水。
白云一片去悠悠，青枫浦上不胜愁。
谁家今夜扁舟子，何处相思明月楼。
可怜楼上月裴回，应照离人妆镜台。
玉户帘中卷不去，捣衣砧上拂还来。
此时相望不相闻，愿逐月华流照君。
鸿雁长飞光不度，鱼龙潜跃水成文。
昨夜闲潭梦落花，可怜春半不还家。
江水流春去欲尽，江潭落月复西斜。
斜月沉沉藏海雾，碣石潇湘无限路。
不知乘月几人归，落月摇情满江树。

前人惊叹张若虚的《春江花月夜》，“将春、江、花、月、夜五字炼成一片奇光，分离不得”。其中领首的两句“春江潮水连海平，海上明月共潮生”更被推为写景名句。

诗句起笔气势不凡。长江下游水域宽阔，江水滚滚，又逢春潮，更是奔腾咆哮。江水与东海相连，水天一色，其气势之雄伟，场面之壮观，令人叹为观止。此时，一轮明月升起，一眼望去，竟像是从浪潮中跃出的一般。

作者用一个“共”字，既将江、海、月、潮有机地扣合起来，又将这四个美景浓缩于一体，构成了一道声、色、形、势兼备的“海上升明月”的壮丽景观。

苟利国家生死以，岂因祸福避趋之

赴戍登程口占示家人

清·林则徐

力微任重久神疲，再竭衰庸定不支。
苟利国家生死以，岂因祸福避趋之
谪居正是君恩厚，养拙刚于戍卒宜。
戏与山妻谈故事，试吟断送老头皮。

清道光十八年（1838年），林则徐被任命为钦差大臣，前往广东查禁鸦片，后遭投降派陷害和清政府的卖国政策迫害而被革职，并谪至新疆伊犁。《赴戍登程口占示家人》是他于道光二十二年七月在西安告别家人赴伊犁时口占（随口吟诵，不起草稿）的一首诗。“苟利国家生死以，岂因祸福避趋之”是这首七律的颔联。苟：假使，如果。以：付与。此联的意思是：如果对国家有利的事，我可以付以生死（即不惜生命去干），岂能因祸就避开、有福就趋赴呢？诗句以强烈的情感、坚定的语势，直抒胸臆，真切地表达了作者在遭受重大打击后仍以国事为重、不计个人祸福的豁达胸襟和高尚情怀。

诗句所透射出的那种不计个人荣辱，丹心一片为国为民的精神，是我们今天要学习和发扬的。

历览前贤国与家，成由勤俭破由奢

咏　史

唐·李商隐

历览前贤国与家，成由勤俭破由奢。
何须琥珀方为枕，岂得真珠始是车？
运去不逢青海马，力穷难拔蜀山蛇。
几人曾预南薰曲，终古苍梧哭翠华。

李商隐是晚唐著名诗人，他的“历览前贤国与家，成由勤俭破由奢”这两句诗，语言朴实，语意畅晓，它简明概括了历代国兴国衰的经验与教训，被志士仁人视做安邦定国的箴言。这两句诗意是：看遍了从前的圣贤君子所执掌的国与家的情况，都是因勤俭而成功，因奢侈而破败。

家国同理，由国及家，若用“成由勤俭破由奢”来自警或警示后人，是有着极其重要的意义的。勤与俭是事业进步、国家和家庭兴盛的重要法宝，“勤以养廉”，“俭以养德”，不可小觑，因为它是我们做人的美德，也是我们营造辉煌、建设美好家园的一条古训。

旧书不厌百回读，熟读深思子自知

送安惇秀才失解西归

宋·苏轼

旧书不厌百回读，熟读深思子自知。
他年名宦恐不免，今日栖迟那可追。
我昔家居断还往，著书不复窥园葵。
朅来东游慕人爵，弃去旧学従儿嬉。
狂谋谬算百不遂，惟有霜鬓来如期。
故山松柏皆手种，行且拱矣归何时。
万事早知皆有命，十年浪走宁非痴。
与君未可较得失，临别惟有长嗟咨。

苏东坡题送安惇秀才的这两句诗，浅显易懂，它道出了背诵与理解的关系。读、背是理解的前提，读和背有了一定量的积累，才会有理解上的飞跃。句中的“旧书”，指已读过的书；“厌”：满足；“自知”：自然会理解。已读过的书为何还要“不厌百回读”？因为由阅读背诵到理解掌握是人们进入未知领域的两个重要步骤。有人这样打比方：人的脑子是收藏知识财富的宝库，背诵是在宝库中存放财富。文学大师们从小都有背诵的硬功夫。鲁迅幼时读书，对老师布置的课文是一篇不漏地背下来，巴金十二三岁时就会背诵全本的《古文观止》，无怪乎他们写起文章来总是那么得心应手，挥洒自如。

青少年精力旺盛，记忆力强，正是学习的黄金时期，所以，大家一定要铭记苏东坡的“旧书不厌百回读，熟读深思子自知”，扎扎实实地阅读背诵名段名篇，努力使自己的知识宝库拥有更多的财富。

风流不在谈锋胜，袖手无言味最长

鹧鸪天

宋·黄升

雨过芙蕖叶叶凉，摩挲短发照横塘。
一行归鹭拖秋色，几树鸣蝉饯夕阳。
花侧畔，柳旁相，微云澹月又昏黄。
风流不在谈锋胜，袖手无言味最长。

在言行之间，中国人一般提倡“讷于言而敏于行”（孔子语），即说话要谨慎迟缓，行动要迅速敏捷。对于胸无点墨，仅会夸夸其谈的人，大都抱以鄙夷的态度。黄升则通过这两句词表达了他的观点：一个人是否有学问（即这里的“风流”），并不在于他是否能说会道；心里有数，但不与人作无谓的争执，这才是最有意味的。词句将“谈锋胜”与“袖手无言”放在一起对讲，直截了当而又通俗简明地表达了作者的褒贬。这一大巧若拙的处事境界值得我们品鉴。试想，一个人仅有嘴上功夫，而腹中空空，动不动便与人争得面红耳赤，有什么意思！当然，“袖手无言”也不是最理想的处事境界，该表明观点、态度时，也应表明自己的观点态度。尤其是在大是大非面前，在需要有所行动时，更不能“袖手无言”、“袖手旁观”。

栽培剪伐须勤力，花易凋零草易生

题花山寺壁

宋·苏舜钦

寺里山因花得名，繁英不见草纵横。

栽培剪伐须勤力，花易凋零草易生。

栽培剪修花儿须勤劳努力，因为花儿容易凋零，而杂草容易蔓延。诗人在向人们讲述着重要的哲理：努力克服缺点，才能培养美好的品德；及时排除不良因素，人才才能茁壮成长。有志成为国家栋梁者和担负培养国家栋梁重任者，请切切记取“栽培剪伐须勤力”这一良训。

明月松间照，清泉石上流

山居秋暝

唐·王维

空山新雨后，天气晚来秋。
明月松间照，清泉石上流。
竹喧归浣女，莲动下渔舟。
随意春芳歇，王孙自可留。

王维善于发现和捕捉客观外物和主观感情的契合点，从而托物以寓情，立象以尽意。他在五律《山居秋暝》中，以凝练的语言描绘了一幅雨后秋夜山中的幽雅风景。其中颔联“明月松间照，清泉石上流”，为千古传颂的佳句。

这两句诗，紧紧扣住题中的“山”来写“秋暝”的景致。松树和清泉，是山中的重要景物，但作者没有直书青松，而是去写明月。雨过云收，明月静静地升于松顶，皎洁的月光透过松树的枝叶，斑斑驳驳地洒满山坡，既幽静安谧，又清爽宜人。雨后，山涧泉流增加，清冽的微波，闪烁着月亮的光辉，在涧底石上淙淙流淌，一切是那样恬静、幽美、和谐。作者以青松映明月，以有声衬无声，以景蕴情，给人以不尽的视听美感。

“明月松间照，清泉石上流”，既写天上明月，又写地上山色，而且将所有的景物都笼罩在茫茫月色之中，这景象不是一幅绝好的画吗？

>>> 语段赏析 <<<

“秋色”生“春色”

［语料］

蒋介石曾对外宾说：“湖南有两个宝，一个齐白石留在大陆，一个彭樟桂来了台湾，我和共产党平分秋色。”蒋介石归天，彭樟桂的生活从“秋色”生出“春色”。(《“御厨”彭樟桂》，载《文摘周报》1990年5月27日1版)

［简析］

“平分秋色”比喻双方各得一半，本无褒贬色彩。这段文字中，前句，作者引述蒋介石称得到湖南二才子之一的彭樟桂是“和共产党平分秋色”。蒋介石用“平分秋色”一词，为的是自我解嘲，潜台词是“没有输给共产党”。此处的“秋色”，其褒贬之义于言者、听者、作者是各不相同的。后句，作者先用拈连的修辞手法，巧妙地将上句对人才的“平分秋色”中的“秋色”移用于人生，“秋色”反映了彭樟桂身处囚笼，毫无自由欢乐之情的生活景况，紧接着用比喻手法取与“秋色”含义相对的“春色”，来形容彭樟桂摆脱魔掌后自主的新生活：春光明媚，春风宜人，生活的惬意和自在任读者想象。言约意丰，褒贬分明。

巧移妙易说“致‘副’”

[语料]

友人来访，谈到他抽调到上级机关“帮工”，见到的“共同致‘副’”的现象，他所在科室除他是办事员外，领导共有5人，一位正科长，四位副科长，别的科室也差不多，即使有人未公开明确，但花名册上却都用括号注明：副科级。

……

前几年，人们对一部分人“先‘副’起来”颇有微词，如今，“先‘副’”的非但未减少，反而出现了“共同致‘副’”：副科长、副主任、副处长……“副情”呈“牛市”。（叶胜亚，《共同致“副”要不得》，载《长江日报》1994年4月20日1版）

[简析]

“一部分人先富起来”、“共同致富”是人们所熟知的语词。文中，作者利用“副”与“富”同音的特点，巧移妙易，从另一个角度反映现实生活中一种不正常而又很普遍的现象——“精兵简政”言在口头，实则冗员日多，机构越“减”越“肿”，不满、指摘之情尽在其中。“先‘副’起来”、“共同致‘副’”，语词幽婉，言约意丰，比平实、直露的陈述生动、深刻得多。

移用得体　意境出新

[语料]

我的一位 80 多岁的世伯分头介绍了她和我都是饱尝忧患的“老九”和不算很差的教师之后，双方就都认为“政审”合了格；互通了一些时的信，“笔试”也就过了关；我得到通知要南下“面试”，她按我事先的提示，在出站口的人流中“看谁的头发白得最刺眼，谁的神态最痴呆，就可以叫我的名字以验明正身”，她果然一试就灵。客舍中的两天长谈，互相都觉得“其谈”并不“夸夸”，大家侃侃地“口试”的结果，导致两老无猜。到第三天，两人的手终于动情地紧紧相握，也方知我的手瘦而不弱，握得她哎哟直叫：“你这鬼老头，力气还真大，把我的手握痛了!”这无异于宣布我的“体检”也及格。婚就算议妥了。(陈泽群，《不忍挂出的婚照》，载《长江日报》1994 年 12 月 17 日 3 版)

[简析]

“笔试、面试、口试、政审、体检”是时下招生、招干、招兵或招聘等工作的重要步骤，“验明正身”是对判处死刑的罪犯执行枪决前确认身份的程序，都是极其严格、严肃的事情。本与谈恋爱风马牛不相及，但作者却大胆借用，称听人介绍为“政审”，来往通信为“笔试”，彼此相见为“面试”，相互交谈为“口试”，二人握手为“体检”，风趣而又得体；至于“验明正身”更令人捧腹。这些词在文中显得新颖而别致，严肃而活泼，雅俗相济，庄谐共生，像一串五彩珍珠，使文章大为增色。从这段文字中，读者不难感受到，作者的黄昏恋温馨中不乏浪漫，诚挚中充溢甜蜜，这在很大程度上得益于“笔试、面试、口试、政审、体检、验明正身”

等的使用。

可见，用于甲物的语词，如巧妙自然地用于乙物，可拓出新境、新意，获得非同一般的效果。

“卡‘拿’OK”病

［语料］

今日中国城市“卡拉OK”的盛行，大概可同当年“样板戏”的红火相媲美。宾馆饭店歌舞厅内，那立体声带唱式的伴奏，那常与歌词内容风马牛不相及却清晰多彩的画面，那可看可听可唱可赏，或深情或矫情、或舒缓或劲烈、或高雅或低俗、或时髦或传统、或国语或粤语、或正宗或盗版的像带影碟，把人带进了一个前所未有的音乐世界……笔者现在想说的则是时下社会流行的另一种“卡‘拿’OK”病。即一些办事机构办事人员的办事程序大抵是：先“卡”——后“拿”——然后“OK”放行。不“拿”不办事，少“拿”乱办事，“拿”了才“OK”。(《“卡‘拿’OK”病》，载《长江日报》1995年5月12日12版)

［简析］

外来词的吸收使用，有助于丰富汉语词汇宝库，而能将之巧妙运用，拓出新意，则会使其更具表现力和感染力。

“卡拉OK”是从日语中翻译过来的，其意是“无人乐队”，是人们尽兴地表现自己、充分展示自我能力的一种流行的娱乐方式。“卡拉OK”这个音译的外来词，本不能再拆开使用，但作者独运匠心，巧作开剖，将之分做汉语语词“卡”、“拿”（取“拉”之谐音）和英语单词“OK”，赋予新的内涵，针砭时弊。卡者，刁难也；拉（拿）者，索要（或明言、或暗示）也。“OK”在英语中本用于对人或事物的肯定、褒扬，但这里的“OK”却脱尽本义，与“卡”、“拉（拿）”结合，字面上嵌合成流行的娱乐方式——“卡拉OK”，实则辛辣地嘲讽了那些“声色俱‘利’”、“软硬兼

‘私’”、“众口‘索’金”者的行径。“拉（拿）”不成遭“卡”，“拉（拿）”得成就“OK”（放行），作者将这种膨大和疯狂了的“拉（拿）”欲称做“卡‘拿’OK”病，多么形象、深刻！

“卡‘拿’OK”病之说，实在“OK”！

成语翻新也传神

[语料]

如今的家长对孩子可谓关爱备至：孩子集体外出，家长千叮咛万嘱咐，穿衣戴帽、食品饮料；家长不在家时，要为孩子安排妥当，留好饭菜或钞票……

这种种“爱”到了“无微不至”的程度，仿佛在显示着家长的尽职，有的家长甚至以此来炫耀自己的天下父母之心呢！

其实，家长真该对孩子来点“有微不至”：特意为他们留点什么，给他们出点什么难题。比如遇到冷天出门需加衣服、雨天出门需要打伞这种情况，只提醒一次；作业本忘在家里，自己回家取。无数实践证明：让孩子们不要过分地依靠父母，学会独立思考，学会克服困难，家长才能真正省了心，也一定会使孩子多方面的素质得到发展。（吴有志，《来点“有微不至”》，载《中国教育报》1999 年 7 月 17 日）

[简析]

“无微不至”是一个褒义成语，意思是没有一个细微的地方不照顾到。一般来说，得到他人“无微不至”关怀的人，莫不感激万分；“无微不至”地关心他人的人，无不受到称颂、尊敬。然而，世界上的事情是复杂的，任何事情都有一个量或度的界限。比如家长对孩子包办过多，处处“无微不至”，其弊端显而易见且不可小视。据说德国一对夫妇老年得子，宠爱备至，以至于 25 年来把他当婴儿抚养，事事考虑、照顾得十分周到，甚至不让他外出一步。不幸这对夫妇在一次车祸中丧生，警方在其家中发现了这个 25 岁的大“婴儿”，他穿着睡衣，裹着尿布，睡在巨型摇篮中，身边还堆满了玩具。这实在是爱的悲哀。例文的作者希望家长对孩子来点“有微不至”，确属高见。作者将人们熟知的成语反其意而用之，改“无”为“有”，一字传神。看似信手拈来，实则匠心独运，准确、得体地表达了自己的观点：在关爱孩子方面，主观上有意地来点“疏漏”，让孩子自己动手动脑解决遇到的困难，是对孩子深层次的爱。

作者突破常规，活用成语，大大增强了词语的表现力。可见，根据表情达意的需要，巧妙地将成语翻新使用，是文章生色的一法。

>>> 时文品读 <<<

简单的问题

[原文]

好几年前，一个重要人士预定对南卡罗来纳州一个学院的全体学生发表演说，我前往听讲。那个学院规模不大，我到场时，整个礼堂都坐满了兴高采烈的学生，大家都因有机会聆听到这位大人物的演说而兴奋不已。在经过州长简单介绍之后，演讲者走到麦克风前，眼光对着听众，由左向右扫视一遍，然后开口道：

"我的生母是聋子，因此没有办法说话，我不知道自己的父亲是谁，也不知道他是否在人间，我这辈子找到的第一份工作，是到棉花田去做事。"

台下的听众全都呆住了，"如果情况不如人意，我们总可以想办法加以改变，"她继续说，"一个人的未来怎么样，不是因为运气，不是因为环境，也不是因为生下来的状况，"她轻轻地重复方才说过的话，"如果情况不如人意，我们总可以想办法加以改变。"

"一个人若想改变眼前充满不幸或无法尽如人意的情况，"她以坚定的语气向下说，"只要回答这个简单的问题：'我希望情况变成什么样？'然后全身心投入，采取行动，朝理想目标前进即可。"

接着她的脸上绽现出美丽的笑容："我的名字是阿济·泰勒·摩尔顿，今天我以美国财政部长的身份站在这里。"（选自《读者》2001年第3期）

［赏析］

《简单的问题》推出了一个事业成功的人士，又奉献给读者一段精彩的演讲。这段演讲既给读者以巨大的震撼，又给人们留下了深深的思考。

演讲者自幼身处逆境：生母是个聋子，生父是谁、是否活着都不知道。这该是何等的不幸！面对这种不幸，她没有失望，没有消沉。“如果情况不如人意，我们总可以想办法加以改变”，正是抱着这样一种坚定的信念，她矢志不移，不懈奋斗，最终成功了（成为美国财政部长）。演讲词看似平淡朴实，但含纳了深刻的生活哲理：身世、机遇、环境对人的未来并不起决定作用，怨天尤人、悲观绝望更是极端错误。惟一正确的态度是，“想办法加以改变”。“想办法”是在直面现状的基础上“思变”，“加以改变”是拿出切切实实的行动。有执著的追求目标，有锲而不舍的行动，还有什么事情不能成功呢？

立志有所作为者，不妨记住演讲者的话：全身心投入，采取行动，朝理想目标前进。

成功的公式

[原文]

直到16岁，他仍是懵懵懂懂地在学校混日子，打架、斗殴、抽烟、逃学，十足的坏学生。那年，他喜欢上一个女同学，给她写了一封情书，她鄙视地看了他一眼，竟然把情书贴到了学校的宣传栏里。第二年，他就转学了，在后来的那两年时间里，他像变了个人似的，拼命地学习，竟然考上了湖南大学。

22岁，他大学毕业，顺顺利利地进了政府机关，每天一杯茶一张报地混日子。有一回，他到乡下访亲，看见亲友竟然把一头狼像狗一样地养在家里看家护院。他惊问其故，亲友告知，这狼自幼就与狗一同驯养，久而久之，连长相都有些像狗，更别提狼性了。没多久，他就在别人的惋惜声中辞职了，去了深圳。

到深圳后，他专找有名的外资公司求职，而且他总想方设法直接地向外方经理面送自荐信，搞得那些外方经理一个个莫名其妙："我们现在没有招聘的需要啊!"他微笑着告诉对方："总有一天你们会需要招聘的，真到那时，我就是第一个应聘的人。"还别说，他真的被其中一家公司录用了，那一年，他24岁。

27岁，他因为成绩突出，被调到地处丹佛的美国总部，上班的第一天，他按国人的习惯请新同事共进午餐，然而，就在他准备埋单的时候，同事们却一个个坚持自己埋自己的单。他当时觉得很是尴尬，但同时也明白了些什么，于是更加努力地工作。

这是一个人的真实经历，他叫王其善，现在是位于美国丹佛市的全球第四大电脑公司的技术总监。学兄王其善在回母校讲课时，说了他人生中的这几个小片段。他告诉我们：16岁的经历让我明白，一个人要想被他人接受，并且被他人尊重，首先得自己尊重自己；22 岁我开始明白，狼之所以失去狼性，是因为它没有学会自立；24 岁我知道，要想求职成功，首先自己要自信；而 27 岁在美国上班的第一天，我知道了美国人为什么实行 AA 制：因为每个人都不能指望别人会为你的人生埋单，要想获得成功，你就得自己努力，根本就不能指望别人，这就叫自强。

其实我们每个人的人生何尝不是由这么一些片段构成的，因而，自尊 + 自立 + 自信 + 自强 = 成功，这是成功的公式。（佚名，载《武汉晚报》）

［赏析］

全球第四大电脑公司技术总监王其善的奋斗经历，将人生成功的公式诠释得十分具体且具有极强的说服力，给成长中的青少年上了重要而深刻的一课。

从严格意义上讲，王其善的人生经历，谈不上曲折与坎坷，但正是这些看似普通的经历，才更具启示性和借鉴作用。王其善的经历告诉我们，自尊、自立、自信、自强，是人生不可缺少的重要法宝，谁想获得事业与人生的成功，谁就必须拥有它。

王其善成功的经历，还在一个更深的层面上给我们以启示，那就是要用心做人、做事，要时时正确地分析事物的利弊得失，行动上果断地趋利避害。请看：在学校懵懵懂懂地混日子，人家瞧不起，王其善意识到了，于是，他开始“拼命地学习”；狼被人养在家中看家护院，时间长了便失去了狼性，由此，王其善想到了吃太平饭难有作为，于是，他辞去了不少人羡慕的机关工作，“去了深圳”；“天地自有公道，付出总有回报”，王其善深明此理，于是，他总是“想方设法直接地向外方经理面送自荐信”；与新同事共进午餐，同事们个个坚持自己埋自己的单，这使王其善明白，要想获得成功，就得自己努力，根本就不能指望别人，于是，他“更加努力地工作”。王其善这种种智举，构筑起他事业成功的大厦。自尊、自立、自信、自强，是支撑这大厦的坚强支柱，而能浇灌起这“坚强支柱”的，必定是生活的有心人。

读懂王其善人生成功的公式，学习他做生活的智者、做事业的有心人，对我们争取事业和人生的成功，无疑是有帮助的。

一个关于诚信的异域故事

[原文]

在纽约的河边公园里矗立着“南北战争阵亡战士纪念碑”，每年都有许多游人来到碑前祭奠亡灵。美国第十八届总统、南北战争时期担任北方军统帅的格兰特将军的陵墓，坐落在公园的北部。陵墓高大雄伟、庄严简朴。陵墓后方，是一大片碧绿的草坪，一直绵延到公园的边界、陡峭的悬崖边上。

格兰特将军的陵墓后边，更靠近悬崖边的地方，还有一座小孩子的陵墓。那是一座极小极普通的墓，在任何其他地方，你都可能会忽略它的存在。它和绝大多数美国人的陵墓一样，只有一块小小的墓碑。在墓碑旁边的一块木牌上，却记载着一个感人至深的关于诚信的故事：

故事发生在200多年以前的1797年。这一年，这片土地的小主人才5岁的时候，不慎从这里的悬崖上坠落身亡。其父伤心欲绝，将他埋葬于此，并修建了这样一个小小的陵墓，以作纪念。数年后，家道衰落，老主人不得不将这片土地转让。出于对儿子的爱心，他对今后的土地主人提出了一个奇特的要求，他要求新主人把孩子的陵墓作为一部分，永远不要毁坏它。新主人答应了，并把这个条件写进了契约。这样，孩子的陵墓就被保留了下来。

沧海桑田，100年过去了。这片土地不知道辗转卖过了多少次，也不知道换过了多少个主人，孩子的名字早已被世人忘却，但孩子的陵墓仍然还在那里。它依据一个又一个的买卖契约，被完整无损地保存下来。到了1897年，这片风水宝地被选中作为格兰特将军的陵园。政府成了这块土地的主人。无名孩子的墓，在政府手中依然被完整地保留下来，成了格兰特将军陵墓的邻居。一个伟大的历史缔造者的陵墓和一个无名孩子之墓毗邻而居，这可能是世界上独一无二的奇观。

又一个100年以后，1997年的时候，为了缅怀格兰特将军，当时的纽约市长朱利安尼来到这里。那时，刚好是格兰特将军陵墓建立100周年，也是小孩去世200周年的时间，朱利安尼市长亲自撰写了这个动人的故事，并把它刻在木牌上，立在无名小孩陵墓的旁边，让这个关于诚信的故事世世代代流传下去……（姜青松，载《安阳日报》2003年6月20日）

[赏析]

这是一个真实的故事，虽然平淡，但却十分感人。

在美国的纽约，有一块“风水宝地”数易其主，而这块土地上的一个无名孩童之墓，始终都未被迁走；当这块土地被选中作为功勋卓著的格兰特将军的陵园后，那无名孩童之墓仍被保留了下来，这不能不让人惊讶。

时光荏苒，世事更迭，演绎和延续这动人的故事，靠的是什么？一位将军的陵墓和一个无名孩童之墓毗邻而居，这可称得上是人间奇观。文章告诉读者，200多年来，土地的新主人签订了“一个又一个的买卖契约”，但无论是谁，都自觉地遵循着一条基本的道德准则，即使是政府也不例外。可见，诚信的力量和作用是多么的巨大。那无名孩童之墓能一直在那儿保留至今，不正得益于人们诚信的美德吗？

诚信是金，它是社会生活中人际关系间的“硬通货币”，不会因时间的流逝、世事的更迭而褪色或贬值。谁拥有了它，谁就有了立身之本，就有了人格魅力。愿你在阅读本文后，能进一步加深对它的认识。

舍弃荣耀

[原文]

去年是美国耶鲁大学300周年校庆，全球第二大软件公司“甲骨文”的行政总裁、世界第四富艾里森应邀参加典礼。艾里森当着耶鲁大学校长、教师、校友、毕业生的面，说出了一番惊世骇俗的言论。他说：“所有哈佛大学、耶鲁大学等名校的师生都自以为是成功者，其实你们全都是loser（失败者），因为你们以在有过比尔·盖茨等优秀学生的大学念书为荣，但比尔·盖茨却并不以在哈佛读过书为荣。”

这番话令全场听众目瞪口呆。至今为止，像哈佛、耶鲁这样的名校从来都是令几乎所有人敬畏和神往的，艾里森也太狂了点儿吧，居然敢把那些骄傲的名校师生称为loser。但是还没完，艾里森接着说：“众多最优秀的人才非但不以哈佛、耶鲁为荣，而且常常坚决地舍弃那种荣耀。世界第一富比尔·盖茨，中途从哈佛退学；世界第二富保尔·艾伦，根本就没上过大学；世界第四富，就是我艾里森，被耶鲁大学开除；世界第八富戴尔，只读过一年大学；微软总裁斯蒂夫·鲍尔默在财富榜上大概排在十名开外，他与比尔·盖茨是同学，为什么成就差一些呢？因为他是读了一年研究生后才恋恋不舍地退学的……”

艾里森接着“安慰”那些自尊心受到一点伤害的耶鲁毕业生，他说：“不过在座的各位也不要太难过，你们还是很有希望的，你们的希望就是，经过这么多年的努力学习，终于赢得了为我们这些人（退学者、未读大学者、被开除者）打工的机会。”

艾里森的话当然偏激，但并非全无道理。几乎所有的人，包括我们自己，经常会有一种强烈的“身份荣耀感”。我们以出生于一个良好家庭为荣，以进入一所名牌大学读书为荣，以有机会在国际大公司工作为荣，不能说这种荣耀感是不正当的，但如果过分迷恋这种仅仅是因为身份带给你的荣耀，那么人生的境界就不可能太高，事业的格局就不可能太大。当我们陶醉于自己的所谓“成功”时，我们已经被真正的成功者看成了 loser。真正的成功者能令一个家庭、一所母校、一家公司、一个省份、一个国家乃至整个人类以他为荣。

我有一位老师，已经年过半百了，在学术上的成就其实相当小，可他总是不忘提他当年的辉煌：他曾经是国内某著名大学某著名学者的弟子。他在那个令人肃然起敬的名字带给他的荣耀里生活了大半辈子，傲视众生，却无所作为，到最后连本带息一起吃光。

人生是被一个又一个亮点照亮的，而为了创造新的亮点，你可能需要随时忘记你正在拥有或曾经拥有过的荣光。（吴志翔，载《中国青年》2002 年第 22 期）

［赏析］

在美国耶鲁大学 300 周年庆典上，全球第二大软件公司行政总裁、世界第四富艾里森说了一番“惊世骇俗的言论”。他说：“所有哈佛大学、耶鲁大学等名校的师生都自以为是成功者，其实你们全都是 loser（失败者）……”这番“令全场听众目瞪口呆”的讲话，虽说有些偏激，但它从一个方面道出了人生的哲理，给那些有着强烈“身份荣誉感”的人一记猛掌，对世人有着深刻的启迪和警示作用。

毋庸讳言，出身于良好的家庭、就读于（过）名牌大学、就职于国际大公司，确实令人仰慕，因为这些在一定程度上显示出人们身份的荣耀，是人生某个阶段成功的标志，但如何对待这类荣耀的身份却是大有学问的。客观地分析现实社会，不难发现，不少人长期地陶醉于荣耀的光环中，他们自恃身份荣耀，傲视众生。其实，从某种意义上说，这是思想幼稚的表现。无数事实证明：过分地迷恋这种荣耀，满足于一时的成功，无疑是给自己套上了束缚前进脚步的枷锁。这样，他将会逐渐由优秀变得平庸，难以再有所作为。如文中“我”的那位老师便是一个典型的例子。

仔细读懂艾里森话中的内涵，便会认识到：荣耀不等于价值，成就只属于过去。正确的态度是，像众多最优秀的人才那样，果断地舍弃正在拥有或曾经拥有的荣耀，忘掉已有的成功，一刻也不停歇地向前迈进。这样，你将会不断创造新的亮点，从优秀走向卓越。否则，如若是一直沉醉于成功之中，那么，离失败也就不远了。如此说来，舍弃荣耀，实在是一种明智之举。

永远都要坐前排

[原文]

20世纪30年代，英国一个不出名的小镇里，有一个叫玛格丽特的小姑娘，自小就受到严格的家庭教育。父亲经常向她灌输这样的观点：无论做什么事情都要力争一流，永远做在别人前头，而不能落后于人。“即使是坐公共汽车，你也要永远坐在前排。”父亲从来不允许她说“我不能”或者“太难了”之类的话。

对年幼的孩子来说，他的要求可能太高了，但他的教育在以后的年代里被证明是非常宝贵的。正是因为从小就受到父亲的“残酷”教育，才培养了玛格丽特积极向上的决心和信心。在以后的学习、生活或工作中，她时时牢记父亲的教导，总是抱着一往无前的精神和必胜的信念，尽自己最大努力克服一切困难，做好每一件事情，事事必争一流，以自己的行动实践着“永远坐在前排”。

玛格丽特上大学时，学校要求学五年的拉丁文课程。她凭着自己顽强的毅力和拼搏精神，硬是在一年内全部学完了。令人难以置信的是，她的考试成绩竟然名列前茅。

其实，玛格丽特不光是学业上出类拔萃，她在体育、音乐、演讲及学校的其他活动方面也都一直走在前列，是学生中凤毛麟角的佼佼者之一。当年她所在学校的校长评价她说：“她无疑是我们建校以来最优秀的学生，她总是雄心勃勃，每件事情都做得很出色。”

正因为如此，40多年以后，英国乃至整个欧洲政坛上才出现了一颗耀眼的明星，她就是连续4年当选保守党领袖，并于1979年成为英国第一位女首相，雄踞政坛长达11年之久，被世界政坛誉为“铁娘子”的玛格丽特·撒切尔夫人。

“永远都要坐前排”是一种积极的人生态度，激发你一往无前的勇气和争创一流的精神。在这个世界上，想坐前排的人不少，但真正能够坐在“前排”的却总是不多。许多人之所以不能坐到“前排”，就是因为他们把“坐在前排”仅仅当成一种人生理想，而没有采取具体行动。那些最终坐到“前排”的人，之所以成功，是因为他们不但有理想，更重要的是他们把理想变成了行动。

一位哲人说过：无论做什么事情，你的态度决定你的高度。撒切尔夫人的父亲对孩子的教育给了我们深刻的启示。(孙毅，载《读者》2002年第18期)

[赏析]

《永远都要坐前排》以朴素的语言介绍了一个看似平常却又极其感人的故事，并在叙述的基础上生发议论，阐述人生哲理。读罢全文，不由人不顿生敬佩之情，而能准确地把握文章的内涵，悟出玛格丽特·撒切尔夫人事业成功的“秘诀”，当算真正明白了此文的真谛。

撒切尔夫人青少年时期的人生之路，给了我们诸多启示：一是人生起步之初，严格明确的目标教育极其重要。她的父亲在她小时候，即向她灌输无论做什么事都要有力争一流的思想，“即使坐公共汽车，你也要永远坐在前排”，不允许她说“我不能”、“太难了”之类的话。对一个孩子来说，这些要求近乎残酷，实则表现了其父高人一着的爱子之情，因为他明白“你的态度决定你的高度”，志向高远是成就大事业的前提；在人生的搏击中，始终要有必胜的信念和一往无前的精神，绝不要屈服于任何困难。玛格丽特以顽强的毅力和拼搏精神，一年学完学校要求五年学完的拉丁文课程，且成绩名列前茅，在学校开展的各项活动中，她“一直走在前列”，成为“学生中凤毛麟角的佼佼者”。我们看见她辉煌的成就，更应看见她付出的心血和汗水。她以自己矢志不移的奋斗告诉世人怎样才能“坐前排”。从这篇文章里，我们更应领悟到“做”比“想”重要一百倍。“前排”人人想“坐”，但“前排”不是想来的。有远大的理想，还要拿出实实在在的行动，因为行动是将理想变为现实的魔棒，只有拿出实际行动，奋起拼搏，才能实现“坐前排”的理想。请记住：理想 + 行动 = 成功。

撒切尔夫人的父亲对孩子的教育、撒切尔夫人奋斗的历程，对你、我、他，对社会中的任何人，都有极为重要的启示。

少了一个马掌钉

[原文]

国王理查三世准备拼死一战了。里奇蒙德伯爵亨利带领的军队正迎面扑来，这场战斗将决定谁统治英国。

战斗进行的当天早上，理查派了一个马夫去备好自己最喜欢的战马。

“快点给它钉掌，”马夫对铁匠说，“国王希望骑着它打头阵。”

“你得等等，”铁匠回答，“我前几天给国王全军的马都钉了掌，现在我得找点儿铁片来。”

“我等不及了。”马夫不耐烦地叫道，“国王的敌人正在推进，我们必须在战场上迎击敌兵，有什么你就用什么吧。”

铁匠埋头干活，从一根铁条上弄下四个马掌，把它们砸平、整形、固定在马蹄上，然后开始钉钉子。钉了三个掌后，他发现没有钉子来钉第四个掌了。

“我需要一两个钉子，”他说“得需要点儿时间砸出两个。”

“我告诉过你我等不及了，”马夫急切地说，“我听见军号了，你能不能凑合？”

“我能把马掌钉上，但是不能像其他几个那么牢实。”

“能不能挂住？”马夫问。

“应该能，”铁匠回答，“但我没把握。”

“好吧，就这样，”马夫叫道，“快点，要不然国王会怪罪到咱们俩头上的。”

两军交上了锋，理查国王冲锋陷阵，鞭策士兵迎战敌人。“冲啊，冲啊！”他喊着，率领部队冲向敌阵。远远地，他看见战场另一头几个自己的士兵退却了。如果别人看见他们这样，也会后退的，所以理查策马扬鞭冲向那个缺口，召唤士兵调头战斗。

他还没走到一半，一只马掌掉了，战马跌翻在地，理查也被掀在地上。

国王还没有再抓住缰绳，惊恐的畜生就跳起来逃走了。理查环顾四周，他的士兵们纷纷转身撤退，敌人的军队包围了上来。

他在空中挥舞宝剑，“马！”他喊道，“一匹马，我的国家倾覆就因为这一匹马。”

他没有马骑了，他的军队已经分崩离析，士兵们自顾不暇。不一会儿，敌军俘获了理查，战斗结束了。

从那时起，人们就说：

少了一个铁钉，丢了一只马掌，

少了一只马掌，丢了一匹战马。

少了一匹战马，败了一场战役，

败了一场战役，失了一个国家，

所有的损失都是因为少了一个马掌钉。

（［英］詹姆斯·鲍德温，转载《小故事大道理全集》，海潮出版社，2005年3月）

［赏析］

这个悲壮的传奇故事出自英国理查三世逊位的史实。理查三世在1485年波斯沃斯战役中被击败，由此失去了王位。莎士比亚的名句“马，马，一马失社稷”在将这次战役载入史册的同时，也表达了对理查战败深深的叹惋。

理查三世文武双全，胆识过人，但他却万万没有想到，在决定英国命运的关键战役中，竟败在一个马掌钉上（因马掌上少了一个铁钉而失去了一个国家），结局不免令人扼腕。

故事的情节并不复杂，但它给人的警示却是极其深刻的。马夫让铁匠为理查的战马钉掌，为了赶时间，他再三说“我等不及了”，让铁匠“有什么你就用什么”。

“能不能凑合？”“能不能挂住？”从马夫的这些问话中，不难看出，他对钉马掌之事是极不重视的。理查在波斯沃斯战役中因一个小小的铁钉而败北，马夫难咎其责。理查三世的结局或许过于滑稽和残酷，然而现实就是如此，谁敷衍生活，谁就会受到生活的惩罚。这则史实以血的代价警示后人，一些看起来很小的过失，有时会给人带来难以挽回的损失甚至是灭顶之灾。它给我们的启示是，对事关大局的细小环节，切不可掉以轻心。

现实生活中不乏马夫之类的人，他们重视“大事”（这应当而且必要）而忽视“小事”。他们不知道一些看起来无关紧要的小事，往往直接或间接地影响着“大事”。这实际上是缺乏辩证的观念，不懂得“小事”之于大事的利害关系，因而，像马夫那样疏于“小事”，结局也只能如理查那样败于“小事”。

历史无法改写，教训则应当记取。理查三世“一失‘钉’而成千古恨”，给后人留下的是沉重的思考。认真读懂故事的内涵，扎扎实实做好每一件事，你的人生将会少许多遗憾。

病 人

[原文]

每天下午，她都准时来到医院大门口左侧的台阶上，铺下一张报纸，静静地坐在那儿看书。那是一本很厚的书。她的面前是一个花坛，红色的郁金香正在灿烂地开放。在她若有所思的时候，能看到她的那双大眼睛，平静而且清澈。虽然病号服并不合体，但并不能掩盖住她典雅的气质。

她很友善，每当有人找她问事的时候，她表现得非常耐心。我想，她可能是位教师或幼儿园阿姨。

起风了，她轻轻地合上那本书，又整整齐齐地把那张报纸叠好，转身走进了大楼。

楼内的人渐渐多了起来，这个点有上班的，也有下班的，正好又是探视的日子。电梯刚停下，人们争着拥了进去，电梯马上就有了反应，发出“受不了”的报警声。最后上来的人没有下去的意思，她就从中间挤了出来，等下一趟。

下一趟人照样很多，不过还好，电梯没有报警。人们纷纷选择自己要去的楼层数。有个农民模样的大伯触动数字7的时候，那数字就是不亮。他有些着急，还有些紧张。一遍一遍地摁。但没有人告诉他为什么。她发现后，急忙说：“大伯，这部电梯双层停。”大伯仍然没有明白过来什么是“双层停”。说话间已经到了8层。大伯不知道该怎么办，不肯下。她非常客气地对电梯内的人说：“请等我一下，我把他送到楼梯口。”

她让大伯从8层走到7层。其实楼梯离电梯也就只有四五步远，她很快就回来了，电梯内的不少人只是表情严肃，并没有说什么。当然，肯定有人心里会想：这人真多事。

电梯慢慢上行，一位手捧花篮的小伙子自言自语：口腔科病房是不是在12层？她主动接过话说，是的，往左拐。

电梯到了14层，一位急忙下电梯的姑娘不小心丢下了插在塑料袋里的一枝玫瑰。塑料袋里有几盒营养品，但只有这一枝玫瑰。这时电梯门将要关上，她迅速触动开门钮并捡起那枝玫瑰，她还没有说完“请等我一下”，就跨出了电梯，她一定是想把那枝玫瑰还给那位姑娘。对于姑娘要看望的人，那肯定是一枝温馨的玫瑰，可以疗伤的玫瑰。

但她没有想到，她后脚刚刚迈出电梯，电梯内一位戴眼镜的女士“啪”一下及时触动按钮把电梯给关上了。“神经病！”她似乎憋了一肚子的火气没有发泄干净，继续说，“真的，这个人我知道，在这里住了一个多月了，精神病人。”

“噢，我觉得她的行为不太正常。”另一个人接着说。

电梯内剩下的十余人恍然大悟，大家觉得甩掉她真是太正常了。(董黛，载《北京晚报》2001年5月20日)

[赏析]

文章以独特的视角、客观的叙述推出了这样一个人物形象：热爱学习（“每天下午，她都准时静静地坐在那儿看书”），与人友善（“每当有人找她问事的时候，她表现得非常耐心”，电梯超员时她主动退出），乐于助人（送乡下大伯下楼梯，为手捧花篮的小伙子指路，追还姑娘失落的玫瑰）。这本是一个应受到赞扬、值得学习的人物，但其结局却出人意料：被人斥为“精神病人”，有人觉得“她的行为不太正常”，进而众人顿悟，“觉得甩掉她真是太正常了”。

读罢全文，不由得感到几许苦涩和压抑。有人说，在倒立者和斜视者眼中，正常的事物是不正常的。“电梯内”的人不正是这样一些“倒立者和斜视者”吗？是非观念模糊，美丑标准丧失，试问，到底谁不正常？

文章截取生活中的一个横截面，以小见大，再现了一类人的自私与冷漠。作品以大量的笔墨摹写“她”的言行，目的是为结局作铺垫。

“分一些蚊子进来”

[原文]

那年的夏天很热，蚊虫猖獗。从遥远的外地赶回家，我在父母的卧室里铺了一张凉席，打算像小时候一样，听着父亲的鼾声入梦。

在浓得化不开的亲情中，我们聊到深夜。后来，母亲说睡吧，剩下的话明天再说，便用蒲扇驱赶蚊虫，放下他们床上的蚊帐。我也倒头而睡，心里满是回到家里的自由和舒坦。

原以为这一觉足可高枕无忧：我的脚边点了一盘蚊香；不远处还有一台开着的电风扇。不料，夜半还是被饕餮的蚊子叮得发毛，半梦半醒之间，脸上、身上被叮咬得受不住。

灯忽然亮了。我迷迷糊糊看见母亲从床上爬起来，动作很轻地撩开蚊帐，用两端的帐钩挂起来，恢复了白天的样子。

正纳闷时，听见父亲疲倦而又有些恼怒的声音问：“你这是干什么？”

“你没听见蚊子正咬儿子吗？”母亲压低声儿，语调里竟有几分兴奋，“咱把帐子打开，分一些蚊子进来，儿子可以少受些罪……”

蚊子在那一刻后，仿佛都被母亲“迎”进帐中，而我的睡意，也仿佛被温水泡了一下，打了个激灵。“分一些蚊子进来。”反复咀嚼这句话，双目仿佛都因强光所刺而发疼，不一会儿，左眼的泪流到右眼，右眼的泪砸在枕上……我在心里叫着：“妈妈。”

“分一些蚊子进来。”一句平平淡淡的话，却满载着够我受用一生的慈母情。不独蚊子，一个慈爱的母亲随时准备与儿子分担

的，还有风霜、屈辱、挫折和不幸。世界上，一切债务都可以还清，除了我们欠母亲的情。（刘强，载《生活环境报》）

[赏析]

读罢这则短文，禁不住让人为文中母亲那特殊的亲子之举而感动不已。

盛夏之夜，酷热难耐、蚊虫猖獗之时，母亲竟“从床上爬起来，动作很轻地撩开蚊帐”，要“分一些蚊子”到自己的帐中。母亲这一举动，乍一看不免让人觉得有些荒唐可笑，但明白了她的用意（为了使远方归来的儿子少受些蚊子的叮咬）后，你对这位母亲不能不顿生敬意。在那特定的场合，母亲敞开的岂止是一顶蚊帐，更是那她博大宽厚的爱子情怀。从“我”“半睡半醒”“迷迷糊糊”的感觉中，从母亲“撩开蚊帐”、“压低声儿”回答父亲有些恼怒的质问中，不难看出，她因担心儿子被蚊虫叮咬，一直未曾入睡。要不，当“我”被叮咬得受不住时，那灯怎会“忽然亮了”呢？她又何以能“动作很轻地撩开蚊帐”，要“分一些蚊子进来”呢？平平凡凡的小事，朴朴实实的话语，将母亲那浓浓的亲子之情深刻而又充分地展现在读者面前。母亲这一举动，含载着何等崇高而又无私的母爱啊！它比那语言的激励、物质的给予更让人感动，更让人难以忘怀。正可谓舐犊情深、母爱无疆啊！

文章在讲述感人故事的同时，还给读者留下了一个严肃而又不容回避的思考题：为人儿女者，该怎样回报那长似江、重如山的母爱呢？

自信的价值

[原文]

2001年5月20日，美国一位名叫乔治·赫伯特的推销员，成功地把一把斧子推销给了小布什总统。布鲁金斯学会得知这一消息，把刻有“最伟大的推销员”的一只金靴子赠予了他。这是自1975年该学会的一名学员成功地把一台微型录音机卖给尼克松以来，又一学员登上了如此高的门槛。

布鲁金斯学会创建了1927年，以培养世界上最杰出的推销员著称于世。它有一个传统，在每期学员毕业时，设计一道最能体现推销员能力的实习题，让学员去完成。克林顿当政期间，他们出了这么一个题目：请把一条三角裤推销给现任总统。8年间，有无数个学员为此绞尽脑汁，可是，最后都无功而返。克林顿卸任后，布鲁金斯学会把题目换成：请把一把斧子推销给小布什总统。

鉴于前8年的失败与教训，许多学员知难而退。因为现在的总统什么都不缺少，即使缺少，也用不着他们亲自购买；再退一步说，即使他们亲自购买，也不一定正赶上你去推销的时候。

然而，乔治·赫伯特却做到了，并且没有花多少工夫。他认为，把一把斧子推销给小布什总统是完全可能的。因为，布什总统在得克萨斯州有一农场，那里长着许多树。于是他给布什写了一封信，说：有一次，我有幸参观您的农场，发现那里长着许多矢菊树，有些已经死掉，木质已变得松软。我想，您一定需要一把小斧头，但是从您现在的体质来看，这种小斧头显然太轻，因此您仍然需要一把不甚锋利的老斧头。现在我这儿正好有一把这样的斧头，它是我祖父留给我的，很适合砍伐枯树。假若您有兴趣的话，请按这封信所留的信箱，给予回复……最后布什就给乔治·赫伯特汇来了 15 美元。

乔治·赫伯特成功后，布鲁金斯学会在表彰他的时候说：金靴子奖已空置了 26 年。26 年间，布鲁金斯学会培养了数以万计的推销员，造就了数以百计的百万富翁。这只金靴子之所以没有授予他们，是因为我们一直想寻找这么一个人，这个人从不因有人说某一目标不能实现而放弃；从不因某件事情难以办到而失去自信。

在我们的生活中，不是因为有些事情难以做到，我们才失去自信；而是因为我们失去了自信，有些事情才难以做到。（刘燕敏，转载《党员文摘》）

[赏析]

名不见经传的推销员乔治·赫伯特成功地将一把斧头推销给了美国现任总统小布什，由此，他获得了“最伟大的推销员”的金靴子奖。这虽不是惊天动地的大事件，但它却能带给人深深的思考。

将一把斧头推销给一个国家的元首，难度之大可想而知。因为总统什么都不缺，即使缺少，也用不着他亲自购买；再退一步说，即使他亲自购买，也不一定正赶在你来推销的时候。然而，这些都没有难住乔治·赫伯特，他掌握了布什的需求（布什有一农场，里面有许多矢菊树，且有些已经死掉，需要除去，因而布什需要斧头），他给布什写信（陈明个人的看法，推荐自己祖传的斧头），他告诉布什自己的信箱并请求回复。而支撑乔治·赫伯特做这一切的，是他高度的自信，因为他坚信“把一把斧头推销给小布什总统是完全可能的”。

乔治·赫伯特推销斧头成功，与其说他推销有术，莫如说是他强烈的自信使然。不因某一目标难以实现而放弃，不因某件事情难以办到而失去自信，这就是乔治·赫伯特成功的秘诀。这件事给人的启示是深刻的。清朝的彭端淑在《为学》中说：“天下事有难易乎？为之，则难者亦易矣；不为，则易者亦难矣。”彭端淑强调的是“事在人为”。但大家千万不要忽略了更为重要的一点：“为”

的背后有一必不可少的支柱——自信。试想，如果一个人对所做的事缺乏自信，怎能积极大胆地去“为”？

生活中，人们常有这样的体会：不是因为有些事情难以做到，才失去信心；而是因为失去了信心，有些事情才难以做到。因此，请记住：自信是成功的重要前提。无论是做学问还是干事业，都万万不可缺少自信。否则，你永远只能是一事无成。

10 分与 9 分的差别

[原文]

毕业 10 年后，大学同学聚会。有的成了博士、教授、作家；有的当了处长、局长；有的成了公司老总；也有下岗分流的，给私人小老板打工的；还有赔本欠债的。当年一个课堂里听讲的学子，如今差别这么大，有些人不服气，说当初毕业的时候，大家学问、本事都差不多，可有的人机遇好，有的人倒运、背时——可谓世道太不公平了。于是，有几个人就去请教当年的班主任。老师只是一笑，然后出了一道题：10 - 9 = ?

老师见学生一个个直眉瞪眼，便说："你们会打保龄球吗？保龄球的规矩是，每一局 10 个球，每一个球得分是从 0 到 10。这 10 分和 9 分的差别可不是 1 分，因为打满分的要加下一个球的得分，如果下一个球也是 10 分，加上就成了 20 分了。20 分与 9 分的差别是多少？如果每一个球都打满分，一局就是 300 分。当然，300 分太难，但高手打 270 分、280 分，却是常有的事。假如你每一个球都差一点，都是 9 分，一局最多才 90 分。这 270 分与 90 分的差距是多少呢？"

大家听得默不作声，老师继续说："排除别的因素，你们当初毕业的时候，差距也就是 10 分和 9 分，不大。但是，这以后，有的人继续十分地努力，毫不松懈，这些年下来，他的成绩有多大？如果你还是 9 分 8 分地干，甚至 4 分 5 分地混，这些年下来，你得拉下多大距离？可不就是天上地下吗？"

学生们一个个如梦方醒。（摘自《文苑》）

[赏析]

曾在一个课堂听讲，学问、本事的差别原本不大的同学，步入社会后，相互间便有了差距，有些差距甚至大得令人惊讶。现实生活中，这是一种极普遍的现象，然而，这种现象的背后有着发人深思的内涵。为了阐释其中蕴含的生活哲理，文章借保龄球比赛的规则，来揭示这种社会现象产生的原因，读后给人以深刻的启示。

生活中不乏这样的人，他们不能正确认识差距产生的原因，而是把一切都归结为"运气"，因而，一味地怨天尤人，感叹"世道太不公平"，让自己"倒运、背时"。殊不知，这样想和说本身就是对自己的不负责，非但于事无补，而且还会使自己越来越浮躁，越来越气馁，这必然进一步拉大与他人的距离。不可否认，机遇对任何人来说都是十分重要的，但更重要的是善于发现和捕捉机遇，持之以恒地"十分地努力，毫不懈怠"，这样才有可能使自己与机遇"亲密接触"。

文中老师讲述的打保龄球的规则，推给人一连串的数字。数字是枯燥的，然而它一旦进入比较的领域，就变得鲜活而多彩了。10分与9分，孤立地看，只有1分的差距，但人生很多时候，往往就是这"1分"决定着成绩的优劣和事业的成败。因此，这"1分"的作用万不可小觑。力戒空谈，力争最佳，下工夫努力争得这"1分"，当是值得称道的人生态度。

文章启示读者，把握今天，扎扎实实地走好人生的每一步，才有可能步入成功者的行列。

后 记

语文知识对人生的重要性是不言而喻的。郭沫若说："一个青年必须有三大基础：思想基础，科学基础，语文基础。"将语文基础视做人生之必需，从大处讲，是因为我们肩负着承传中国五千年灿烂文化的重任，语文是做好这个"承传"工作的工具性学科；从小处讲，是因为每个人都不可能脱离社会生活而独立存在。一个人要准确、得体地传递信息或与他人交流情感，真正做到会说会写，就得认认真真学语文，而在打基础的中学阶段，语文学习中的说、写、辨、赏，则显得尤其重要。

这本书介绍的是中学生应当掌握的语文知识，书中所介绍的语文知识中学生读后可以掌握。说这本书适合中学生阅读，是因为它扣住中学教材来介绍知识、讲解方法，所用语例大部分都取自现行中学教科书；说书中介绍的知识学生可以看懂，是因为它又紧密地联系了当今社会生活实际，多从现实生活中选取语言现象来分析、解说，这就使它具有了针对性、通俗性、知识性和实用性。

初登讲台，想的是如何把教材看懂，把教案写好，把课上好。实际上，对一名教师来说，仅做到这些是不够的，惟有将教学与教研结合起来，并持之以恒地深入下去，方可形成自己的教学特色，方能教出成果来。这是被许多不甘于做教书匠、立志成为科研型教师的同行们的教学实践所证明了的。正是明白了这一点，我们在教学的同时，乐于花时间与精力，对教材中的难点、疑点、歧点、美点，对学生语文学习中应重点掌握的知识点，对日常生活中的语言现象，予以关注，进行认真的收集、整理、分析、探讨，但凡有所认识和感悟，便动笔行文。每当看到一篇篇文章经不同报刊的编辑

“审查”，由他们刊出推介给读者，就感到辛勤的努力没有白费，而想到它能为中学生的语文学习提供借鉴，起到一定的指导与促进作用，则会感到无比的欣慰。

将近年来所撰写的与语文学习有关的文章集结成册，是这两年才有的想法。著名语言学家，武汉大学语言与信息研究中心主任、教授、博士生导师萧国政老师很支持这一做法，他在极其繁忙的工作之余，抽出时间阅看了书稿，并为本书作了序，在此表示衷心的谢意。

书中绝大部分文章曾刊载于全国十余种语文专业报刊上，将之集中在一起，奉献给读者，算是将我们的教研情况作个阶段性的回顾与小结。疏漏与不当之处，还望读者朋友指正。

作　者

2006 年 2 月于武汉 · 武昌 · 珞珈山